**부자들의 생각법**

## Geld denkt nicht
### by Hanno Beck

Copyrights ⓒ 2012 Carl Hanser Verlag, Munich/FRG
All Rights Reserved.
Authorized translation from the original German language edition
Published by Carl Hanser Verlag Munich/FRG

No Part of this publication may be used or reproduced in any manner whatever
without the written permission except in the case of brief quotation embodied
in critical articles or reviews.

Korean Translation Copyrights ⓒ 2013 by Woongjin Think Big Co/Ltd.
Korean edition is published by arrangement with Carl Hanser Verlag,
Munich/FRG through BC Agency, Seoul

이 책의 한국어판 저작권은 BC에이전시를 통한
저작권사와의 독점 계약으로 '웅진씽크빅'에 있습니다.
저작권법에 의해 보호를 받는 저작물이므로 무단 전제와 복제를 금합니다.

# 부자들의 생각법
### 모르면 당하는 그들만의 경제학

하노 벡 지음 · 배명자 옮김

- ▶ 본문 중 괄호 안에 표시된 원화는 독자들의 이해를 돕기 위한 대략적인 금액으로, 액수에 따라 적절한 단위에서 반올림했습니다.
- ▶ 원화 환산 환율은 외환은행에서 제공하는 2013년 1월 2일 - 9월 30일의 평균 환율(고시 회차 최종, 매매 기준 환율)을 따랐습니다.
  - 미국 1달러(USD) = 1106.1원
  - 유럽 1유로(EUR) = 1456.06원
  - 영국 1파운드(GBP) = 1708.6원

―CONTENTS

 **Prologue** 모르면 당하는 그들만의 경제학 • 009

 **CHAPTER 1** 왜 워런 버핏은 월스트리트에서 살지 않을까?

1. 900명의 집단 자살과 '묻지 마 투자'의 공통점 • 017
2. 언제나 비극으로 끝난 대박의 역사 • 021
3. 폭탄은 늘 개인들의 손에서 터진다 • 026
4. 많은 사람이 열광할 때가 가장 위험하다 : 인지 부조화 • 030
5. 왜 워런 버핏은 월스트리트에서 살지 않을까? • 036

 **CHAPTER 2** 부자들은 1%의 행운도 바라지 않는다

1. '주식회사 바이오데이터'의 어처구니없는 성공 : 대표성 휴리스틱 • 043
2. 항상 이기는 도박사의 비밀 : 도박사의 오류 • 049
3. 주가를 예측하는 방법은 없다 : 기술적 분석 • 053
4. 기술적 분석과 점성술의 공통점 : 대표성의 오류 • 058
5. 역사상 최고의 펀드 매니저 빌 밀러의 진실 • 065
6. 우연한 사건이 더 그럴듯하게 보인다 • 070

## 절대로 손해 보지 않는 사람들의 비밀

1. 돈 벌 수 있는 기회를 거부하는 사람들 : 손실 회피 심리 • 077
2. 비둘기보다 못한 대학생들의 경제 감각 : 매몰 비용의 오류 • 081
3. 본전을 생각하면 전 재산을 잃는다 • 086
4. 왜 항상 내가 팔면 오르고 내가 사면 떨어질까? : 처분 효과 • 093
5. 원금 보장 상품이 결국은 손해인 이유 : 최신 효과 • 097
6. 고객에게 정보를 제공하지 않은 은행의 성공 • 101

## 우리를 낭비로 이끄는 생각의 오류들

1. 세계적 거부 이케아 창업자가 노인 할인 혜택을 챙기는 이유 • 109
2. 돈을 쓸 때는 무조건 작은 금액부터 : 베버-페히너의 법칙 • 113
3. 부동산 가격은 떨어지는데 왜 내 집 장만은 여전히 어려운 걸까? : 결정 이론 • 119
4. 거지와 부자 사이를 73번 왕복한 어느 도박사 이야기 • 125
5. 영국에서 가장 오래된 은행이 1파운드에 매각되기까지 • 132
6. 최소의 비용으로 최대의 만족을 얻는 법 • 137

## 돈이 저절로 모이는 부자들의 생각법

1. 황당한 예측으로 시장을 움직인 증권 전문가 • 143
2. 목표 금액을 정하는 순간 목표와 멀어진다 : 정박 효과 • 145
3. 우리의 지갑을 노리는 말장난에 속지 않는 법 : 프레이밍 효과 • 151
4. 긍정적인 사고를 이용하는 부자들의 노하우 • 159

## CHAPTER 6　종잣돈을 가장 쉽게 만드는 법

1. 부자들의 머릿속엔 회계 장부가 있다 : 심적 회계　・165
2. 상품권을 사은품으로 주는 쇼핑몰의 속셈　・170
3. 마이너스 통장을 쓰려거든 차라리 적금을 깨라　・175
4. 아껴 쓴다고 쓰는데도 왜 카드 값은 늘 그대로일까?　・181
5. 종잣돈을 가장 쉽게 만드는 전략, 망설이기　・185

## CHAPTER 7　금융 회사는 당신의 심리를 이렇게 이용한다

1. '불만족시 100% 환불 보장'의 꼼수 : 소유 효과　・191
2. 모두가 칭찬한 코카콜라 신제품이 실패한 이유 : 현상 유지 편향　・197
3. 금융 회사가 당신의 심리를 이용하는 법　・204
4. 왜 후회만 하고 행동은 바꾸지 않는 걸까? : 사후 가정 사고　・209

## CHAPTER 8　평범한 사람들은 자신의 능력을 과대평가한다

1. 시장을 이길 수 있다고 믿은 사람들의 몰락　・217
2. 평범한 사람들은 자신의 능력을 과대평가한다 : 통제의 환상　・220
3. 왜 돈 관리는 여자가 맡아야 한다고 하는 걸까?　・227
4. 전 세계 금융계에 남자가 더 많은 이유　・231
5. 결말을 알고 나면 모든 것이 당연해 보인다 : 사후 확신 편향　・236
6. 전문가를 만나면 꼭 해야 할 질문 "그래서 얼마나 버셨어요?"　・242
7. 전문가들의 평균 적중률은 40%　・247

## CHAPTER 9 부자들은 통계를 믿지 않는다

1. 부자들은 통계를 믿지 않는다 · 255
2. 펀드 회사가 가르쳐 주지 않는 펀드 선택법 : 생존자 편향 · 258
3. 펀드를 고를 때 수익률은 무시하라 : 기저 효과 · 262
4. 조금 아는 것보다 아예 모르는 것이 낫다 : 확증 편향 · 269
5. 경제 뉴스를 읽기 전에 확인해야 할 것들 : 착각 상관 · 274
6. 시장 예측은 백미러를 보면서 운전하는 것 : 정량적 분석 · 280
7. 통계의 거짓말에 당하지 않는 법 · 284

## CHAPTER 10 단순하지만 확실한 부자들의 분산 투자법

1. 풍요로운 노후를 원한다면 고위험 상품에 투자하라 : 시간적 비일관성 · 293
2. 연금 상품을 해지하는 것이 특히 까다로운 이유 : 행동 장치 · 297
3. 유대인들은 결코 모든 것을 걸지 않는다 · 302
4. 15년 동안의 투자 성과가 단 10일 안에 결정된다 · 308

## CHAPTER 11 돈을 벌기 위해 꼭 알아야 할 18가지 투자 원칙

1. 당신의 무의식을 은밀하게 공략하는 뉴로마케팅 · 319
2. 한번 걸리면 빠져나올 수 없는 그레이 마켓의 유혹 · 321
3. 재산을 지키기 위해 꼭 알아야 할 18가지 투자 원칙 · 325

## Epilogue 20년 동안 경제 현장에서 깨달은 것들 · 334

- 용어 해설 · 337
- 참고 문헌 · 358

## 모르면 당하는 그들만의 경제학

1998년 10월 1일은 내가 독일에서 가장 영향력 있는 신문인 〈프랑크푸르터 알게마이네 차이퉁〉의 금융 전문 기자로 일하기 시작한 날이다. 오랫동안 꿈꿔 왔던 독일의 금융 왕국 프랑크푸르트 중심가 입성을 이룩한 것이다. 첫 업무는 '시장 동향'을 보도하는 일이었다. 증권 시장에서 일어난 크고 작은 사건들과 주가 변화에 관한 짧은 기사를 쓰는 일이었다. 나는 주요 은행과 증권사 담당자에게 전화를 걸어 증권 시장에서 벌어진 일을 취재했다.

대학교에서 경제학을 전공했고, 은행에서 실무도 경험해 봤기에 나는 환율 이론, 이자 유형, 자본 시장 이론 등 주가 변동을 설명하는 일에 자신이 있었다. 첫날에는 모든 일이 착착 진행되는 듯했다. 전문가와 통화를 했는데 그는 당일 주가가 하락한 이유는 유로화 강세 때문이라고 했다. 대학교에서 배운 환시세 이론에 맞는 설명이었다. 해당 전문가의 코멘트를 받아 적고 몇몇 주식 시세를 참고 자료로 덧붙였다. 따끈따끈한 새내기 금융 전문 기자의 첫 번째 '시장 동향'이 완성되는 순간이었다.

그런데 다음 날 정신이 번쩍 드는 일이 벌어졌다. 그날은 주가가 전날에 비해 큰 폭으로 상승했다. 다른 전문가에게 전화를 걸어 주가가 오른 까닭을 묻자 그는 유로화 강세 때문이라고 했다. 순간 귀를 의심했다. 어제는 유로화 강세 때문에 주가가 떨어졌는데 오늘은 그것 때문에 주가가 올랐다고? 두 전문가의 설명이 모두 맞는 말이어서 더욱 난감했다. 게다가 두 전문가의 설명이 대학교에서 배운 여러 경제 이론과 모순되는 부분이 하나도 없었다. 그 순간 자본 시장에서 이론이란 마치 머리카락이 둥둥 떠다니는 수프와 같다는 사실을 깨달았다. 문제는 그 수프를 먹으려면 머리카락을 걷어 내야 한다는 것이다.

그날 이후 나는 자본주의 시장에 존재하는 수많은 모순에 적응해야 했다. 서로 모순된 주장들이지만 그럴듯하게 들렸고, 모두 맞는 말 같았다. 내가 만난 펀드 매니저, 자산 관리자, 은행 경영진, 금융 전문가, 법조인, 기자, 경제학자, 기업 대표 등은 모두 굉장히 똑똑했고, 풍부한 경험을 바탕으로 설득력 있는 이야기를 들려주었다. 그들의 이야기가 서로 모순되는 일이 적지 않았지만 그럼에도 하나같이 그럴듯하게 들렸다. 내가 배웠던 진리라고 믿은 이론들이 현실에서는 큰 힘을 발휘하지 못한다는 것을 확인할 때도 많았다. 마치 황금이라고 굳게 믿었던 광석이 쓸모없는 돌덩어리에 불과하다는 것을 확인했을 때처럼 맥이 빠졌다. 정말 중요한 진실을 너무 늦게 알아차린 느낌이었다.

똑똑한 사람들과 의견을 나누는 특권 덕분에 나는 자본 시장이 우리가 아는 것보다 훨씬 더 역동적이라는 사실을 알게 되었다. 내가 황금이라고 믿었던 전통 경제학 이론만으로는 그 안에서 벌어지는 일들을 제대로 설명할 수 없었다. 시장은 그야말로 너무 인간적이었기 때문이다. 합리적으로 움직일 것 같지만 결코 합리적이지 않았고, 탐욕과 혼란, 실수와 광기에 너무 자주 휘청거렸다.

전통 경제학은 인간을 합리적으로 생각하고 행동하는 존재로 가정한다. 그런데 나 자신부터가 교과서가 요구하는 대로 따르지 않았다. 심지어 내가 쓴 책의 내용과 내 투자 결정이 늘 일치하는 것도 아니었다. 책에 쓴 내용이 분명히 합리적이고 타당한 내용이었는데도 말이다. 부끄럽고 창피하다! 자본 시장과 투자 이론을 집중적으로 탐구할수록 이론과 시장의 괴리가 점점 더 크게 느껴졌다.

2000년대로 들어서면서 시장에 나타나는 현상들은 내가 쓴 책 내용과 거의 맞지 않았다. 2000년대 초반 IT 관련 종목의 주가가 폭등했다. IT 버블 시대가 열린 것이다. 당시 프랑크푸르트는 길거리에 황금이 널려 있는 것처럼 모두가 들떠 있었다. 아무 주식이나 사기만 하면 곧 부자가 될 것 같았다. 잘난 전문가들이 주가가 계속해서 오를 거라며 동화 같은 이야기를 들려주었고, 언론은 그 말을 전하며 호들갑을 떨었다. 투자사, 기업, 은행, 언론들까지 투자 금액이 순식간에 두 배로 불어날 거라며 미친 듯이 투자를 부추겼다. 증권 시장은 광란 그 자체였다. 화려한 파티, 허황된 전망, 무식한 전략, 무모한 투자가 당시 증권 시장의 모습이었다.

IT 거품이 꺼진 후 찾아온 금융 위기 역시 경제학 교과서에서 배울 수 없는 것이었고, 그 뒤 프랑크푸르트에서 경험했던 여러 사건 역시 기존에 알던 지식과는 다른 내용들이었다. 어디서부터 잘못된 것인지 알 수 없었다. 시장이나 사람들의 잘못만은 아니었다. 누구보다 냉철하고 합리적이라고 자부하는 나 역시 멍청한 판단으로 큰 손해를 본 적이 있다.

하이너 캄프스Heiner Kamps는 독일에서 가장 유명한 제빵 명장이자 자신의 이름을 딴 제과점 체인으로 큰 성공을 거둔 유능한 기업인이다. 1982년 설립된 캄프스 제과가 1998년 증권 시장에 상장됐다. 당시는 IT 기업이 아니면 사람들의 관심을 끌기 어려운 때였다. 나는 캄프스 제과의 전망이 밝다고 생각해 주식을 샀다. 주가는 몇 주간 큰 변동이 없었다가 6개월 후부터 급속도로 오르기 시작해 최초 공모가의 350퍼센트까지 상승했다. 나는 캄프스 제과를 '나의 회사'로 생각하게 되었다. 성공으로 들뜬 마음에 주변 사람들에게 내 통찰력을 자랑하고 다녔다.

그런데 무리한 인수 합병과 확장으로 회사의 경영 상태가 악화됐다. 2000년 가을부터 주가가 곤두박질치기 시작했다. 그때 팔아야 했지만 '곧 주가가 회복되겠지' 하는 막연한 믿음 때문에 시기를 놓치고 말았다. 46유로(6만 7000원)까지 올랐던 주가는 1년도 안 돼 무려 80퍼센트 가까이 하락해 10유로(1만 4600원)가 됐다. 주변 사람들에게 투자에 실패했다고 고백하기도 싫었다. 결국 투자는 실패로 끝났고, 나는 아주 비싼 수업료를 지불해야 했다.

이론과 현실의 차이가 만들어 낸 소용돌이 속에서 허우적거리던 나는 행동 경제학에서 해답의 실마리를 찾았다. 행동 경제학은 쉽게 말해 심리학과 경제학을 합쳐 놓은 학문으로, 경제에 영향을 미치는 인간의 심리를 파헤친다. 자본 시장에서 발생하는 수많은 현상을 심리학으로 설명한다. 대니얼 카너먼Daniel Kahneman은 이 분야를 개척한 공로로 노벨 경제학상을 받은 최초의 심리학자가 되었다. 내가 은행가로, 투자가로, 기자로 일하면서 겪었던 이해하기 어려운 많은 현상이 행동 경제학을 통해 해명되었다. 자본 시장은 경제학이나 언론이 묘사하는 것과 달리 완전한 존재가 아니라 인간 행동의 집합체다. 사람들이 실수를 하고 이상한 행동을 하면 자본 시장도 이상해진다. 집단 히스테리, 금융 위기, 사기성 투자, 투자 실수 등 자본 시장을 뒤흔드는 것은 결국 인간의 심리다. 자본 시장에서 최후의 승자는 정보와 지식을 가진 사람이 아니라 인간의 심리를 잘 이해하고 이용하는 사람이다.

돈을 벌고 싶다면 새로운 시각으로 자본 시장을 봐야 한다. 이 책에서는 좋은 주식을 고르는 법이나 유능한 펀드 매니저를 찾는 방법 혹은 안전한 투자 포트폴리오 구성법, 스톡옵션 활용법 따위를 구체적으로 다루지는 않는다. 그런 책은 이미 많다. 《부자들의 생각법》은 자본 시장의 진실과 인간의 심리에 관한 책이다. 당신이 얼마를 벌든 세상이 어떻게 바뀌든, 돈을 버는 법과 번 돈을 지키는 법을 배우게 될 것이다. 어떤 주식을 사야 할지 말아야 할지, 그리고 언제 어디에 투자해야 할지를 제대로 판단하려면 무엇보다 결정적 순간마다 발목을 잡는 인간의 심리를 알아야 한다. 왜 원인도 알 수 없고 논리적으로 설명할 수도 없는 경제 위기가 수시로 닥치는 걸까? 증권 시장에서 광기 어린 집단행동은 어떻게 생기는 걸까? 집이든 주식이든 왜 내가 사면 떨어지고, 내가 팔면 오르는 걸까? 노후를 효과적으로 대비하려면 어떻게 해야 할까? 아껴 쓰겠다고 결심하는데 왜 카드 대금은 늘 생각보다 많은 걸까? 소비와 저축부터 부동산, 주식, 노후 대비에 이르기까지 우리와 밀접한 경제 현상들을 자세히 살펴보고, 늘 같은 실수를 하게 만드는 심리적 약점을 짚어볼 것이다.

이 책을 읽는다고 하루아침에 떼돈을 벌거나 매년 높은 수익을 내는 훌륭한 투자가가 될 수는 없다. 하지만 어이없는 판단 착오로 큰 손해를 보거나 그럴듯한 말에 혹해서 억울한 피해를 당하는 일은 없을 것이다. 만약 어디에 투자를 한다거나 집을 산다거나 대출을 받으려는 사람이라면

이 책을 다 읽을 때까지만 기다려라. 이 책을 읽은 후에는 분명 돈에 대한 생각이 바뀔 것이기 때문이다.

자신의 약점과 실수를 아는 사람만이 변할 수 있다. 이 책에서는 나를 포함한 우리 모두의 약점을 낱낱이 파헤치고 있다. 만약 나의 약점을 잘 다스리고 다른 사람의 약점을 이용할 수 있다면, 돈을 벌 수 있는 수많은 기회를 발견할 것이다. 우리 주위의 부자들이 바로 그런 사람들이다.

먼저 남아메리카의 작은 나라 가이아나에서 일어난 끔찍한 집단 자살 사건 현장에서 이야기를 시작해 보자. 900명이 스스로 목숨을 끊은 비극 속에는 경제적으로도 중요한 교훈이 담겨 있다.

CHAPTER 1

왜 워런 버핏은
월스트리트에서 살지 않을까?

# 1
# 900명의 집단 자살과 '묻지 마 투자'의 공통점

짐 존스<sup>Jim Jones</sup>는 백인 우월주의를 내세우는 극우 단체 케이케이케이<sup>KKK</sup>단 단원의 아들이었다. 그는 자신이 예수와 레닌의 화신이라고 주장하며 미국 캘리포니아에 '인민 사원<sup>Peoples Temple</sup>'이라는 종교 단체를 세웠다. 가난한 사람, 실업자, 마약 중독자 같은 소외 계층 사람들에게 차별 없는 새로운 세계를 약속하며 신도를 모았다. 그러나 그곳을 빠져나온 신도들이 인민 사원에서 매질과 전기 고문, 마약, 성폭행 등 온갖 악행이 자행되고 있다고 폭로했다. 인민 사원에 대한 의혹은 점점 커져 갔다. 계속되는 비난으로 여론은 악화되고 많은 사람이 교단을 이탈했다. 궁지에 몰린 짐 존스는 남아 있는 신도들을 데리고 남아메리카 북쪽에 위치한 가이아나의 정글로 이주했다.

문제가 커지자 1978년 11월 미국의 민주당 소속 연방 하원 의원 레오 라이언<sup>Leo Ryan</sup>이 기자들과 인민 사원 탈퇴자들, 변호사로 구성된 조사단들을 이끌고 가이아나 정글로 갔다. 조사를 마친 라이언 일행은 정글을 떠나고 싶어 하는 신도 20여 명과 함께 돌아오려고 했다. 그런데 그들이 비행기에 오르려는 순간 정체를 알 수 없는 괴한들이 나타나 총을 쏘기 시작했다. 라이언 의원을 비롯해 6명이 사망했고 10여 명이 크게 다쳤다. 이 소식을 들은 짐 존스는 자신의 종교 단체가 사라질 위기에 처했다는 것을 직감했다.

"이제 다른 세상에서 다시 만날 시간이 되었습니다."

짐 존스가 신도들이 모두 모인 자리에서 말했다. 신도들은 교주의 지시에 따라 청산가리를 탄 레몬주스를 마셨다. 직접 마실 수 없는 어린아이들은 부모들이 주사기로 독극물을 입안에 넣어 주었다. 1978년 11월 18일, 900여 명의 신도가 교주의 명령에 따라 집단으로 독극물을 마셨다. 역사상 최악의 집단 자살 사건이 일어난 순간이었다. 몇몇 신도는 교주의 명을 거부하고 탈출했지만, 900여 명의 신도 대다수는 평온한 모습으로 별다른 저항 없이 목숨을 끊었다.

어떻게 900여 명이나 되는 사람이 교주의 말도 안 되는 명령에 따라 정글로 이주하고, 친구의 죽는 모습을 태연하게 지켜보고, 자기 자식에게까지 독약을 먹이며 스스로 목숨을 끊을 수 있었을까? 보통 사람이라면 이런 광기에 찬 행동이 쉽게 이해되지 않을 것이다. 그러나 역사를 살펴보면 종교, 신념, 지도자에 대한 맹신 등 광기로 가득 찬 사람들이 일으킨 비극적인 사건들을 쉽게 접할 수 있다. 비극을 막기 위해 애쓰던 사람도 항상 있었다. 그들은 결과에 따라 영웅이 되거나 역적이 된다.

인간이 있는 곳이라면 어디에나 이런 집단행동이 있다. 그리고 불과 몇 년 사이에 무능력자 취급을 받던 사람이 영웅으로 바뀌기도 한다. 2000년에서 2005년 사이에 일어난 일이 바로 그런 경우다. 2000년대 접어들면서 전 세계 사람들은 인터넷 기술의 성장에 주목했고, IT 관련 기업 투자 붐이 일기 시작했다. 이 시기 전 세계 증권 시장은 IT 버블의 절정에 달하고 있었다. 해당 분야 기업들의 수익률은 10퍼센트, 20퍼센트, 심지어 50퍼센트 이상까지 끝도 없이 상승했다. 애널리스트와 은행가 및 증권사 직원들은 닷컴.com 자가 들어가는 기업에 투자하면 열 배, 스무 배의 수익이 보장된다며 끊임없이 투자자들을 부추겼다. 부자가 되는 것은 시간문제처럼 보였다.

  2000년 프랑크푸르트의 금융 업계에서 일하는 사람들은 길바닥에 황금이 널려 있는 기분이었을 것이다. 하늘 높은 줄 모르고 치솟는 주가, 끊임없이 벌어지는 파티, IT 분야 기업들을 소개하는 화려한 기자 회견, 더 많이 더 빨리 이익을 얻고자 안달이 난 기업 대표들과의 전화 회의 등으로 정신이 없었다.

  당시에 미국의 대형 자산 관리 회사에서 일하는 펀드 매니저 행크Hank를 만났다. 대부분의 펀드 매니저처럼 그도 고객의 돈을 불리려고 애썼다. 하지만 그는 다른 펀드 매니저들과는 달리 가치 투자만을 추구하는 사람이었다. 가치 투자는 기업의 자산 규모, 수익성, 사회적 평판, 안정성 등을 종합적으로 평가해 일정한 기준을 통과한 특정 기업에 장기간 투자하는 것으로, 수익의 안정성을 가장 우선시하는 방식이다. 그는 가치주라고 판단되는 종목에만 투자했다. 그렇기 때문에 특정 분야에 광풍이 몰아치는 시절에는 모험적인 투자보다 수익률이 높을 수가 없었다.

  IT 분야에서 대박을 터트린 캐주얼 차림의 젊은 대표들이 언론사 인터뷰에서 장밋빛 미래를 이야기하는 동안, 다른 쪽에서는 무미건조한 수치와 보기만 해도 고리타분한 사업 보고서를 뒤적였다. 가치주에 투자할 경우 3퍼센트, 많으면 8퍼센트의 수익이 보장되었다. 그러나 IT 분야 종목이 최저 20퍼센트, 많으면 90퍼센트 수익을 이야기하는 상황에서는 오히려 돈을 잃는 것처럼 보였다. 이래서는 경쟁이 되지 않았다.

## 2
## 언제나 비극으로 끝난 대박의 역사

"고객들이 나를 보고 세상에서 제일 멍청한 펀드 매니저랍니다."

행크가 프랑크푸르트의 한 호텔 로비 소파에 앉아 불평을 쏟아 냈다. 그는 미국 텍사스 출신으로 키가 크고 묵직한 음성을 지녔다. 당시 자신의 관심 밖 종목인 IT 분야 주가가 폭등하면서 고객들의 집단 항의에 시달리고 있었다.

"왜 IT 종목에 투자하지 않느냐며 고객들이 난리도 아닙니다. 전화며 이메일이며 숨쉴 틈이 없어요. 곧 거품이 꺼지니 속으면 안 된다고 설명을 해도 나를 욕하면서 돈을 빼 가고 있습니다."

고객들 눈에 그는 시장 흐름을 읽을 줄 모르는 멍청이로 보였던 것이다. 행크와 같은 가치 투자자들은 가치주를 추천할 때마다 고객들에게 이런 말을 들었다.

"과거가 아니라 미래에 투자를 하고 싶네요!"

그러던 중 금융 시장을 냉정하게 평가하는 것으로 유명한 미국의 금융 잡지 《배런스Barron's》 같은 매체들이 IT 분야 기업들의 사업 모델을 모래성에 비유하며 투자의 위험성을 알렸다. 또한 수익 악화로 현금이 고갈된 이른바 '캐시 번Cash Burn'에 처한 기업 명단이 등장하자 사람들은 투자 행진을 멈추었다. 투자 심리가 급격히 냉각되고 다들 공황 상태에 빠져 주식을 팔기 시작하면서 거품도 순식간에 꺼졌다.

5년 후 프랑크푸르트 호텔 로비에서 다시 행크를 만났다. 2000년에 만났을 때와는 달리 확실히 여유롭고 기분도 좋아 보였다. IT 거품이 꺼지면서 잘나가던 벤처 기업들이 줄줄이 문을 닫았다. 해당 기업 주식들도 휴지 조각이 되면서 많은 사람이 수익은커녕 원금마저 거의 다 날렸다. 그러자 행크의 능력이 다시 주목받기 시작했다. 별 볼일 없어 보이던 가치주들은 금융 위기를 안정적으로 잘 헤쳐 나갔다. 행크를 바보 취급하던 고객들은 그를 장기적인 안목을 가진 지혜로운 투자자라며 치켜세웠다. 천하의 멍청이가 5년도 채 안 되어 영웅이 된 것이다.

"나는 운이 좋은 경우고, 웬만한 사람들은 버티기 힘들었을 거예요."

행크가 의미심장하게 말했다. 그는 능력 있는 투자자라는 평판과 오랜 경험 덕분에 고객과 상사로부터 남다른 신뢰를 받았고, 그 힘으로 IT 버블 시기를 버틸 수 있었다. 행크 외에도 IT 관련 기업 투자 붐이 거품이라고 내다본 매니저들도 있었지만 그들은 버티지 못했다. 행크처럼 투자하지 말라고 이야기를 하면 고객들은 온갖 욕설을 퍼부으며 계약을 해지했다. IT 분야에 투자하지 않는 사람은 시대의 흐름을 읽지 못하는 무능력자로 여겨졌다. 그것은 집단 광기였다.

거품이 꺼진 뒤 예전의 영웅들은 자신의 재산을 날려 버린 죄인으로 바뀌었다. 사실 20퍼센트, 50퍼센트 혹은 수십 배의 수익을 매년 기록한다는 것은 누가 봐도 허황된 꿈이다. 그러나 IT 버블 시기에 돈을 날린 사람들을 멍청하다고 할 수 없는 이유가 있다. 첫 번째, 누구나 지나간 일에 대해서는 쉽게 말할 수 있다. 일이 터진 다음 돌아보면 모두 예상했던 일처럼 느껴지고, 그것을 몰랐던 사람들이 바보처럼 느껴진다. 이것은 아주 강력한 현상이므로 나중에 자세히 살펴보기로 하자.

두 번째, 집단적인 압력의 영향에서 벗어나는 게 결코 쉬운 일이 아니다. 짐 존스와 그를 추종한 신도들에게 일어난 비극적인 사건을 생각해 보라. IT 관련 주식들이 폭등하는 분위기에서 많은 사람이 높은 수익을 기록하고 있고 누구나 부자가 될 수 있다고 말하는데, 그 유혹을 견뎌 낼 사람이 과연 몇이나 있겠는가.

사람들은 무엇에 이끌려 안정된 직장을 버리면서 주식 투자에 빠지고, 평생 어렵게 번 돈을 투자 회사에 맡기는 걸까? 단순히 생각이 짧거나 귀가 얇아서일까? 세상 물정을 모르거나 욕심이 많아서가 아니다. 바로 알렉산더Alexander 같은 사람이 있기 때문이다. IT 버블 전성기에 활약하던 알렉산더는 고객의 자산을 관리해 주는 포트폴리오 전문가였다. 손대는 종목마다 대박을 터트리는 소위 미다스Midas의 손으로 통했다. 그는 이지적인 이미지와 차분하고 논리적인 말솜씨로 사람들의 신뢰를 얻었다. 시장 동향, 새로운 소프트웨어, 기술, 새로운 B2B·B2C 사업 모델을 꿰고 있었고, 각종 지표, 정보, 데이터, 숫자들을 섭렵할 정도로 똑똑했다. 알렉산더는 부드러운 목소리, 반짝이는 눈, 적절한 손짓, 확신에 찬 목소리로 이렇게 말했다.

"저는 제가 투자하지 않는 종목은 추천하지 않습니다. 당연히 지금 추천하는 종목에도 투자했습니다."

사람들은 이런 말에 안심한다. 사탕발림이 아니라 진실이라는 것을 확인해 주기 때문이다. 확실하게 수익을 낼 수 있는 종목이라고 추천하면서 자신의 돈은 투자하지 않는 전문가를 100퍼센트 신뢰하기란 어렵다. 알렉산더는 자신이 투자한 종목만을 추천함으로써 고객들에게 믿음을 줬다.

그는 높은 적중률과 수익율, 강한 책임감으로 고객들에게 신뢰를 얻었다. 알렉산더 말고도 당시에는 그런 영웅이 많았다. 하지만 전설적 투자가들의 책장에 왜 경제학 관련 책보다 역사책이 더 많았는지를 생각해 봐야 한다. 역사의 교훈을 진지하게 받아들였다면 그렇게 낙관적인 전망을 내놓지는 못했을 것이다. IT 혁명과 버블의 붕괴는 늘 반복되어 온 사건이기 때문이다.

1920년대에 이미 2000년과 놀랍도록 닮은 장면이 펼쳐졌다. 철도, 자동차, 방송 같은 '신기술'이 등장하면서 수많은 사람이 새로운 황금시대가 올 것을 꿈꾸고 투자에 열을 올렸다. 구두닦이 소년들이 증권 정보를 꿰고 있었고, 밥 한 끼 챙겨 먹을 돈이 없는 하인들도 주식에 투자했으며, 가장들은 집을 담보로 빚을 내서 주식을 샀다.

1929년 10월 24일 목요일 오전 10시 30분. 미국 뉴욕 증권 거래소에서 역사상 최악의 주가 폭락이 시작되었다. 대공황 Great Depression의 시작이었다. 저명한 경제 역사학자이자 훗날 존 F. 케네디 John F. Kennedy 대통령의 경제 브레인 역할을 했던 존 케네스 갤브레이스 John Kenneth Galbraith는 이날을 '증권 시장은 한 치 앞도 보이지 않았고, 희망이 없는 공포로 가득 채워졌다'라고 표현했다. 증권 시장이 흔들리기 시작한 것은 이날이지만 뉴욕 증권 거래소 역사상 최악의 폭락을 기록한 것은 닷새 뒤인 10월 29일 월요일이었다. 장이 열리자마자 대부분의 주가가 10초당 1달러(1100원)

씩 떨어졌다. 조금이라도 손해를 줄이려는 사람들이 필사적으로 주식을 매도했다. 2주 만에 시가 총액의 3분의 1인 300억 달러(33조 원)가 사라졌다. 기업들의 줄도산이 이어졌고, 실업률은 30퍼센트까지 치솟았다. 대공황은 거의 3년간 지속되었다. 이 기간에 미국 경제는 물론 전 세계 경제가 나락으로 떨어졌다.

그런데 이 또한 새로운 사건이 아니었다. 1636년부터 1637년까지 있었던 네덜란드의 튤립 파동Tulip Mania도 비슷한 모습이었다. 당시 터키에서 소개된 튤립이 큰 인기를 끌자, 튤립을 사고팔면 부자가 될 수 있다는 생각에 너도나도 튤립 뿌리를 샀다. 튤립 뿌리 하나가 집 한 채 가격에 거래될 정도였다. 그런데 어처구니없는 사건 하나로 튤립에 대한 거품이 꺼져 버렸다. 경매를 위해 탁자에 올려놓은 튤립 뿌리를 어느 선원이 집어 먹어 버린 것이다. 선원은 튤립의 가치를 몰라서 그랬던 것이지만 진짜 원인은 튤립 가격이 너무 비싸서 사겠다고 나서는 사람이 한 사람도 없었기 때문이었다. 그 일을 계기로 튤립 가격이 급격한 하락세로 접어들었다. 그 결과 네덜란드 경제가 깊은 수렁에 빠졌다. 빈털터리가 된 튤립 투자자들은 교회에서 "혐오스러운 돈 욕심과 어리석음에 대한 벌을 받았다"는 설교를 들었다.

1987년 10월 19일 그 유명한 '검은 월요일'에도 비슷한 일이 벌어졌다. 다우 지수가 하루 만에 20퍼센트 이상 떨어져 세계 증권 시장이 공황 상태에 빠졌다. 이 수치는 대공황의 시작이 된 '검은 목요일'보다 더 큰 폭락이었다. 이처럼 합리적이고 이성적인 사람들이 마치 뭔가에 홀린 사람처럼 투자했다가 뒤늦게 후회하는 이유는 무엇일까? 우리는 어떤 힘 때문에 이런 파괴적인 집단행동에 휩쓸리는 걸까?

## 3
## 폭탄은 늘 개인들의 손에서 터진다

    자본 시장에서 반복되는 집단 광기와 혼란을 하나의 법칙으로 정리할 수는 없지만 폭등과 급락이 나타나는 일정한 패턴이 있다. 우선 중앙은행이 낮은 금리와 느슨한 통화 정책으로 경기를 부양한다. 여기에 철도, 자동차, 라디오, 인터넷 등 혁신적 기술이 등장하면서 생산성이 높아지고, 실업률은 낮아지며, 물가 상승률도 낮게 유지되어 국내 경제가 활성화된다. 경제 자유화와 세계화의 영향으로 이런 현상이 전 세계 여러 나라에서 동시다발적으로 일어난다. 그러면 업체들 간의 경쟁으로 원자재 가격이 하락하고, 물가도 안정적으로 유지되면서 전 세계 경제가 호황을 맞는다.

    경제가 호황기에 접어들어 돈이 넉넉해지면 사람들은 어딘가에 투자를 한다. 주식, 부동산, 튤립 뿌리 등 투자 대상이 무엇인지는 그다지 중요하지 않다. 그럴듯한 미래 전망이나 다른 사람의 성공에 대한 질투심 같은 심리적 요소들이 더 중요하다.

    예를 들어 '인터넷은 세상을 개선하고 복지를 가져오므로 이런 기업의 주가는 오를 수밖에 없다' 혹은 '미국의 모기지론$^{Mortgage\ Loan}$(부동산을 담보로 주택 구입 자금을 대출해 주는 제도로, 구입 자금의 일부를 내고 나머지는 수십 년에 걸쳐 분할 상환할 수 있다)에 투자하면 원금 손실을 방지하기 위한 정교한 금융 장치 덕분에 안전하게 고수익을 올릴 수 있다'와 같은 시나리오들이 등장한다. 힘들이지 않고 부자가 되어 적게 일하고, 편하게 살 수 있다는 이야기를 싫어할 사람은 없다. 그래서 사람들은 이런 이야기를 쉽게 믿어 버린다. 듣고 싶어 하는 말이기 때문이다.

그 내용이 진실인지 아닌지는 중요하지 않다. 그럴듯하게 들리기만 하면 된다. 1929년과 2000년, 2007년에도 곧 경제 위기가 닥칠 것이라고 경고하는 사람은 많았다. 주가가 폭락할 거라며 여러 경제 지표를 제시한 사람도 있었고, 위험 부담 없는 고수익은 자본 시장의 기본 원리에 어긋난다는 점을 지적한 사람들도 있었다. 그러나 이미 광기에 휩싸인 분위기에서 이런 지적은 철저히 무시된다. 그리고 행크처럼 자신의 원칙을 지키며 여러 요소를 꼼꼼하게 따지는 사람은 무능력자 취급을 당한다.

주가 혹은 집값이 오를 거라는 그럴싸한 시나리오가 완성되면 사람들의 시기와 질투가 투자 심리에 방아쇠를 당긴다. 누군가 큰 수익을 냈다는 소문이 퍼지면 이를 따라 하는 사람들이 생긴다. 수많은 언론 매체들이 성공담을 쏟아 내면서 투자를 망설이던 사람들도 투자 대열로 들어서게 된다. 그러면 시장에 더 많은 돈이 모이고 시세는 폭등한다. 시세가 오르면 오를수록 장밋빛 미래에 대한 전망은 더욱 그럴싸하게 들린다.

자본 시장의 특수성은 이런 단순한 심리를 뒷받침해 준다. 특히 은행, 보험 회사, 연금 관리 공단 등 천문학적인 금액을 굴리는 기관 투자자들이 큰 역할을 한다. 이 분야에서 일하는 사람들에게는 위험을 피하는 것만큼 손실에 대한 책임을 회피하는 것이 중요하다. 가장 좋은 방법은 사람들이 하는 대로 하는 것이다. 잘되면 본인이 잘한 것이고, 잘 안 되면 다른 사람들도 똑같이 잘 안 되었다고 말하면 되기 때문이다. 이런 핑계거리를 믿고 기관 투자자들은 남들이 사는 주식을 사고, 집단행동을 부추긴다. 그러면 그 주식의 가격은 더욱 오르고 악순환은 강화된다.

이제는 애널리스트, 은행가, 자산 관리자들의 차례이다. 이들은 낙관적 전망으로 들떠 있는 시장의 압력에 굴복할 수밖에 없다. 그래서 고객에게 현재 주가는 거품이니 투자에 유의해야 한다고 말하지 못한다. 행크가 힘들었던 것도 이 때문이었다. 이렇게 은행과 자본 시장 전문가들은 주가 거품을 더욱 키운다. 물론 이 과정에서 언론도 한몫을 담당한다.

내가 아는 어느 투자자는 주가가 떨어질 것이 확실한 상황에서도 계속 투자를 해야 한다고 말한다. 팔아야 할 시기만 잘 맞추면 아무런 문제가 없다는 것이다. 이 논리대로라면 주식 거래는 '폭탄 돌리기 게임'이다. 거래가 계속되는 한 게임은 멈추지 않고 결국 마지막 투자자가 폭탄을 안고 엄청난 손해를 입고 만다. 폭탄이 언제 터질지는 아무도 알 수 없지만 사람들 대부분은 자신의 능력이나 운을 맹신한 나머지 주식을 제때 팔 수 있다고 믿는다. 증권 시장 격언 중에 '증권 시장에 하차를 알리는 안내 방송은 없다'라는 말이 있다. 그러나 전문가들은 안내 방송이 없어도 내려야 할 곳에서 내릴 수 있다고 믿는다. 결과적으로 자기 과신, 욕심, 헛된 희망이 시장 원리와 결합해 증권 시장은 대재앙의 길로 들어선다. 이 과정에서 어제의 영웅은 순식간에 역적으로 몰린다.

"사람들이 소리를 지르며 화를 냈기 때문에 아무런 설명도 할 수가 없었습니다."

한 펀드 매니저가 IT 버블이 터진 이후를 회상하면서 말했다. 그의 동료들도 비슷한 경험을 했다고 한다. 영웅을 믿고 전 재산을 맡긴 고객에게 수익은커녕 원금조차 모두 까먹었다는 사실과, 그것은 전적으로 투자자 개인의 책임이라는 이야기를 전하기란 쉽지 않았을 것이다.

논리적으로 잘잘못을 따질 수는 없지만 고객들은 재빨리 희생양을 찾아냈다. 그들이 믿고 돈을 맡긴 영웅들을 탓했다. 주가가 떨어지기 전에 예측을 했어야 하는 것 아니냐면서 따졌다. 그러나 전문가들은 자신들도 미처 몰랐다는 변명만 할 뿐이었다. 앞서 소개했던 그 시절 최고의 영웅 알렉산더가 자신의 잘못을 인정하며 이렇게 말했다.

"가능한 모든 변수를 고려해서 종목을 선택했는데, 주가가 이렇게 떨어질 줄은 정말 몰랐습니다."

유능한 전문가들조차 큰 손해를 보고 나서야 자신들의 실수를 깨닫는다. 어느 시대든 시나리오의 결말은 똑같다. 쉽게 큰돈을 벌 수 있다는 유혹에 빠져 많은 사람이 집단의 뒤를 따른다. 마치 수백만 마리가 절벽으로 뛰어내리는 나그네쥐 Lemming (북유럽, 북아메리카, 유라시아 등지에 서식하는 설치류의 일종으로 개체 수가 폭발적으로 늘어나면 먹이를 찾아 이동한다. 이때 눈이 나쁜 나그네쥐가 바다를 얕은 강으로 착각하여 뛰어들면 뒤따르는 수백만 마리가 함께 절벽으로 뛰어들어 '집단 자살'처럼 보인다)처럼 행동한다. 기대가 넘치면 모두가 기쁨에 겨워하고, 공포가 번지면 모두가 공황 상태에 빠진다.

지금까지 집단이 어떻게 움직이는지를 살펴봤다. 하지만 아직 집단의 심리는 잘 모른다. 무엇이 우리를 나그네쥐처럼 아무 생각 없이 집단을 따르게 만들까? 왜 우리는 다른 사람들이 그렇게 한다는 이유만으로 덩달아 불행의 길로 들어서는 걸까?

## 4
## 많은 사람이 열광할 때가 가장 위험하다
**인지 부조화**

　악단을 태운 마차가 떠들썩하게 거리를 지나가면 한두 사람이 마차를 뒤따르기 시작한다. 마차를 따르는 사람이 많아질수록 더 많은 사람이 동참하고 무리는 점점 커진다. 이런 현상을 '밴드왜건 효과Band-Wagon Effect' 또는 '편승 효과'라고 한다. 이 용어는 집단행동이 사람의 행동에 영향을 미치는 모습을 설명할 때 주로 쓰인다.

　사람들에게는 유행을 따르려는 습성이 있다. 그래서 사람이 많이 사는 상품이 더 잘 팔리고, 사람이 많은 식당에 사람들이 더 몰린다. 다른 사람의 행동을 따라 하는 이유는 무엇일까? 세 가지 정도로 정리해 볼 수 있다. 먼저, 무리에 속해 있을 때 얻는 안정감 때문이다. 이는 인류의 역사가 시작될 때부터 내려온 본능이다. 수백만 년 전 인간에게 무리를 벗어난다는 것은 곧 죽음을 의미했다. 혼자가 되면 야생 동물이나 적대적 세력들에게 쉽게 표적이 된다. 이 영향이 아직도 남아 있어 인간은 다른 사람들을 따라 같은 방향으로 걷는다.

앞에서 봤던 제임스 존스와 그의 신도들을 생각하면, 이런 심리 작용이 얼마나 강한지 알 수 있다. 《설득의 심리학》의 저자로 유명한 심리학자 로버트 치알디니Robert B. Cialdini는 가이아나의 집단 자살 사건도 이런 심리와 관련이 있다고 말한다. 정글이라는 위험하고 낯선 환경과 외부의 위협 아래 놓여 있던 신도들이 의지할 것이라고는 오직 자신들이 속한 집단뿐이었다. 이런 상황에서는 집단을 따를 수밖에 없다. 그래서 사이비종교들은 대개 신도들을 외부와 고립시키려 애쓴다. 그들에게는 다른 선택의 여지가 없었다. 그렇기에 말도 안 되는 지시를 따른 것이었다.

집단행동이 일어나는 두 번째 이유는 집단에 속한 사람들의 정보에 영향을 받기 때문이다. 예를 들어 옆집에 사는 사람이 재활용 쓰레기를 들고 나가면 당신은 어떻게 하겠는가? 버려야 할 재활용 쓰레기가 있다면 열에 아홉은 재활용 쓰레기를 버리러 나갈 것이다. 여기서 우리는 집단행동의 정체를 살짝 엿보게 된다. 대부분은 분리수거 날짜를 확인하지 않을 것이다. 그저 옆집 사람이 날짜를 알고 있으려니 믿고 악단의 마차를 따라가듯 옆집 사람을 따라간다. 이처럼 다수의 행동을 살펴 그 행동을 믿고 따라 하는 전략은 편리하면서 합리적인 방법이다. 낯선 여행지에서 괜찮은 식당을 고르는 가장 확실한 방법은 손님이 많은 곳을 찾는 것이다. 현지인들보다 싸고 맛있는 식당을 잘 아는 사람은 없다.

많은 사람이 선택했다면 그것은 합리적이고 효율적이라는 뜻이다. 그대로 따라 하면 직접 정보를 수집하고 분석하는 데 드는 시간과 노력을 아낄 수 있다. 그래서 사람들은 집단이 정답을 알고 있다고 믿는다. 집단이 자신보다 더 나은 정보를 가지고 있다고 믿고 마차를 따라간다. 내가 아는 누군가 IT 관련 주식에 투자해 돈을 번다면, 우리도 똑같이 돈을 벌 수 있다고 생각한다. 이럴 때 집단행동은 확실히 합리적으로 보인다.

그러나 이런 전략으로 쫄딱 망할 수도 있다. 절벽으로 돌진하는 줄도 모르고 무리를 따라 질주하는 나그네쥐처럼 말이다. 모두가 같은 의견일 때는 모두가 틀렸을 수도 있다는 것을 알아야 한다. 편승하는 사람이 많을수록 더 많은 사람이 뒤따라 기차에 오른다. 시장의 재앙은 바로 여기서 시작된다. 주식이나 부동산에 투자하는 사람이 늘어날수록 시세는 오르고, 그러면 더 많은 사람이 몰려서 가격은 점점 더 올라간다. 그렇게 모래 위에 지은 성은 작은 사건이나 실수 하나만으로도 와르르 무너져 버린다.

집단행동의 세 번째 이유는 정보를 대하는 사람들의 태도 때문이다. IT 버블 시대로 돌아가 보자. 이 시기에 금융 전문 잡지들은 최대 호황을 누리고 있었다.

"글만 쓸 줄 알면 누구든 다 기자로 채용하던 때였습니다."

2000년에 금융 전문 잡지를 만들었던 한 편집장이 옛날 일을 떠올리며 말했다. 시장의 새로운 소식에 목말라 하는 투자자들은 넘쳐 났는데 금융 전문 기자는 턱없이 부족했다. 실제로 그 잡지사에서는 신학자든 운동선수든 가리지 않고 고용했다고 한다.

기사 내용은 대개 엇비슷했다. 가장 핫 한 종목, 가장 핫 한 투자자, 카리스마 넘치는 창업자의 성공 신화, 세금을 줄이는 법, 주식 황금기는 아직 시작도 안 됐다는 경제 전망 등이었다. 누구나 금방 부자가 될 수 있다는 내용에 소득, 사업 모델, 이윤, 주식 시세 등을 곁들인 형식의 기사가 대부분이었다. 사람들은 자신이 듣고 싶어 하는 내용만을 메뚜기 떼처럼 먹어 치웠다. 그런 잡지를 읽으며 자신이 현재 증권 시장이 어떻게 돌아가는지를 잘 알고 있고, 앞으로 어느 기업이 떠오를지를 잘 알고 있다고 믿었다. 개인이 증권 시장과 같은 외부 환경을 통제할 수 없음에도 자신의 능력으로 통제하거나 예측할 수 있다고 믿은 것이다. 심리학에서는 이를 '통제의 환상Illusion of Control'이라고 한다. 이에 대해서는 뒤에서 자세하게 다룰 것이다.

시장의 거품이 꺼지고 주가가 떨어지면서 잡지 판매 부수도 뚝 떨어졌다. 위기 상황에서는 가치 있는 정보가 더 절실할 텐데 왜 구독률이 떨어졌을까?

대다수의 사람은 자신의 생각과 실제 상황이 일치하기를 원한다. 그래서 자신이 생각하는 것과 모순되는 정보를 접하면 이를 제거하려고 한다. 심리학에서는 이를 '인지 부조화Cognitive Dissonance'라고 하는데, 한 생각에 꽂히면 다른 의견이나 정보에는 귀를 닫게 되는 현상을 의미한다. 이런 심리적 성향은 일상에서 흔히 발견된다. 어느 토론회에서 나와 논쟁을 벌인 한 사람은 내게 이렇게 말했다.

"당신의 반론은 옳다. 하지만 내 주장을 바꿀 생각은 전혀 없다."

독일의 보수 정당 지지자들은 진보 성향의 잡지인 《포어바르츠Vorwärts》를 읽지 않는다. 보수적인 유권자들에게는 새로운 정보와 관점을 전달하는 《포어바르츠》가 더 흥미로울 수 있는데도 말이다.

사람들이 금융 전문 잡지를 열심히 읽는 이유는 새로운 정보를 얻기 위해서가 아니라 자신들이 믿고 있는 것을 확인하기 위해서다. 자신의 입맛에 맞지 않는 정보는 유리하게 해석하거나 무시한다. 심한 경우에는 정보의 출처를 의심하거나 정보를 알려 준 사람을 신뢰하지 않기도 한다. 이때 다시 집단의 힘이 발휘된다. 자기와 의견이 같은 사람이 많아질수록 확신은 강해지고 낙관주의가 발전한다.

그러나 믿고 싶지 않은 상황을 인정해야만 할 때가 온다. 주가가 연일 폭락하면 투자자들은 혼돈에 빠진다. 잡지에는 유망한 투자 정보가 사라지고 '당신의 재산을 안전하게 지키는 법', '위기는 언제까지 지속될 것인가?' 등의 우울한 기사가 그 자리를 대신한다. 투자자들은 자신의 주장과 믿음을 새로운 상황에 맞게 바꿔야 하지만 대다수가 생각을 바꾸는 대신 잡지를 끊어 버린다.

경제학자 엘레나 아르겐테시Elena Argentesi, 헬무트 뤼트케폴Helmut Lütkepohl 그리고 마시모 모타Massimo Motta는 인지 부조화가 이탈리아 최대 경제 신문인 〈일 솔레 24 오레Il Sole 24 Ore〉의 판매 부수에 미치는 영향을 확인하기 위해 이탈리아 증권 시장을 관찰했다. 통계를 분석한 결과, 주가가 오르면 〈일 솔레 24 오레〉의 판매 부수도 올랐으며 주가가 떨어지면 판매 부수도 감소했다. 영국의 증권 시장도 다르지 않았다. 주가가 상승하면 〈파이낸셜 타임스Financial Times〉의 판매 부수가 늘었다.

경제학자들은 이런 연관성의 원인을 인식의 모순으로 보았다. 자신 있게 투자를 했는데 그 종목의 주가가 하락하면 속이 쓰리다. 이때 두 가지 길이 있다. 첫 번째는 갖고 있는 주식을 팔고 배우자, 친구, 동료 등 주변 사람들에게 자신의 생각이 틀렸음을 인정하는 것이다. 그러나 보통 사람들은 자신의 잘못을 인정하려 하지 않는다. 그리하여 두 번째 방법을 선택한다. 인지 부조화의 원인인 경제 전문지(정보)를 끊음으로써 괴로움을 없애는 것이다. 반대로 자신이 투자한 종목의 주가가 상승하면 자신의 결정을 지지하고 인정해 주는 모든 정보를 기꺼이 수집한다. 〈일 솔레 24 오레〉나 〈파이낸셜 타임스〉를 사는 것이다.

자, 이제 우리는 집단의 역학과 심리에 대해 약간 알게 되었다. 우리는 그것으로부터 자신을 보호할 수 있을까? 우리는 여기서 무엇을 배울 수 있을까? 미국 캘리포니아의 뉴포트 비치에 가면 그 답을 얻을 수 있을 것이다.

## 5
## 왜 워런 버핏은 월스트리트에서 살지 않을까?

고층 빌딩, 야자수, 넓은 잔디밭이 어우러진 뉴포트 비치는 미국 캘리포니아에 있는 인구 9만 명의 작은 해변 도시다. 그림처럼 아름다운 항구가 있고, 시내에는 둘러볼 만한 수많은 박물관이 있다. 배를 빌려 고래 관광을 할 수 있으며, 해변에서 서핑을 즐길 수도 있다. 매년 열리는 뉴포트 비치 국제 영화제도 빼놓을 수 없는 이벤트다.

뉴포트 비치는 세계 금융의 중심지 월스트리트에서 아주 멀리 떨어져 있다. 그러나 이곳에는 세계 최대 투자 회사 중 하나인 핌코Pimco: Pacific Investment Management Company의 본사가 있다. 1971년에 설립된 핌코는 세계적인 보험 금융 서비스 그룹 알리안츠Allianz의 자회사이다. 주로 채권에 투자하며 관리 자산만 2조 달러(2200조 원, 한국 정부 1년 예산의 여섯 배)가 넘는다. 핌코의 창립자이자 최고 투자 책임자인 빌 그로스Bill Gross는 '채권왕'이라는 칭호를 얻으며 증권가의 전설이 되었다. 수많은 언론 매체가 핌코와 빌 그로스의 성공 비결을 분석했다.

빌 그로스를 압도하는 현존 최고의 투자자가 있다. '오마하의 현인'이라 불리는 워런 버핏Warren Buffett이다. 그는 버크셔 해서웨이Berkshire Hathaway의 회장이자 세계에서 다섯 손가락 안에 드는 부자다. 그는 다섯 살 때 껌을 팔아 처음으로 돈을 벌었고 여섯 살 때는 코카콜라 여섯 병을 25센트(280원)에 사서 한 병에 5센트(60원)에 팔아 20퍼센트의 수익을 남겼다. 워런 버핏은 현재 40여 년 전 3만 1500달러(3500만 원)에 구입한 집에서 검소하게 생활한다. 집을 구입했을 무렵 그는 버크셔 해서웨이라는 섬유 회사를 한 주당 18달러(2만 원)에 인수했다. 이후 투자 회사로 변한 이 회사 주식은 현재 한 주당 17만 달러(1억 9000만 원) 이상에 거래되며 세계에서 가장 비싼 주식이 되었다. 핌코와 마찬가지로 버크셔 해서웨이 본사도 월스트리트에서 멀리 떨어진 네브래스카 주 오마하에 있다. 자신만의 투자 원칙을 철저히 지키는 것으로 유명한 워런 버핏은 IT 버블 시기에 IT 관련 주식을 단 한 주도 사지 않았다.

빌 그로스와 워런 버핏의 성공 요인은 무엇일까? 개인적인 성격, 경제 상황, 합리적인 투자 원칙을 꼽을 수 있고, 어느 정도 운도 따라 줬을 것이다. 그런데 우리가 가장 주목해야 할 점은 이 두 사람 모두 월스트리트에 살지 않는다는 사실이다. 최고급 정장을 입은 기업인들이 24시간 쉬지 않고 비즈니스를 이야기하고 주식, 돈, 의견을 교환하는 세계 금융의 중심지 월스트리트에서 멀리 떨어져 산다.

어쩌면 월스트리트의 약점은 쉬지 않는 데 있을지도 모른다. 그러나 대부분의 회사들은 월스트리트가 쉬지 않는다는 데 매력을 느낀다. 그들은 사업이 진행되고 있는 곳, 시장의 맥박이 느껴지는 곳, 새로운 트렌드가 가장 먼저 떠오르는 곳, 세계에서 가장 중요한 사람들이 모여 사는 이곳에 있고 싶어 한다. 앞선 뉴스, 중요한 인맥, 역동적인 분위기 등 이 모든 것이 사업에 도움을 준다.

투자에 성공하려면 월스트리트에 자리 잡는 것이 당연하게 보인다. 그러나 집단의 심리 관점에서는 잘못된 선택이다. 똑같이 생각하고 말하고 믿고 느끼는 사람들에게 둘러싸여 있는 한 집단의 생각, 믿음, 감정에서 벗어나기 어렵다. 그래서 빌 그로스와 워런 버핏의 성공 비결 가운데 집단에서 떨어져 있다는 점이 중요 요인으로 평가받는다. 그들은 월스트리트에서 멀리 떨어져서 시장의 추이를 지켜보고 결정을 내림으로써 분위기에 휩쓸리지 않는다. 축제나 축구 경기 혹은 대규모 행사에 참여해 본 사람은 흥분한 군중 속에서 평정심을 유지하는 것이 얼마나 어려운지 잘 알 것이다. 자기도 모르는 사이 사람들과 함께 소리를 지르고 노래를 부르며 껑충껑충 뛰게 된다.

와인과 구텐베르크의 고향으로 잘 알려진 독일 남서부 작은 도시 마인츠에서는 매년 11월부터 100여 일 동안 축제가 열린다. 이 축제의 절정은 로젠몬탁이라고 하는 마지막 주 월요일인데 대규모 가장행렬이 벌어지고 모든 사람이 축제 분위기에 흠뻑 젖는다. 언젠가 나는 이 기간에 다른 일 때문에 마인츠에 있으면서 축제를 즐기는 사람들을 지켜봤다. 집단에 속하지 않았기 때문인지 열광하는 사람들 마음이 느껴지지 않았다.

IT 버블이라는 축제가 월스트리트에서 벌어졌을 때, 100퍼센트 수익을 약속하는 주식 전문가들과 흥청거리는 투자자의 모습을 멀리 떨어진 오마하에서 바라본 워런 버핏의 마음도 이와 비슷하지 않았을까? 워런 버핏이 거리 두기에 성공할 수 있었던 것은 그가 최첨단 기술을 사용하는 젊은 금융인들과는 다른 세대이기 때문이기도 하다. 이런 공간적·문화적·세대적 거리감 덕분에 집단의 유혹에도 전혀 흔들리지 않을 수 있었을 것이다.

"아버지가 만약 월스트리트에 계셨다면 지금과는 완전히 다르게 사셨을 겁니다. 아버지도 다른 사람들과 똑같은 것을 좇았을 테니까요."

워런 버핏의 아들 피터의 말은 핵심을 정확히 짚고 있다. 독일의 유명한 펀드 매니저 역시 내게 비슷한 말을 했다. 그는 동료들과는 가급적 경제나 주식에 대한 이야기는 하지 않는다고 한다. 쓸데없는 정보가 너무 많이 돌아다니기 때문이다.

투자자들은 의식적으로 집단에서 한 걸음 물러나 있어야 한다. 수시로 통장 잔액을 확인하고, 수익률을 계산하고, 매일 주가를 비교하고, 유망한 종목을 추천하는 글을 찾아 읽는 등 집단 광기에 휩쓸리지 않도록 적당한 거리를 유지해야 한다. 취리히에서 활동하는 아쿠아마린 LLC 헤지펀드의 운영자인 가이 스파이어Guy Spier는 스스로 정한 규칙에 따라 일주일에 한 번만 주식 시세를 확인한다고 한다.

만약 고수익 투자가 주는 흥분, 짜릿한 긴장감, 모험 등을 즐기고 싶은 사람이라면 반드시 여러 곳에 나누어 투자해야 한다. 일부는 노후를 대비해 안전한 자산에 묻어 두고, 일부는 시장의 관심을 받는 고위험 상품에 투자하는 것이다. 대신 이 돈은 흔적도 없이 사라질 수 있다는 점을 늘 인식하고 있어야 한다. 포트폴리오에서 가장 중요한 부분은 항상 집단의 광기에서 멀리 떨어뜨려 놓아야 한다는 원칙을 꼭 지켜야 한다.

하버드 대학교의 심리학자 폴 앤드리아센Paul Andreassen의 실험은 거리두기 전략의 중요성을 뒷받침해 준다. 대학생을 두 집단으로 나누고 몇몇 주식에 관한 충분한 정보를 주었다. 어떤 주식에 투자할지 고르게 하고 일정 기간 투자를 하게 했다. 첫 번째 그룹에게는 주가 변동 외에는 아무 것도 알려 주지 않았고, 두 번째 그룹에게는 주식과 관련된 분석 기사가 담긴 금융 전문지를 비롯해 다양한 정보를 제공했다. 실험 결과는 놀라웠다. 주가 변동 외에 아무런 정보를 얻지 못한 첫 번째 그룹이 두 번째 그룹보다 훨씬 나은 성과를 보인 것이다. 다양한 정보를 접한 두 번째 그룹은 그들이 얻은 정보의 중요성을 실제보다 높게 평가하고 집착하는 경향을 보였다. 모든 정보가 항상 유용한 것은 아니다. 어떤 것들은 오히려 위험하다. 어떤 상품에 투자를 했다면 어느 정도 무심한 편이 더 좋은 결과를 이끌어 낼 수 있다.

"정글을 떠나겠다는 생각은 한 번도 안 했어요. 다시 옛날로 돌아가고 싶지는 않았으니까요. 만약 내가 거기에 있었다면, 사람들을 따라 죽었겠죠. 혼자 살 수는 없으니까요."

가이아나 정글의 집단 자살 사건에서 살아남은 몇 안 되는 신도 중 한 사람인 로라Laura가 말했다. 그녀는 끔찍한 사건이 벌어진 그날 정글이 아니라 가이아나의 수도 조지타운에 있었다. 로라는 라디오를 통해 집단 자살 소식을 들었지만 신도들을 따라 죽지는 않았다. 집단에서 멀리 떨어져 있었기 때문이다. 이처럼 증권 시장에서도 집단과 함께 몰락하고 싶지 않다면 거리를 두어야 한다.

우리가 거리를 두어야 할 것이 또 하나 있다. 이 역시 집단 심리 못지않게 흔하고 치명적이다. 독일 유명 일간지에 실린 기사에서 이야기를 시작해 보자.

# CHAPTER 2

## 부자들은 1%의 행운도 바라지 않는다

# 1 '주식회사 바이오데이터'의 어처구니없는 성공
## 대표성 휴리스틱

닥스 지수(독일 프랑크푸르트 증권 거래소의 대표적인 주식 30개 종목으로 산출한 종합 주가 지수. 2013년 8월 기준 52주 동안 6871~8557 사이에서 움직이고 있다)가 장기적으로 2000 밑으로 떨어질 것이다.

2006년 독일의 한 유명 일간지가 10년 후 증권 시장을 예측하면서 뽑은 헤드라인이었다. 뭔가 의심스럽지 않은가? 당장 1시간 후에 어떤 일이 터질지도 모르는데 금융 위기, 전쟁, 혁명, 정권 교체, 자연재해, 신기술 등장 등 셀 수 없이 많은 변수가 작용하는 증권 시장에서 10년 후 주가 지수를 예측할 수 있다니? 그런데 이런 내용의 기사는 모든 신문이나 잡지에 거의 매일 실린다.

지난주 닥스 지수는 극적인 회복세를 보이며 심리적 지지 선인 200일 평균 선을 돌파하여 6000포인트 선을 탈환했다. 닥스 지수의 다음 고비는

6118포인트에 있는 38일 선이다. 38일 선을 무난히 넘기면 6250포인트까지 회복될 전망이다. 그러나 다시 주가가 하락세로 돌아서 200일 선이 5963포인트까지 내려앉을 가능성도 배제할 수 없다.

앞의 분석에서는 200일 선이 5963포인트를 찍을 수 있다며 구체적인 숫자를 제시했고, 고비가 되는 날도 정확히 38일 선이라고 언급한다. 차트 분석이 이 정도로 구체적이고 정확한 정보를 줄 수 있을까?

이 챕터에서는 증권 시장 곳곳에서 마주칠 수 있는 위험한 적을 소개하려고 한다. 이 적은 다양한 모습으로 전혀 예상치 못한 곳에서 가장 불리한 때에 튀어나와 우리를 괴롭힌다. 그 적의 이름은 바로 '우연'이다. 전문 지식과 뛰어난 감각으로 무장한 최고의 전문가들조차 '우연'의 공격에는 맥없이 무너진다.

앞에서 소개한 것처럼 차트를 분석해 증시 패턴을 예측하는 일을 '기술적 분석Technical Analysis'이라고 하고, 이런 일을 하는 사람을 '기술적 분석가Technical Analyst'라고 한다. 이들은 다양한 기술적 지표Technical Indicator를 활용하여 유망한 종목과 투자 시기를 결정하고 주가 변동의 추이를 예측한다. 이들은 주가 변동과 관련된 각종 지표들의 관계와 패턴을 파악하기만 하면 주가를 예측할 수 있다고 주장한다.

그러나 증권 시장, 더 나아가 이 세계의 움직임에는 어떤 패턴이 있고 이를 알면 미래를 예측할 수 있다는 주장을 사실이라고 믿기에는 조금 꺼림칙하다. 과학보다는 비밀 종교 단체의 주장에 더 가깝기 때문이다. 놀라운 것은 9년 후의 닥스 지수를 예언했던 일간지의 대표가 어느 인터뷰에서 이렇게 말했다는 사실이다.

"이런 기술적 분석 기사는 인기가 좋아서 이를 시리즈로 기획했습니다. 전화, 인터넷 게시판, 메일 등 독자들 반응이 아주 뜨거웠어요."

어느 대학교에서는 이 기사 시리즈를 복사해서 수업에 활용해도 되겠느냐고 문의해 왔다고 한다. 그런데 정작 담당 편집자들은 이 기사 시리즈가 왜 인기를 끄는지 몰라서 어리둥절했다고 한다.

사람들이 이런 기사에 열광하는 이유는 무엇일까?

이와 같은 현상을 설명하는 데 적절한 실험이 있다. 다음 문장을 읽고 스티브의 직업이 무엇인지 맞혀 보자.

스티브는 수줍음을 많이 타고 매사에 신중하다. 사람들을 돕는 건 좋아하지만 사람들과 부대끼는 건 별로 좋아하지 않는다. 그는 체계적인 질서와 구조를 중시하며 매우 꼼꼼하다.

A | 도서관 사서.
B | 농부.

도서관 사서일까, 농부일까? 사람들은 대부분 도서관 사서를 선택한다. 당신도 도서관 사서를 선택했다면 자기도 모르게 '휴리스틱Heuristic'이라는 특별한 결정 기술을 이용한 것이다. 휴리스틱은 복잡한 문제를 단순한 근거만으로 판단하는 것으로, 쉽게 말해 어림잡아 추론하는 인식 방법이다.

전혀 모르는 스티브라는 사람의 직업을 맞히는 것은 복잡하고 어려운 문제다. 이 문제를 제대로 풀고 싶은 사람이라면 독일 남성의 직업 구조를 살펴보고 도서관 사서와 농부 중 비율이 높은 직업을 고를 것이다. 독일 남성의 2퍼센트가 도서관 사서이고 4퍼센트가 농부라면, 스티브는 농부일 확률이 더 크다.

이런 문제 해결 방식이 분명히 더 논리적이다. 하지만 사람들 대부분은 이렇게 복잡하게 생각하지 않는다. 스티브에 대한 설명이 농부보다는 도서관 사서와 더 어울릴 것 같아서 도서관 사서라고 생각한다. 이처럼 어떤 개별 대상인 A(스티브)가 B(도서관 사서)라는 부류의 특성을 대표하는 것으로 보일 때 A(스티브)가 B(도서관 사서)에 속한다고 판단하는 것을 '대표성 휴리스틱Representativeness Heuristic'이라고 한다. 우리가 모르는 확률 따위는 간단히 무시하고 도서관 사서처럼 보이니까 도서관 사서라고 판단하는 이 방식은 확실히 빠르고 간편하다.

기본적으로 이 방법은 그리 나쁘지 않다. 정확도도 상당히 높다. 온몸에 용이나 해골 문신을 하고 가죽 재킷을 입은 사람을 보고 종교인일 것이라고 추측하지는 않는다. 이때 군이 통계 자료를 분석할 필요는 없다. 문제는 이 방법이 항상 맞지는 않는다는 사실이다. 다음 문장을 읽고 다시 한 번 스티브의 직업이 무엇인지 맞혀 보자.

스티브는 맡은 일을 깔끔하게 처리하는 성실한 사람이다. 늘 신중하게 생각하고 집중해서 일한다. 사람들과 어울리기를 좋아한다. 우연을 믿지 않는다.

A | 회사원.
B | 심장외과 의사.

인물 설명만을 놓고 보면 심장외과 의사일 가능성도 있다. 하지만 독일에 심장외과 의사가 많을까, 회사원이 많을까? 회사원이 훨씬 많을 것이다. 그러므로 회사원이라고 답하는 게 낫지 않을까? 그런데 다음 실험을 보면 사람들은 그렇게 생각하지 않는 것 같다.

실험에 참가할 100명을 모은 다음 그중 한 사람을 뽑아 나머지 사람들에게 이 사람의 직업을 맞혀 보라고 했다. 정확하게는 자신이 예상한 그 사람의 직업이 정답일 확률이 몇 퍼센트인지 추측해 보라고 했다. 그리고 실험에 참가한 100명 가운데 70명은 변호사이고, 30명은 기술자라는 정보를 주었다. 그러자 참가자들은 그 사람이 변호사일 가능성이 70퍼센트라고 답했다.

그런데 뽑힌 사람이 기술에 관심이 많다는 정보를 알려 주자 사람들의 대답이 달라졌다. 대표성 휴리스틱에 영향을 미친 것이다. 참가자들은 그가 기술자일 것이라고 답했다. 참가자 100명 가운데 70명이 변호사라는 사실은 무시되었다.

마지막으로 변호사일지 기술자일지 판단하기 애매한 정보를 추가로 제공했다. 참가자들의 대답이 다시 바뀌었다. 뽑힌 사람이 기술자일 확률이 50퍼센트라고 답한 것이다. 이제 100명 중 70명이 변호사라는 사실은 완전히 무시되었다. 만약 100명 중 단 한 사람이 기술자라면, 그가 기술에 관심이 많다고 해도 기술자일 확률은 1퍼센트에 불과하다. 그런데 어째서 실험 참가자들은 70퍼센트의 확률을 포기하고 기술자라고 대답했을까?

이 실험 결과가 증권 시장과 무슨 관계가 있을까? 사실 대표성 휴리스틱은 개인뿐만 아니라 시장 전체에 큰 영향을 끼친다. 바이오데이터<sup>Biodata</sup>라는 회사의 주가 변동은 이런 사례를 잘 보여 주고 있다. IT 버블 시기에

IT 업종 외에 바이오 테크놀로지BT 업종에도 엄청난 돈이 몰렸다. 이 무렵 바이오데이터의 주가가 BT 업종의 주가 상승과 맞물려 큰 폭으로 상승했다. 2000년 기업 공개 당시에 주식 공모가가 액면가 45유로(6만 6000원)의 다섯 배에 달하는 240유로(35만 원)였고, 몇 달 만에 439유로(64만 원)까지 치솟았다. 그러나 이듬해부터 적자에 허덕이다가 2004년 파산했고, 회사 대표는 사기 혐의로 검찰에 고발당했다.

황당한 점은 바이오데이터가 BT와는 전혀 상관없는 암호 프로그램을 만드는 소프트웨어 회사였다는 사실이다. 투자자들이 대표성 휴리스틱에 빠져서 '바이오'라는 이름만 보고 이 회사를 BT 기업으로 착각했던 것이다. 덕분에 이 회사는 자신의 분야와 전혀 상관없는 업종의 주가 변동을 따랐다.

우리는 제한적인 정보로 무엇인가를 판단하고 예측할 때 대표성 휴리스틱을 사용한다. 대표성 휴리스틱은 생각의 도구 중 하나일 뿐 그 자체가 오류는 아니다. 조금만 주의를 기울이면 대표성 휴리스틱의 약점은 쉽게 파악할 수 있다.

대표성 휴리스틱과는 비교도 안 될 만큼 위험한 생각의 함정은 따로 있다. 이 오류는 과거의 일을 바탕으로 앞으로의 일을 예상할 때마다 나타나 뇌를 속이고 뒤통수를 때린다. 특히 주식이나 부동산에 투자한 돈을 한 번에 날려 버릴 만큼 치명적인 위력을 지니고 있다. 그것은 바로 '도박사의 오류Gambler's Fallacy'다. 우연을 자유자재로 다루며 카지노를 농락한 한 남자를 만나 보자.

## 2
## 항상 이기는 도박사의 비밀
### 도박사의 오류

　1873년 영국의 방직 기계 기술자 조셉 재거스Joseph Jaggers가 카지노로 유명한 모나코 몬테카를로에 도착했다. 그는 카지노 룰렛 게임을 해 본 적도 없고, 규칙도 몰랐다. 하지만 유능한 기술자였던 그는 완벽한 회전축을 가진 룰렛이 없다는 사실을 알고 있었다. 당시에 만들어진 모든 회전축은 예외 없이 약간씩 기울어져 있었다. 이를 이용하면 돈을 벌 수 있을 것 같았다. 그는 사내아이 6명을 고용해 하루 종일 카지노의 모든 룰렛에서 나온 숫자들을 기록하게 했다. 이 숫자들을 분석해 보니 눈에 띄는 룰렛이 있었다. 이 룰렛에서는 특정 숫자들이 이론적인 확률보다 훨씬 자주 나왔다. 그는 카지노로 가서 그 룰렛에서만 게임을 했고 당연히 큰 돈을 땄다. 큰 손실을 입고 당황한 카지노 측은 서둘러 재거스를 내보내고 룰렛의 위치를 바꾸어 놓았다. 다음 날 재거스는 같은 자리에 앉아 게임을 했고 돈을 잃었다. 자신이 점찍어 둔 룰렛이 아니라는 것을 알아챘다. 그 룰렛에는 작은 흠집이 나 있었다. 자신이 찍어 둔 룰렛을 찾아 다시 게임을 시작했다. 그는 결국 32만 5000달러(3억 6000만 원)를 챙겨 몬테카를로를 떠났다. 지금의 화폐 가치로 따지면 3000만 달러(약 330억 원) 이상의 어마어마한 금액이었다.

룰렛은 고속으로 회전하는 룰렛 판에 구슬을 던져서 구슬이 떨어지는 칸의 숫자나 색깔을 맞히는 게임이다. 룰렛 판은 0부터 36까지 총 37칸으로 나뉘어 있고, 녹색으로 되어 있는 0을 제외한 각 칸은 빨간색과 검은색이 번갈아 가며 칠해져 있다. 룰렛의 게임 방식은 구슬이 떨어질 칸의 숫자를 정확하게 맞히는 것부터 홀수 짝수 맞히기, 구간 맞히기, 색깔 맞히기 등 매우 다양하다. 참여자는 자신의 취향에 맞는 곳에 베팅을 할 수 있다. 그중에서도 구슬이 빨간색 판에 떨어질지, 검은색 판에 떨어질지를 맞히는 방식은 홀수 짝수 맞히기와 함께 이길 확률이 가장 높은 방식이다.

당신이 카지노에서 룰렛을 하는데 구슬이 여섯 번 연속으로 빨간색 판에 떨어졌다고 상상해 보라. 다음 판에 어느 색에 돈을 걸겠는가? 조셉 재거스라면 룰렛의 회전축이 기울어져 있음을 확신하고 빨간색에 돈을 걸겠지만, 우리 같은 일반인들은 왠지 검은색에 돈을 걸고 싶어진다. 회전축의 기울기를 모르는 사람이라면 빨간색이 백 번 연속으로 나왔을 때도 다음번엔 분명히 검은색이 나올 것 같은 느낌이 든다. 검은색이 나올 확률은 50퍼센트인데, 백 번이나 빨간색이 나왔으면 이제 검은색이 나올 때가 됐다고 생각하는 것이다(0이 있기 때문에 정확하게는 약 48.6퍼센트다. 미국식 룰렛은 0과 00이 있기 때문에 확률이 더 낮다).

왜 다음에는 검은색이 나올 것 같은 느낌이 들까? 간단하다. 백한 번 연속으로 빨간색이 나오는 건 우리가 생각하는 우연과 맞지 않기 때문이다. 우연이라면 검은색과 빨간색이 비슷한 비율로 나와야 한다. 그래서 '세 번은 빨간색, 세 번은 검은색이 나와야 정상인데 빨간색이 여섯 번 연속으로 나왔다면 다음번엔 분명 검은색이 나올 거야!'라고 생각한다. 틀린 말은 아니다. 단, 룰렛을 수없이 돌렸을 때만 그렇다. 이런 생각은 은연중에 우연을 예상 가능한 것으로 여긴다는 뜻이다. 그렇지만 우연은 말 그대로 예상 불가능한 영역이다. 바로 이것이 문제다. 대표성 휴리스틱의 함정에 빠진 것이다. 이처럼 각각의 시도는 확률적으로 독립되어 있는데, 앞의 결과가 다음 시도에 영향을 미칠 것으로 착각하는 것을 '도박사의 오류'라고 한다. 우리는 도박사의 오류에 자주 빠진다.

우연이 반복적으로 일어나면 일정한 패턴이 있는 것처럼 보이기 때문에 우리를 더 혼란스럽게 한다. 간단한 실험을 해 보자. 먼저 동전을 100회 던져 그 결과를 그래프로 그려 보라. 동전의 앞면이 나오면 점을 위쪽에, 뒷면이 나오면 아래쪽에 찍은 뒤 선으로 연결해 보자. 그러면 지그재그, 상승, 하강, 파도 모양의 패턴들이 생길 것이다. 다시 말해 우연하게 만들어진 그래프에서 어떤 규칙이 발견되는 것이다. 이제 적합한 이론만 찾으면 동전 던지기의 패턴을 그럴듯하게 설명할 수 있게 된다.

증권 시장에 나타나는 패턴이나 규칙이 바로 이런 것이다. 마음만 먹으면 주식, 통화를 비롯해 모든 시세 차트에서 수천 또는 수만 가지의 규칙을 찾아낼 수 있다. 이런 패턴이나 규칙에 큰 의미가 담겨 있을까? 기술적 분석을 믿는 사람들은 당연히 그렇다고 말할 것이다. 패턴이 우연한 것이라면 분석 자체가 의미 없는 일이기 때문이다. 패턴을 찾는 우리의 눈과 이성은 이런 규칙에 큰 의미를 부여할 준비가 되어 있다. 눈에 띄는 패턴이 우연히 생겼다고 믿기는 어렵다. 그것이 바로 우연인데도 말이다.

우연에 대한 우리의 상상과 눈에 띈 패턴이 일치하지 않을 때 대표성 휴리스틱이 작동한다. 회전축이 기운 룰렛처럼 패턴 뒤에 어떤 원인이 숨어 있다고 확신하는 것이다.

대표성 휴리스틱과 도박사의 오류를 고려하면 패턴은 우연의 산물이다. 그렇지만 사람들은 수많은 차트 분석에서 '머리어깨 모형(상승과 하락이 세 번 반복해서 일어나며 두 번째 정상이 다른 좌우의 정상보다 높은 것이 일반적인 경우)'을 찾아내고, '이후에는 항상 하락세로 접어든다' 같은 이론을 덧붙여 주가를 예측한다. 그렇다면 기술적 분석을 믿어야 할까, 말아야 할까?

## 3
## 주가를 예측하는 방법은 없다
### 기술적 분석

　기술적 분석은 주가 변동의 추이와 거래량 등의 데이터를 바탕으로 다양한 이론과 지표를 사용하여 미래의 주가를 예측하는 방법이다. 이런 데이터들은 대부분 차트로 표현되기 때문에 흔히 '차트 분석'이라고 한다. 주가 변동 차트에서 패턴을 읽고 앞으로의 동향을 예상한다. 미래의 주가가 과거와 비슷하게 움직일 것이라는 생각이 기본에 깔려 있다. 차트에 나타난 패턴은 일종의 방향 지시등이다. 이동 평균선, 지지선과 저항선이 있는 트렌드 채널, W형, M형, 머리어깨 모형, 삼각형, 사각형, 엘리엇 파동Elliott Wave 등 각종 패턴이 주가 변동의 전환점을 의미한다. 기술적 분석은 이런 그래프들이 주가의 흐름을 알려 준다고 한다.

　많은 투자자들이 차트를 분석하여 패턴을 찾아내고 증권 시장의 흐름을 파악하려고 노력한다. 만약 차트에서 트렌드 채널 패턴을 발견하면, 투자자들은 해당 주식의 시세가 이 패턴을 따를 것이라고 진단한다. 금융 지식과 거리가 먼 사람에게는 새가 날아가는 모습을 보고 미래를 점치는 예언처럼 보일 것이다.

차트 분석을 비판하는 사람들은 차트 분석을 신뢰하는 것은 패턴을 만들어 낸 우연의 장난에 속는 것이라고 주장한다. 하지만 차트 분석가들은 여러 차트에 규칙적인 패턴들이 그저 우연히 생겨난 것이라고 볼 수는 없다고 말한다. 신중하고 꼼꼼한 성격을 지닌 사람을 농부라고 생각하기 어려운 것처럼 말이다. 패턴이 우연히 생겨난 것이 아니라면 중요한 의미가 담겨 있다는 뜻이고, 이를 제대로 분석하면 그 의미를 찾을 수 있고 큰돈을 벌 수 있다는 것이다.

차트 분석가들은 차트는 룰렛 구슬과는 다르다고 말한다. 우연의 산물이 아니라 특정 상황에서 반복적으로 나타나는 인간의 태도가 반영되었다는 것이다. 하지만 인간의 성격과 태도의 변화무쌍함, 그리고 이것들에 영향을 미치는 수많은 변수를 고려하면 이는 너무 낙관적인 생각이다. 어떻게 그 많은 변수와 다양성을 차트에 담을 수 있다는 말인가. 게다가 인간의 태도 역시 우연적인 요소에 크게 영향을 받는다.

그러나 차트 분석가들은 주가가 차트의 규칙을 따른다고 고집하며 "이 규칙성을 봐! 이게 바로 차트 기하학과 시세 동향 사이의 내적 관계를 증명하는 거야. 시세 동향의 일반 법칙을 보여 주는 것 아니겠어?"라고 말한다. 하지만 내가 보기엔 아닌 것 같다. 차트 분석은 대량의 데이터를 분석해 의미 있는 정보를 추출해 내는 일종의 '데이터 마이닝Data Mining'이다. 증권 시장이라는 상자 안에는 수십만 종류의 주식 시세 정보가 들어 있다. 그중에서 특정 패턴을 따르는 우연한 흐름을 찾고 그것을 보편적 흐름의 증거로 내세운다. 그런데 앞에서 말한 것처럼 동전을 100회만 던져도 반복되는 패턴이 나온다. 그런 패턴을 규칙이라고 파악하는 순간 우리는 우연이 파 놓은 함정에 걸려드는 것이다.

충분한 시간만 있다면 주가 변동이 비슷하게 진행되는 차트를 수도 없이 찾을 수 있다. 기술적 분석에 대해 비판적인 시각을 갖고 있는 사람들은 이를 '멕시코 총잡이'에 비유한다. 먼저 벽에 마구 총을 쏜 다음 총알 자국 주위에 과녁을 그린다. 그러면 그 총잡이는 명사수가 된다. 수많은 주식이 특정한 패턴을 따라 움직인다고 믿는 사람은 그 반대의 경우도 따져 봐야 한다. 얼마나 많은 주식이 그런 패턴과 다르게 움직이는가?

이런 반문은 기술적 분석가들이 돈을 많이 벌었다는 주장을 반박할 때도 유용하다. 기술적 분석가들이 돈을 많이 벌었다는 이야기를 들으면 "차트 분석으로 돈을 잃은 기술적 분석가들은 얼마나 되는가?"라고 물어보라. 사실, 돈을 잃은 전문가들은 찾기 어렵다. 그 이유는 손해를 본 전문가들이 별로 없어서가 아니라, 막대한 손해를 보고 증권 시장에서 사라졌기 때문이다. 그래서 증권 시장에는 기술적 분석 덕분에 성공한 사람보다는, 기술적 분석에도 불구하고 성공한 사람들만 남는다. 어쩌면 성공한 차트 분석가는 우연히 살아남은 것인지도 모른다. 그렇기 때문에 차트 분석 덕분에 살아남았다는 주장은 설득력이 없다. 차트 분석이 정답이라면 어째서 그 방법을 안 쓰는 전문가가 많겠는가.

차트 분석을 둘러싼 논쟁은 '미래는 정해져 있는가?'라는 철학적 질문으로까지 이어진다. 주가는 운명처럼 미리 정해져 있을까? 그게 사실이라면 차트 분석가는 시장의 미래를 시세 차트에서 알아내는 현대판 점쟁이다. 미래가 정해져 있고 그걸 미리 알 수 있다면 미래를 바꿀 수 있을까? 차트에서 패턴을 찾는 일은 세상의 모든 현상을 설명할 수 있는 최고의 법칙을 찾는 것과 같다. 그 법칙은 주가, 새의 비행, 자연의 아름다움 등 모든 것을 설명해 준다. 황금 분할이니 엘리엇 파동이니 하는 차트 분석은 그런 공식의 일부를 우리에게 알려 준다. 신이 설계한 주가의 운명을 잘 포착하기만 하면 된다. 그런데 이런 주장은 전문적인 지식이 없는 사람이 봐도 뭔가 의심스럽고 곧이곧대로 믿기가 어렵다.

이런 직관적인 의심 뒤에는 심리학이 있다. 차트 분석과 진단을 신뢰하는 투자자가 많다. 증권 관련 매체들의 확산과 대중화로 이런 사람들이 점점 더 많아진다면 차트 분석은 결국 스스로 예언을 실현할 힘을 얻는다. 모두가 예언을 믿고 예언에 따라 행동한다면, 예언은 적중될 수밖에 없기 때문이다. 주가 상승을 예언하는 차트 분석을 믿고 많은 사람이 주식을 사면 주가는 예언대로 오르는 것이다.

기술적 분석에 대한 신뢰는 경제학보다 심리적 요인에 가깝다. 심리학에 따르면, 인간의 뇌는 복잡한 문제에서 벗어나려는 경향이 있다. 뇌는 차트의 패턴이 우연히 나타난 것이라고 믿고 싶어 하지 않는다. 그래서 각종 이론과 수식으로 포장해 예측 가능한 안정된 세계를 만든다. 금리, 환율, 정치, 경제 성장 등 복잡한 관계를 분석해도 미래에 대한 불안함과 불확실성은 사라지지 않기 때문에 차라리 단순한 기하학적 패턴을 믿음으로써 마음의 안정을 얻는다.

차트 분석은 단순해서 매력적이다. 금융 시장의 변화가 미리 결정된 것처럼 보이게 함으로써 우리를 안심시킨다. 덕분에 우리는 미래의 시세를 알고 있다는 느낌을 받는다. 차트 분석은 세계를 안정적이고 예측 가능한 것으로 만들어 주고, 모든 걸 통제하고 있다는 기분을 느끼게 해 줌으로써 인간 내면에 깊이 자리한 욕구를 충족시킨다. 그렇기 때문에 차트 분석으로 미래의 주가를 알려 주는 예언가들은 앞으로도 계속 나타날 것이다.

반대로 경제학자들은 금융 시장의 움직임을 술 취한 사람의 걸음걸이에 비유하기를 좋아한다. 이를 '랜덤 워크Random Walk'라고 한다. 술에 취한 사람이 비틀거리며 지그재그로 걸어가는 모습을 상상해 보라. 그가 어딘가를 향해 걷고 있는 것은 확실하지만 그의 움직임은 예상하기 어렵고 목적지도 어디인지 모른다. 목적지에 다다랐을 때에야 비로소 목적지를 알게 된다. 돈을 벌거나 잃지 않기 위해서는 그가 목적지에 도달하기 전에 예측을 해야 하는데 그의 걸음걸이에는 목적지를 예상할 수 있는 어떤 힌트도 없다.

주식 시세 동향은 주가 변동이 적힌 거대한 룰렛과 같다. 주가 변동은 우연한 사건이다. 과거의 흐름이 미래를 결정하지 않는다. 룰렛 구슬에 기억력이 없듯이 주가의 흐름 역시 과거를 기억하지 않는다. 증권 시장에 영향을 미치는 사건들을 보면 이런 관점에 공감하게 된다. 물론 그 사건들이 우연이 아닐 수도 있다. 분명한 사실은 과거의 주가 흐름이 그 사건들을 일으킨 것은 아니라는 점이다. 금리 하락, 재난, 전쟁, 악천후, 선거 결과 그리고 그 밖의 사건들은 현재의 작품이다. 차트 분석과 아무런 관련이 없다. 특정 모형이 관찰된 뒤에 주가가 상승한다면, 전쟁이 터지거나 국가 부도 위기가 닥쳐도 주가는 상승해야 마땅하다. 그게 가능하겠는가?

그럼에도 당신은 증권 시장에 영향을 미치는 요소가 분명 존재한다고 믿고 싶을 것이다. 만약 그런 것이 있다면 이용해도 되지 않을까? 맞다. 금융 시장에 영향을 미치는 규칙이나 인과 관계는 분명히 존재한다. 그걸 정말 이용해도 될까? 전설의 비행선이 대답해 줄 것이다.

## 4
## 기술적 분석과
## 점성술의 공통점
### 대표성의 오류

　1937년 5월 6일 인류 역사상 가장 큰 항공 운송 수단인 독일 체펠린 사의 비행선 힌덴부르크호가 대서양을 가로질러 뉴욕 근처 레이크허스트 비행장 상공에 모습을 드러냈다. 힌덴부르크호는 서서히 지상과 가까워지며 착륙을 하는가 싶더니 갑자기 폭발이 일어나 32초 만에 거대한 불덩이로 변해 추락했다. 이 사고로 탑승객 97명 중 36명이 비행선 안에서 사망했고, 비행장 직원이 비행선 잔해에 깔려 죽었다. 사고의 원인으로 갖가지 소문이 떠돌았다. 번개에 맞았다느니, 양계장 주인이 산탄총으로 쐈다느니, 무정부주의자의 테러라느니, 심지어 나치의 자작극이라는 말까지 돌았다. 조사단의 분석 결과 선체를 지지하는 철선이 끊어지면서 수소 가스를 저장한 탱크에 균열을 만들었고, 새어 나오는 수소와 정전기가 반응한 것이 폭발의 원인이었다.

　레이크허스트 비행장에서 독일이 자랑하는 비행선이 화염 속에서 사라진 이날 저녁 이후 '힌덴부르크'는 독일에서 재앙과 불행의 동의어가 되었고, 증권 시장에서는 주가 대폭락의 징조를 의미하는 상징이 되었다. 이를 '힌덴부르크 오멘Hindenburg Omen(한 달 뒤 증권 시장의 폭락 가능성을 예측하는 분석 방법)'이라고 한다.

이 우울한 징조가 어떻게 증권 시장에서 유명해졌는지는 알려지지 않았다. 그런데 미국 투자 자문 회사 메인 라인 인베스터스Main Line Investors의 금융 컨설턴트 로버트 맥휴Robert McHugh가 홈페이지에 자신이 '힌덴부르크 오멘'의 발견자라고 하면서 직장 동료 짐 미에카Jim Miekka의 도움을 받았다고 밝혔다. 맥휴는 지난 21년간 힌덴부르크 징조가 총 스물두 번 나타났는데 그때마다 주가가 하락했다고 주장했다. 증권 시장의 폭락을 예고한다는 이 징조는 기술적 지표들의 조합이다. 경제 통계나 시세 자료들이 특정 조합을 이루면 힌덴부르크 오멘을 신봉하는 사람들은 앞으로 넉 달 후에 주가가 최소 15퍼센트 이상 하락할 확률이 25퍼센트라고 믿는다. 이런 징조가 나타나면 사람들은 불안에 떨고 시장 분위기도 뒤숭숭해진다.

힌덴부르크 오멘은 다음 다섯 가지 조건을 만족시키면 나타난다고 한다. 뉴욕 증시에서 하루에 52주 신고가와 신저가를 달성한 종목 수가 전체 거래 종목의 2.2퍼센트 이상이고, 52주 최고가와 최저가를 기록한 종목 중 종목 수가 적은 쪽이 69개 이상, 거래소 종합 지수General Index의 10주 이동 평균선 상승, 시장 변동성을 측정하는 기술적 지표인 매클레란 오실레이터McClellan Oscillator(이것을 자세히 알려고는 하지 말자)가 마이너스, 52주 신고가 종목 수가 52주 신저가 종목 수의 두 배를 넘지 않으면 주가는 5~15퍼센트 급락한다고 한다.

힌덴부르크 오멘을 자세하게 알 필요는 없다. 이 역시 데이터 마이닝의 일종으로 복잡해 보이는 용어 속에 우연적 요소들이 많이 등장한다. 방대한 자료 속에서 경제 위기 때 나타나는 수백 가지의 유사한 패턴과 지표를 섞어 만든 칵테일이다. 자료가 현상을 그럴싸하게 설명할 수 있을 때까지 입맛에 맞는 자료를 수집하면 된다. 예를 들어 증권 시장에서 주가가 폭락했던 모든 날 혹은 대부분의 날에 보름달이 떴다면, 보름달이 주가에 영향을 미친다고 얘기하는 것과 다를 바 없다.

악의적으로 들리기도 하겠지만, 실제로 증권 시장에서 흔히 볼 수 있는 모습이다. 독일의 경제 주간지 《스마트 인베스터Smart Investor》와 인터뷰를 한 경제 전문 점성술사 우베 크라우스Uwe Kraus의 말을 들어 보자.

**스마트 인베스터**: 별자리가 주식이나 채권 혹은 그 밖의 시세에 영향을 준다는 게 사실입니까?

**우베 크라우스**: 증명할 수 있는 사실입니다. 별자리로 닥스 지수를 예측했을 때 적중률이 50퍼센트 이상이라면 점성술이 의미가 있다는 증거 아니겠습니까?

사람들은 미래를 알 수만 있다면 기술적 분석이든 점성술이든 가리지 않는다. 별자리로 주가의 흐름을 읽을 수 있다는 믿음은 생각보다 널리 퍼져 있다. 독일 금융계만 해도 달의 변화를 중요시하는 외환 딜러나, 중요한 결정을 앞두고 별을 관찰하는 펀드 매니저가 수두룩하다. 여담으로 점성술사 우베 크라우스는 특히 목성-명왕성 조합이 가장 중요하다고 말했다. 이 조합이 막대한 부와 매우 밀접한 관계가 있다는 것이다.

크라우스가 한 말을 살펴보면 우리가 어떻게 우연의 함정에 걸려드는지 알 수 있다. 만약에 우베 크라우스의 예언이 50퍼센트가 아니라 30퍼센트 정도만 적중했다면, 예언과 반대로 했을 때 부자가 될 확률이 더 크다. 예측은 틀렸지만 어쨌든 별자리가 성공적인 투자에 영향을 주는 셈이다. 전문가들은 이것을 반대 지표라고 부른다.

결과에 부합하는 자료만 찾아내면 무엇이든 지표로 삼을 수 있다. 목성-명왕성 조합과 워런 버핏이나 빌 게이츠의 연관성을 찾아내면 크라우스의 말대로 목성-명왕성은 막대한 부를 만들어 내는 별자리가 된다. 목성과 명왕성이 아니더라도 두 인물 사이에 다른 공통점이 있다면 그것을 부의 지표로 만들 수 있다. 찾다 보면 공통점은 나온다. 자료의 양이 많을수록 공통점도 쉽게 찾을 수 있다. 예를 들어 두 사람의 이름에 똑같이 't'가 들어가니 이름에 't'가 들어가면 부자가 된다고 말할 수 있는 것이다.

어처구니없는 연관성 만들기의 가장 대표적인 사례는 미국 월스트리트의 '슈퍼볼 지표'다. 미국에서 가장 큰 스포츠 이벤트인 슈퍼볼은 내셔널 풋볼 콘퍼런스$^{NFC}$ 우승팀과 아메리칸 풋볼 콘퍼런스$^{AFC}$의 우승팀이 맞붙는 챔피언 결정전이다. 그런데 슈퍼볼 결과에 따라 미국 증권 시장의 대표적 지표인 다우 지수가 오르내린다는 것이다. NFC 소속팀이 우승하면 다우 지수가 오르고, AFC 소속팀이 우승하면 다우 지수는 떨어진다. 과거의 통계를 보면 신기하게도 슈퍼볼 결과와 다우 지수의 등락이 밀접하게 관련되어 있는 것처럼 보인다. 그러나 슈퍼볼 결과와 다우 지수는 논리적으로 아무 관계가 없으며 전적으로 우연의 결과다.

설마 정말로 슈퍼볼 결과가 주가에 영향을 미칠 것으로 믿는가? 그렇다면 이런 연관성은 어떤가? 나는 한 애널리스트와 함께 과거 통계를 분석하여 '바이에른 뮌헨 지표'를 만들어 본 적이 있다. 그 결과 바이에른 뮌헨은 증권 시장에 피해를 주는 것으로 밝혀졌다! 바이에른 뮌헨이 분데스리가에서 우승한 시즌에 닥스 지수가 폭락할 확률이 50퍼센트 이상이었기 때문이다. 만약, 결과가 반대였다면 바이에른 뮌헨 지표는 투자자들의 사랑을 받았을 것이고, 바이에른 뮌헨의 우승이 증권 시장에 이용되었을 것이다. 바이에른 뮌헨의 우승 후 닥스 지수가 오르든 내리든 두 경우 모두 투자자들 사이에서 '바이에른 뮌헨의 예언'으로 받아들여졌을 테고 그중 하나는 항상 그럴듯해 보일 것이다. 내용적으로 아무 의미가 없는데도 말이다.

문제는 이런 연관성이 우리 눈에 우연처럼 보이지 않는다는 데 있다. "NFC 소속팀이 승리할 때마다 다우 지수가 올랐다고? 한두 번도 아니고 뭔가 연관이 있는 게 분명해."

우연의 먹잇감이 된 이성은 이렇게 속삭인다. 정말 우연이라면 반반 정도로 나타나야 한다고 생각하기 때문이다. 한 번은 NFC가 이겼을 때, 한 번은 NFC가 졌을 때 다우 지수가 올라야 한다. 이런 결과를 벗어나는 현상은 우리가 생각하는 우연과 맞지 않는다. 이것이 바로 '대표성의 오류 Representative Bias'이다.

그렇지만 두 가지 변수 사이의 관계, 즉 모든 통계적 관계가 우연적인 요소로 발생하는 것은 아니다. 실제로 믿을 만한 연관성이 있는 경우도 있다. 차이라면 앞에서 소개한 어처구니없는 관계와 다르게 타당한 근거가 있다는 점이다. 통계의 회색 지대에서 발생하는 '시장 이례 현상 Financial Market Anomalies'이 바로 그런 경우이다.

'이례'라는 강한 표현만큼 현상도 강력하다. 시장에서는 이론대로라면 결코 일어나지 않을 일이 일어난다. 그것이 바로 '이례 현상'이다. 대표적인 예가 '부활절 효과'와 '주중 효과'다. 오랫동안 닥스 지수는 성목요일

Maundy Thursday(최후의 만찬을 기리는 부활절 전 목요일)에 떨어진 적이 거의 없었고, 부활절 이후(독일에서는 부활절이 휴일이다) 첫 거래일은 거의 예외 없이 크게 하락했다. 부활절 시즌의 전략은 확실하다. 부활절 전에 팔고, 부활절 이후에 사면 된다.

주중 효과도 비슷하다. 지난 35년간 닥스 지수 흐름을 관찰한 결과 금요일 장이 가장 좋았고, 월요일 장이 가장 나빴다. 심리학자들은 투자자들이 주말을 앞두고 기분이 들떠서 금요일에 구매 욕구가 높아진다고 설명한다. 이런 설명이 부활절 효과에도 적용된다면 부활절은 휴일이 더 길기 때문에 구매욕은 더 높아져야 한다.

그러나 이런 해석은 증권 시장에서 가장 중요한 경제성의 원리와 정면으로 대립한다. 이 효과가 실제로 존재하고, 또 투자 전략으로 이용 가능하다면 누구나 이 전략을 사용할 것이다. 그런데 모든 투자자들이 똑같은 전략을 사용한다면 큰 이익을 볼 수가 없다. 금요일 혹은 성목요일에 주가가 오를 것을 아는 사람은 최소한 하루 전에 주식을 살 것이다. 그러면 주가는 하루 전에 오르고 주중 효과나 부활절 효과는 사라진다. 정말로 이런 효과가 작용한다면 주중 효과나 부활절 효과는 통계에서 사라져야 마땅하다. 그러므로 이런 효과가 존재한다면, 금융 시장 이론과 어긋나는 부분이 무엇인지 의심해야 한다. 그것이 바로 '이례 현상'이다.

어느 나라나 주가가 다른 달에 비해 눈에 띄게 빠지는 달이 있다. 독일 증권 시장에서 10월은 종종 재앙의 달로 통한다. 그런데 10월이 재앙의 달이 된 것도 역시 우연에 대한 생각과 관련이 있다. 우리는 이런 위기가 우연하게 발생한다면 특정 월에 집중적으로 나타날 것이 아니라 모든 달에 비슷하게 나타나야 한다고 생각한다. 그런데 유독 10월만 되면 주가가 빠지니 10월은 분명히 재앙의 달이라고 느낀다. 하지만 우연은 공평하지 않다. 오히려 위기가 모든 달에 공평하게 나뉘어 일어난다면 그것은 규칙이다. 한쪽에서만 연속해서 발생할 수도 있고, 전혀 발생하지 않을 수도 있다. 그것이 바로 우연이고 그렇기 때문에 예측이 불가능하다. 따라서 작년 가을에 위기가 왔다는 걸 근거로 내년 10월도 위험할 거라고 진단할 수는 없다. 시장의 위기와 주가 하락이 우연한 사건이라면, 위험 요소는 계절과 상관없이 모든 달에 존재한다. 시장의 이런 우연성을 잘 알고 있던 미국 소설가 마크 트웨인은 이런 말을 남겼다.

"주식 달력에서 1월, 2월, 3월, 4월, 5월, 6월, 7월, 8월, 9월, 11월, 12월을 제외하면 10월이 가장 위험한 달이다."

사실 독일 증권 시장 통계를 보면 주가가 가장 안 좋은 달은 10월이 아니라 9월이다.

우연히 일어나는 사건을 증권 시장과 큰 관련이 있는 것처럼 생각하는 이유는 우연에 대한 심리적 성향 때문이다. 주가와 미식축구 혹은 환율 변동과 별자리 같은 두 요소가 우연히 일치하는 것뿐인데도 우연이 아니라고 믿는다. 그런 믿음으로 중요한 결정을 내린다. 하지만 이는 결코 믿을 만한 투자 전략이 아니다.

우연에 대한 잘못된 믿음은 근거 없는 신화를 만들어 내기도 한다. 그렇게 만들어진 신화는 큰돈을 잃게 만든다. 혹시 농구를 좋아하는가? 미국 프로 농구 리그[NBA] 코트에서 우연이 어떻게 신화를 만들어 내는지 확인해 보자.

## 5
## 역사상 최고의
## 펀드 매니저
## 빌 밀러의 진실

레그 메이슨 캐피털 매니지먼트 Legg Mason Capital Management의 회장 빌 밀러 Bill Miller는 미국 최고의 펀드 매니저로 손꼽힌다. 그가 세운 놀라운 기록 때문이다. 그는 1991년부터 2006년까지 15년 동안 연속으로 스탠더드앤 드푸어스 500 S&P 500(스탠더드앤푸어스 사가 미국 증권 시장에서 각 산업을 대표하는 주식 500개 종목으로 산출한 미국의 대표적인 주가 지수)을 이기며, 시장을 이긴 펀드 매니저라는 평판을 얻었다. 이 기간은 IT 버블 때문에 폭등과 폭락을 거듭하던 때로 매년 시장 평균보다 높은 수익을 내기가 사실상 불가능했다. 그럼에도 그가 기록한 수익률은 연평균 16.44퍼센트였다. 같은 기간 S&P 500의 연평균 상승률은 11.53퍼센트였다. 15년 연속으로 S&P 500을 이긴 사람은 미국 증권 역사상 빌 밀러가 유일하다.

2006년 빌 밀러가 15년 만에 처음으로 S&P 500보다 낮은 수익률을 기록했다. 2007년, 2008년에도 역시 S&P 500에 패했다. 그러자 그를 투자의 신으로 추앙하던 언론이 돌변하여 그를 물어뜯기 시작했다. 빌 밀러가 운용하는 펀드를 비판하고 그의 잘못된 결정을 두고 빌 밀러가 총기를 잃었다며 비아냥거렸다. 그러나 빌 밀러와 그의 동료들은 기죽지 않았다.

"사람들이 뭐라고 하는지 알고 있었지만 우리는 흔들리지 않았습니다. 우리 방식을 지킬 만한 용기가 있었죠."

빌 밀러의 동료 메리 크리스 게이Mary Chris Gay가 인터뷰에서 당당하게 말했다. 과연 빌 밀러는 재능을 잃어버린 세기의 천재였을까? 이 질문에 대한 답은 의외로 농구장에서 찾을 수 있다.

어느 스포츠에나 특정 경기, 혹은 특정 시기에 평소 기량보다 훨씬 뛰어난 활약을 보여 주는 선수가 있다. 미국 프로 농구NBA에서는 이런 선수를 '핫 핸드Hot Hand'라고 한다. 핫 핸드가 쏘는 슛은 골 밑에서든 외곽에서든, 수비가 있든 없든 모조리 골로 연결된다. 하지만 그런 기간이 지나면 다시 평소의 모습으로 돌아간다. 15년 연속으로 시장을 이긴 빌 밀러도 주식계의 핫 핸드에 불과했던 걸까?

미국의 심리학자 톰 길로비치Tom Gilovich 연구팀은 핫 핸드의 진실을 파헤치기 위해 NBA 소속 프로 농구팀 필라델피아 세븐티식서스Philadelphia 76ers의 1980~1981년 시즌의 기록지를 분석했다. 그의 가설은 이렇다. 어떤 선수가 신들린 경기력을 보여 주는 핫 핸드가 되었을 때, 슛 성공률도 비약적으로 높아져야 한다. 예를 들어 어느 선수의 평균 슛 성공률이 50퍼센트라면, 그가 핫 핸드가 되었을 때는 슛 성공률이 그보다 높게 나와야 한다. 다시 말해 연속으로 들어가는 골이 더 많아질 것이다.

조사 결과 필라델피아 세븐티식서스의 선수가 골을 넣은 뒤, 연달아 골을 성공시킬 확률은 평균 51퍼센트였다. 골을 넣은 뒤에 던진 슛이 성공할 확률과 실패할 확률이 비슷하다는 뜻이다. 앞 사건이 뒤 사건에 아무런 영향을 미치지 않는 동전 던지기처럼 골을 넣은 이후 연달아 골을 성공시키는 것도 순전히 우연한 일이라는 것이다. 그러나 이것만으로 '핫 핸드는 없다'라고 결론짓기에는 이르다. 연구팀은 두 번 연속 골을 넣은 이후 슛 성공률, 세 번 연속 골을 넣은 이후 슛 성공률, 심지어 연속으로 실패한 이후의 슛 성공률까지 살펴봤다.

우연한 사건과 차이가 있었을까? 우연이 아니라고 판단할 만한 데이터는 나오지 않았다. 평균 이상으로 여러 골을 성공시킨 경우도 없었고, 경기당 평균 성공률도 크게 변하지 않았다. 한마디로 선수들은 매번 거의 비슷하게 잘하거나 못했다. 통계적으로 보면 핫 핸드는 존재하지 않는다.

하지만 농구 팬들은 말도 안 되는 연구라며 발끈했다. 학자들이 농구에 대해서 알면 얼마나 아느냐며 쏘아붙였다. 농구 팬뿐 아니라 보통 사람들도 일반적인 생각과 다른 연구 결과에 의문을 제기했다. 어떤 한 경기, 혹은 챔피언 시리즈 같은 특정 시기에 미친 듯한 활약을 보이는 선수를 많이 봐 왔기 때문이다. 그런데 왜 연구 결과는 일반적인 생각과 다르게 나타났을까?

핵심은 연속성이다. 무슨 일이 연속해서 일어나면 금방 눈에 띈다. 예를 들어 동전을 던졌는데 8회 연속으로 그림 있는 면이 나왔다면, 그러려니 하고 넘어가기가 쉽지 않다. 반대로 그림과 숫자가 섞여 나오면 별로 신경이 쓰이지 않는다. 증권 시장에서도 흑자와 적자가 교대로 지속되는 '혼합 결산'보다 한쪽이 지속되는 경우가 훨씬 오래 기억된다. 연속으로 나타나는 우연적인 현상은 금방 눈에 띄고 오래 기억되기 때문에 우연이 아니라 뭔가 특별한 것으로 믿게 된다. 핫 핸드는 그렇게 탄생한다. 어떤 선수가 핫 핸드라는 믿음이 생기면 그에 대한 평가 기준도 바뀐다. 평범한 선수가 슛을 실패하면 그저 있을 수 있는 일이지만, 핫 핸드가 실패하면 아깝게 놓친 것이 된다.

여기에는 두 가지 심리적 요소가 존재한다. 첫째, 8회 연속해서 그림이 나오거나 8회 연속해서 골이 들어가면 그것을 단순히 우연으로 여기지 않는다. 둘째, 연속으로 일어나는 현상은 강한 인상을 남긴다. 핫 핸드가 존재한다고 믿는 이유도 이 때문이다. 그런데 이것과 전설적 펀드 매니저 빌 밀러와 무슨 상관이란 말인가?

빌 밀러는 그저 평범한 펀드 매니저였을지도 모른다. 이것이 핵심이다. 그가 15년 연속으로 S&P 500을 이긴 것은 기적 같은 일이다. 하지만 그의 재능이 특별했기 때문일까? 농구의 핫 핸드처럼 모두가 특별하다고 믿지만 사실은 우연이었던 건 아닐까? 누군가가 동전을 던졌는데 열다섯 번 연속으로 같은 면이 나왔다 해서 그를 동전 던지기의 천재라고 할 수 있을까? 매우 특이한 일은 맞다. 하지만 어쩌다 보니 그렇게 된 것이다.

빌 밀러가 역사상 최고의 펀드 매니저가 된 이유는 지금까지 15년 연속으로 시장을 이긴 펀드 매니저가 없었기 때문이다. 하지만 우연의 관점에서 보면 15년 연속으로 시장을 이기는 게 불가능하지만은 않다. 매년 수천 명의 펀드 매니저와 자산 관리자, 투자자가 지수보다 높은 수익을 낸다. 그렇게 많은 사람 가운데 15년 연속으로 수익을 낸 사람은 얼마든지 나올 수 있다.

하지만 사람들은 빌 밀러가 특별하다고 믿는다. 바로 이것이 문제다. 이런 믿음 때문에 돈을 날릴 수 있기 때문이다. 빌 밀러와 관련된 펀드 회사들은 역사상 최초로 15년 연속 시장을 이긴 빌 밀러에게 돈을 맡기라며 요란하게 홍보했다. 사람들은 빌 밀러가 15년 동안 놀라운 실적을 보여 줬으니 앞으로도 계속 성공할 것으로 믿고 망설임 없이 돈을 맡겼다. 하지만 핫 핸드 실험이 증명하듯이 빌 밀러 역시 평균으로 돌아가고 말았다. 원숭이 100만 마리에게 타자기를 가지고 놀게 했다고 가정해 보자. 원숭이들이 아무렇게나 찍은 글자들이 우연히 완전한 문장이 될 확률은 생각보다 높다. 그렇다고 원숭이가 글을 아는 것은 아니다. 빌 밀러의 성공 역시 그의 투자 감각이 뛰어나서가 아니라 운이 좋았기 때문일 수도 있다.

빌 밀러의 사례는 금융 상품에 대한 중요한 진실을 알려 준다. '4년 연속 수익률 1위'라는 식의 금융 상품 광고를 많이 봤을 것이다. 이런 광고를 보고 '4년 연속 1위를 차지할 실력이면 앞으로도 잘하겠지'라고 생각한다면 그들의 잔꾀에 걸려든 것이다. 4년이 아니라 40년 동안 1등을 했어도 내년에 어떻게 될지는 아무도 모른다. 따라서 과거에 경쟁사보다 뛰어난 실적을 냈다는 사실에 큰 의미를 둘 필요는 없다. 실력보다는 운이 더 크게 작용하는 경우가 많기 때문이다. 금융 상품 광고들은 고객들의 눈에 띄기 위해서 과거의 실적을 강조한다. '4년 연속 수익률 1위'의 진짜 의미는 '앞으로도 계속 1위'가 아니라 '4년 동안 운이 가장 좋았음'이다. 현명한 투자자는 그런 말에 현혹되지 않는다.

## 6
## 우연한 사건이 더 그럴듯하게 보인다

"신은 주사위를 던지지 않는다."

아인슈타인은 양자 물리학 이론을 비판하며 이렇게 말했다. 양자 물리학은 우리 눈으로는 관찰할 수 없는 가장 작은 물질에 대한 이론으로, 기계적으로 운동하는 물질이나 정확히 예측할 수 있는 물질은 존재하지 않는다고 주장한다. 양자 물리학에서는 '우연'이 매우 중요한 요소다. 아인슈타인은 이런 이론이 마음에 들지 않았다. 주류 과학이 양자 물리학 이론을 받아들였음에도 자신의 뜻을 끝내 굽히지 않았다. 이런 생각을 한 사람이 아인슈타인만은 아닐 것이다. 우리의 직업, 인간관계, 행복, 삶 등이 우연적인 요소로 결정된다고 생각하면 끔찍하다. 그러나 우리가 어찌해 볼 수 있는 문제가 아니다. 받아들이고 익숙해지는 수밖에 없다.

사람들은 패턴에 집착한다. 그 때문에 이길 확률이 높은 게임에서도 지는 경우가 많다. 당신은 다음 게임에서 어떤 선택을 할 것인가? 빨간색 카드 70장과 초록색 카드 30장을 섞은 다음 한 장씩 테이블 위에 놓는다.

빨간색, 초록색, 초록색, 초록색, 빨간색이 나왔다. 다음에 무슨 색이 나올지 맞혀야 한다. 정석대로 한다면 각각의 색이 몇 번 나왔는지 확인하고 대략적인 확률을 계산한다. 남아 있는 카드 95장 중에 68장이 빨간색이므로 확률은 70퍼센트를 약간 넘는다. 그렇다면 당연히 빨간색이라고 답하는 게 안전하다. 그런데 실제로 실험을 해 보면 다른 방법을 쓰는 사람이 더 많다. 그들은 확률이 아니라 색깔이 나열되는 패턴을 찾는다. 그 패턴을 분석해 다음에 나올 카드를 예측하는 것이다. 물론 게임에서 지는 경우가 더 많았다. 게임에서 지는 한이 있더라도 우연에 굴복하기는 싫었던 걸까?

우연이 세상을 지배한다고 해도 우리는 여전히 운명의 주인이다. 재능, 연습, 직업, 끈기, 성격 등 삶을 결정하는 요소는 무수히 많다. 하지만 우연 역시 인생의 방향을 결정하는 요소임에는 분명하다. 이것을 인정하는 것이 중요하다. 갈림길에서 어느 방향으로 운전대를 꺾느냐에 따라 인생이 완전히 달라질 수 있기 때문이다.

우연은 증권 시장에서 더 강력한 힘을 발휘한다. 투자의 세계에도 재능, 감각, 끈기 등의 요소가 있다. 그러나 이런 요소 외에도 기술 혁신, 회사 대표의 뇌물 스캔들, 경제 위기 등 우연한 사건들이 주식, 부동산, 채권의 운명을 결정한다. 증권 시장 안에서 서성이는 사람은 이런 문제에 맞닥뜨릴 수밖에 없다.

이런 상황을 피할 수 있는 가장 현실적인 답은 무엇일까? 무엇보다 '위험 관리$_{Risk\ Management}$'가 가장 중요하다. 투자자는 늘 예상 밖의 것을 예상해야 한다. '투자에서 100퍼센트 손실이 나면 나의 재정 상태는 어떻게 될까', '손실을 버텨 낼 수 있을까'와 같은 복잡한 문제는 나중에 자세히 살펴보기로 하고, 여기서는 '예상 밖의 것을 예상하는 노력'을 하겠다고 마음먹는 정도면 족하다.

두 번째는 패턴과 규칙에 대한 집착을 버리는 것이다. 모든 패턴과 규칙에 필연적인 인과 관계가 있는 것은 아니다. 그런 연관성은 대부분 우연히 생긴 것이다. 그런데 우리는 연관성의 인과 관계를 따지기도 전에 이미 그럴듯한 해석을 덧붙여 하나의 법칙으로 만들어 버린다.

학문적 연구는 이와는 정반대로 진행된다. 연관성에 대한 다양한 가설을 세우고 그에 맞는 조건을 찾고, 데이터가 가설을 입증하는지 분석한다. 만약 순서를 바꾸어 자료에서 연관성을 먼저 찾고 그것이 타당해 보이도록 해석한다면 우연적인 요소를 과대평가할 위험이 커진다. 자료에서 연관성을 찾고 합당한 설명을 하지 않는 사람들은 오류에 빠지고 만다. 이를 '이론 없는 계측$^{Measurement\ Without\ Theory}$'이라고 한다. 앞에서 말한 우베 크라우스와의 인터뷰가 대표적인 예다.

**우베 크라우스 :** 별자리로 닥스 지수를 예측했을 때 적중률이 50퍼센트 이상이라면 점성술이 의미가 있다는 증거 아니겠습니까?

별자리뿐 아니라 새가 날아가는 모습이나 커피 찌꺼기를 보고도 주식 시세를 예측할 수 있다고 하는 사람들도 있다. 그리고 이런 예상이 적중할 때도 있다. 하지만 분명히 틀린 것이다. 어떤 지표가 주가와 관련 있는 것처럼 보이거나, 펀드, 자산 관리자, 금융 회사가 수익률을 자랑할 때마다 혹시 우연은 아닌지 항상 의심해야 한다.

명심하라. 어떤 펀드 매니저나 금융사가 연속으로 수익률 1위를 기록했다고 해서 그것이 곧 업계 1위라고 받아들여서는 안 된다. 순위에 대해서는 앞으로 자세히 다룰 것이므로 여기서는 속담 하나로 정리해 보자.

'제비 한 마리가 왔다고 여름이 온 것은 아니다. 그리고 두세 마리가 왔다고 기온이 더 올라가는 것은 아니다.'

그럴듯해 보이는 연관성과 순위를 항상 의심의 눈으로 바라봐야 한다. 우연한 결과는 아닌지 항상 따져야 한다. 뭔가 관련이 있다는 것만으로는 부족하다. 왜 관련이 있는지 그리고 미래에도 계속 관련이 있을지 생각해야 한다. 신이 언제라도 주사위를 던질 수 있다는 것을 늘 염두에 두어야 한다. 우연은 생각보다 훨씬 더 사악하기 때문이다. 동전을 던졌을 때 그림도, 숫자도 모두 안 나오는 수작을 부리기까지 한다. 독일 프로 축구팀 FC 쾰른 팬들이라면 아마 잘 알고 있을 것이다.

**CHAPTER 3**

절대로 손해 보지 않는
사람들의 비밀

## 1
## 돈 벌 수 있는 기회를 거부하는 사람들
### 손실 회피 심리

 1965년 3월 유럽 최고의 축구 클럽을 가리는 UEFA 유로피언컵(지금의 챔피언스리그) 8강전은 유로피언컵 역사상 가장 치열한 경기로 손꼽힌다. 잉글랜드 프리미어리그의 리버풀 FC와 독일 분데스리가의 FC 쾰른이 맞붙었다. 홈과 원정에서 치른 1차전, 2차전은 모두 0:0 무승부로 끝났다. 당시는 승부차기 제도가 생기기 전이었다. 그래서 경기를 한 번 더 치르기로 했다. 중립 지역인 네덜란드 로테르담에서 열린 3차전도 연장전까지 가는 접전 끝에 2:2 무승부로 끝났다. 어떻게든 승패를 결정지어야 했기에 심판들은 고심 끝에 동전을 던져 승부를 결정하기로 했다. 그런데 비가 와서 질퍽해진 그라운드에 동전이 세로로 박혀 버렸다. 동전 던지기마저 무승부였던 것이다. 심판은 동전을 다시 던졌고 운명의 신은 결국 리버풀 FC의 손을 들어 주었다. FC 쾰른의 미드필더 볼프강 베버Wolfgang Weber는 쾰른이 이기는 쪽으로 살짝 기울었다며 억울해했다.

 동전 던지기로 눈물을 흘린 건 FC 쾰른만이 아니다. 1968년 유럽 축구 선수권 대회EURO 1968 준결승전에서 0:0 무승부를 기록한 구 소련 대표팀은 이탈리아에게 동전 던지기로 패배해 결승 진출이 좌절됐다. 이탈리아는 이 대회에서 우승을 차지했다.

동전 던지기는 오래전부터 공정한 결정 수단으로 널리 쓰였다. 예를 들어 목숨을 걸고 결투를 할 때 동전 던지기에서 진 사람이 태양을 마주 보는 쪽에 섰다. 눈이 부셔서 결투에 불리했기 때문이다. 오늘날 축구에서는 동전을 던져 골대를 정한다. 어떤 책이든 동전을 던졌을 때 그림 혹은 숫자가 나올 확률은 50퍼센트라고 규정한다. 동전이 세로로 서는 일은 가능하기는 하지만 좀처럼 일어나지 않는다. 결과가 전적으로 우연에 의해 나오기 때문에 누구에게도 유리하지 않고 모두에게 공정하다고 생각한다.

그런데 동전 던지기가 정말 공정할까? 어느 폴란드 과학자가 여기에 의심을 품고 동전을 연구했다. 그리고 벨기에에서 만든 1유로짜리 동전에 불균형이 있음을 발견했다. 책상 위에서 동전을 돌리면 숫자보다 그림이 더 자주 위로 올라왔던 것이다. 과학자는 숫자 면이 더 무겁기 때문이라고 설명했다. 이 연구 결과를 접한 한 영국 신문은 잉글랜드 국가 대표 축구팀이 벨기에와 경기할 때 벨기에 동전을 사용해선 안 된다며 호들갑을 떨었다. 하지만 영국 과학 전문지 《뉴 사이언티스트》가 직접 실험한 결과 벨기에에서 제작한 1유로짜리 동전에는 어떤 불균형도 없었다.

세로로 서는 경우를 제외하고는 동전 던지기가 믿을 만하다는 실험 결과도 나왔으니 이런 내기를 해 보면 어떨까. 동전을 던져서 그림이 있는 면이 나오면 10유로(1만 4500원)를 따고 숫자가 있는 면이 나오면 10유로(1만 4500원)를 잃는 내기다. 사실, 대부분의 사람들은 이 내기를 거부한다. 일반적으로 미래가 불확실하다고 생각되면 여러 확률을 따져서 이를 바탕으로 의사 결정을 한다. 경제학에서는 이를 '기대 효용 이론Expected Utility Theory'이라고 한다. 기대 효용 이론의 관점에서 보면 부담 없이 이 내기를 받아들여야 한다. 그림과 숫자가 나올 확률은 통계적으로 같기 때문에 득도 실도 없다. 통계적으로 볼 때 천 번을 던지면 오백 번 이기고 오백 번 진다. 결국 잃지도 따지도 않고 본전으로 끝난다. 이기는 만큼 지기 때문에 총합은 0으로 끝난다. 하지만 대다수는 내기를 거절한다. 아마도 내기를 단 한 번만 했을 때 10유로를 잃을 확률이 50퍼센트나 되기 때문일 것이다. 어쩌면 이기지도 지지도 않는 내기를 굳이 할 필요가 없기 때문일지도 모른다.

그렇다면 내기 규칙을 좀 바꿔 보면 어떨까? 그림이 나오면 10유로 1센트(1만 4580원)를 따고 숫자가 나오면 10유로(1만 4560원)를 잃는다. 잃는 것보다 얻는 것이 더 많으므로 이제 당신은 이 내기를 받아들여야 한다. 통계로만 보면 이 내기는 확실히 당신에게 유리하다. 이 내기에서 기대되는 이익을 계산해 보자. 50퍼센트 확률로 당신은 10유로 1센트(1만 4580원)를 따고 50퍼센트 확률로 10유로(1만 4560원)를 잃는다. 1000회를 던진다고 했을 때 10유로(1만 4560원)를 500회 잃어 총 5000유로(728만 원)를 잃고, 10유로 1센트(1만 4580원)를 500회 따서 총 5005유로(728만 7280원)를 딴다. 1000회를 던지면 당신은 이 내기에서 5유로(7280원)를 딸 수 있다. 그런데 신기하게도 이 내기에 응하는 사람도 거의 없다. 왜 5유로(7280원)를 그냥 포기하는 걸까?

아모스 트버스키Amos Tversky와 대니얼 카너먼은 사람들이 왜 이런 반응을 보이는지 연구했다. 그 결과 사람들에게는 손실의 위험성을 이익으로 얻는 기쁨보다 두 배나 더 강하게 인식하는 심리가 있음을 밝혀냈다. 이를 '손실 회피Loss Aversion'라고 한다. 그리고 손실 회피 개념은 '전망 이론Prospect Theory'의 중요한 전제가 되었다. 전망 이론은 아모스 트버스키와 대니얼 카너먼이 손실 회피에서 발전시킨 개념으로, 전통 경제학의 기대 효용 이론만으로는 설명이 안 되는 사람들의 행동을 설명해 준다. 이 이론에 따르면 당신을 동전 던지기 내기에 끌어들이려면 그림이 나올 때 20유로(2만 9000원)를 얻고, 숫자가 나올 때 10유로(1만 4500원)를 잃는 규칙으로 제안해야 한다는 뜻이다. 어떤가? 이런 규칙이라면 해 볼 만하다고 느끼는가?

　전망 이론은 전통 경제학의 핵심 이론인 기대 효용 이론과는 반대로 행동하는 사람들의 심리를 설명해 준다. 사람들은 손실과 이익에 대해 아주 독특한 태도를 취한다는 것이다. 그 때문에 전통 경제학의 몇몇 개념이 뿌리째 흔들렸다. 전망 이론은 사람들이 어떤 생각으로 투자를 결정하는지 잘 알려 준다. 사실 투자 결과만으로 보면 비둘기나 사람이나 큰 차이가 없다. 오히려 어떤 비둘기는 웬만한 사람보다 훨씬 뛰어난 투자 감각을 보여 주기도 한다.

심리학자 안톤 나바로Anton D. Navarro와 에드문트 판티노Edmund Fantino는 비둘기 네 마리를 대상으로 재미있는 실험을 했다. 새장 안에 비둘기들이 부리로 누를 수 있는 스위치를 3개 설치했다. 그 중에 X 표시를 한 스위치를 누르면 모이가 나온다. 그런데 실험을 위해 조금 복잡한 트릭을 심어 놓았다. 스위치를 누를 때마다 규칙적으로 모이가 나오는 것이 아니라 몇 가지 경우의 수를 둔 것이다. 모이가 나오는 전체 경우의 수 중 50퍼센트는 10회를 눌렀을 때, 25퍼센트는 40회를 눌렀을 때 나오고, 나머지는 각각 80회와 160회를 눌렀을 때 12.5퍼센트의 확률로 나오게 설정했다. X 표시를 10회, 40회, 80회, 160회 눌렀을 때마다 왼쪽 스위치에 불이 들어온다. X 표시 스위치의 오른쪽 스위치는 리셋 스위치로 누르기만 하면 언제라도 처음부터 다시 시작할 수 있다.

최소한의 노력으로 최대한 많은 모이를 얻으려면 어떤 방법을 써야 할까? 최소 횟수인 10회를 눌렀을 때 모이가 나올 확률은 50퍼센트다. 10

회를 눌러서 모이가 나오지 않았다면 적어도 30회를 더 눌러야 한다. 그러므로 10회째 모이가 나오지 않았을 때 오른쪽 스위치를 눌러서 처음부터 다시 시작하는 것이 가장 영리한 방법이다. 비둘기들이 과연 그렇게 했을까?

예상대로 비둘기들은 모이가 나올 때까지 필사적으로 가운데 스위치만 쪼아 댔다. 그런데 그 중 361번 명찰을 달고 있는 비둘기만은 달랐다. 몇 번의 시행착오 끝에 이 실험의 핵심을 이해했다. 361번 비둘기는 왼쪽 스위치에 불이 들어오면 곧바로 오른쪽 스위치를 눌러 처음부터 다시 시작했다. 361번 비둘기가 투자를 할 줄 알았다면 아마 엄청난 부자가 되었을 것이다. 그 이유를 설명하기 전에 먼저 대학생들은 이 실험에 어떻게 반응했는지 살펴보자.

이 실험에서는 모이 대신 5센트(70원)를 준비했다. 대학생들을 컴퓨터 앞에 앉히고 L과 엔터 키를 연속해서 누르면 컴퓨터에 연결된 장치에서 5센트(70원)가 나온다고 설명해 주었다. 비둘기들에게는 미리 알려 주지 않았지만 대학생들에게는 10회 눌렀을 때 동전이 나오는 확률을 50퍼센트, 40회 눌렀을 때 나올 확률은 25퍼센트, 80회와 160회 눌렀을 때 나올 확률은 각각 12.5퍼센트라고 알려 주었다. K 키를 누르면 언제든 처음부터 다시 시작할 수 있다는 것도 알려 주었다. 부리로 스위치를 쪼는 대신 손가락으로 컴퓨터 자판을 누르고 모이 대신 5센트(70원)가 나온다는 것은 다르지만, 나머지 조건은 비둘기 실험과 완전히 같다. L 키를 10회 눌렀을 때 돈이 나오지 않으면 K 키를 눌러 다시 시작하는 것이 가장 유리한 전략이다. 대학생들은 어떻게 했을까?

결과는 참담했다. 대학생들은 비둘기와 크게 다르지 않았다. 이 실험에 참가한 대학생들이 투자자라면 아마 큰돈을 날렸을 것이다. 오직 361번 비둘기만이 프랑크푸르트에서 자산 관리자로 일할 자격이 있다. 왜냐하면 361번 비둘기는 '매몰 비용의 오류<sup>Sunk Cost Fallacy</sup>'에 빠지지 않았기 때문이다. 매몰 비용의 오류는 어떤 일 또는 행위에 투자한 비용, 시간, 노력 등이 아까워서 더 큰 손해를 입을 확률이 커도 포기하지 못하는 현상이다. 비둘기나 대학생이 10회를 누른 후 중단한다는 것은 그간의 노동(10회를 누른 노력)이 헛수고였음을 인정하는 것이다. 앞에서 말한 동전 던지기 내기에서 볼 수 있듯이 우리는 손해를 싫어하고 헛수고를 하지 않으려고 한다(손실 회피 심리). 손해를 인정하지 않으려면 돈이 나올 때까지 계속 눌러야 한다. 원래 계획을 고집하는 한 아직 잘못한 것이 없으므로 심리적인 안정은 유지할 수 있다. 매몰 비용의 오류는 심리적인 오류이지만, 사람을 비롯한 다른 동물들에게서도 관찰되는 것을 보면 생명체가 갖는 강력한 특성으로 볼 수 있다.

이런 오류는 일상에서 흔히 나타난다. 정류장에서 40분이나 기다렸는데 버스가 오지 않을 때 계속 기다려야 할지 걸어가야 할지, 아니면 지하철이나 택시를 타야 할지 고민해 본 사람이라면 매몰 비용의 오류를 잘 알 것이다. 여태껏 기다렸는데 이제 와서 걸어가거나 택시를 탄다면 자신의 판단이 틀렸음을 인정하는 것이 된다. 인간은 자신의 잘못을 인정하는 것을 싫어한다. 게다가 지금까지 기다린 시간은 손실로 남는다. 인간은 이익보다는 손실에 더 민감하다. 그래서 결국 정류장에 서서 버스가 오기를 하염없이 기다리게 된다.

경제적인 관점에서 이런 태도는 명백한 오류다. 실수를 깨달았다면 지금까지 얼마나 많은 돈, 시간, 노력이 들었든 당장 그만두는 것이 맞다.

그렇지 않으면 더 큰 피해를 입는다. 다음 사례를 보면 분명하게 알 수 있다. 한 실험에서 참가자들에게 다음과 같은 질문을 던졌다.

> 당신은 항공기 제작사 대표다. 레이더에 잡히지 않는 신형 전투기를 개발하는 데 지금까지 900만 달러(100억 원)를 투자했다. 개발은 90퍼센트 정도 완료되었다. 그런데 최근에 경쟁사가 비슷한 기능의 전투기 개발을 끝내고 본격적인 판매에 들어갔다. 경쟁사 전투기는 당신이 제작하는 전투기보다 성능이 우수하고 가격도 싸다. 100만 달러(11억 원)를 더 투자해 개발을 끝내겠는가, 아니면 여기에서 중단하겠는가?

당신이라면 어떻게 하겠는가? 실험 참가자들 대부분은 계속 투자해 개발을 마무리하겠다고 답했다. 그러나 경제적 관점에서 보면 이는 어리석은 결정이다. 프로젝트가 성공할 확률이 희박하다면, 지금까지 얼마가 들어갔든 즉시 그만두어야 한다. 이 주장에 동의할 수 없는가? 그렇다면 이런 경우는 어떤가?

> 당신은 항공기 제작사 대표다. 한 직원이 레이더에 잡히지 않는 전투기를 개발하는 데 100만 달러(11억 원)를 투자하자는 기획안을 올렸다. 그런데 방금 경쟁사가 그런 전투기를 판매하기 시작했다는 소식을 들었다. 경쟁사 모델은 기획안의 모델보다 우수한 성능에 가격도 저렴하다. 항공기 개발에 100만 달러(11억 원)를 투자하겠는가?

당신의 결정은 무엇인가? 실험 참가자 대부분은 이 질문에 100만 달러

(11억 원)를 투자하지 않겠다고 답했다. 그런데 첫 번째와 두 번째 상황은 본질적으로 다르지 않다. 한마디로 실패가 뻔한 프로젝트에 100만 달러(11억 원)를 쓸지 말지를 결정해야 하는 것이다. 그런데 사람들의 결정은 달랐다. 이미 900만 달러(100억 원)를 투자한 첫 번째 상황에서는 100만 달러(11억 원)를 더 쓰겠다고 했고, 한 푼도 투자하지 않은 두 번째 상황에서는 100만 달러(11억 원)를 쓰지 않겠다고 했다. 부자가 되려면 첫 번째 상황에서도 단호하게 포기해야 한다. 900만 달러(100억 원)도 모자라 100만 달러(11억 원)마저 잃어야 직성이 풀리겠는가?

 이것이 바로 '매몰 비용의 오류'다. 우리에게는 이미 투자한 곳에 계속 투자하려는 성향이 있다. 그런데 투자를 계속할 것이냐, 그만둘 것이냐를 결정하는 데 지금까지 투자한 금액이 영향을 미쳐서는 안 된다. 투자가 실패할 확률이 크다는 것을 알았다면 지금까지 얼마를 투자했든 즉시 중단해야 한다. 망설이는 시간이 길어지면 길어질수록 더 많은 돈을 잃는 것은 물론이고 만회할 기회마저 날아가 버린다. 이미 잃은 돈에 집착하는 성향을 버리지 않는 한 절대 부자가 될 수 없다.

 '매몰 비용의 오류'를 특히 경계해야 하는 이유는 우리 주변에서 아주 흔히 발견되기 때문이다. 경제뿐 아니라 스포츠, 정치, 문화의 영역에서도 마수를 발휘한다. 나는 열두 살에 이미 '매몰 비용의 오류'의 희생자가 됐다.

## 3
## 본전을 생각하면
## 전 재산을 잃는다

나는 열두 살 때 러시아 작곡가 모데스트 무소륵스키<sup>Modest Musorgskii</sup>의 오페라 〈보리스 고두노프<sup>Boris Godunov</sup>〉를 본 적이 있다. 러시아의 문호 푸시킨<sup>Pushkin</sup>이 1870년에 완성한 드라마를 모티브로 모데스트 무소륵스키가 만든 4막으로 구성된 오페라다. 무엇보다 나처럼 평범한 열두살 소년에게는 너무 어렵고 재미없는 작품이었다. 이게 다 '매몰 비용의 오류' 때문에 벌어진 일이었다. 비싼 오페라 티켓이 어쩌다가 아버지 손에 들어왔다. 오페라에는 관심이 없지만 그렇다고 티켓을 버리자니 가격이 만만치 않고 해서 열두 살짜리 아들을 보낸 것이다.

그로부터 몇 년이 흐른 뒤 심리학자들의 실험 덕분에 내가 왜 오페라를 보러 갔는지 분명히 알게 되었다. 그 실험은 참가자들을 세 그룹으로 나누어 각각 다른 가격에 영화 티켓을 팔았다. 첫 번째 그룹에게는 15달러(1만 7000원)에, 두 번째 그룹에게는 13달러(1만 4000원)에, 세 번째 그룹에게는 8달러(9000원)에 팔고 실제로 영화를 보러 오는 사람들이 몇 명인지 조사했다. 그 결과 15달러(1만 7000원)에 산 사람들의 관람률이 가장 높았다. 이유는 간단했다. 티켓을 비싸게 산 만큼 안 보면 손해라는 마음이 더 컸던 것이다. 경제적 관점에서 보면 이것은 어리석은 생각이다. 별로 보고 싶지도 않은 영화를 단지 돈이 아까워서 억지로 보는 것은 비용을 두 배로 치르는 것이다. 티켓 구매 비용 외에 영화관에서 허비한 시간도 포함되기 때문이다. 티켓은 티켓으로, 영화는 영화로 구분하는 것이 경제적인 사고방식이다. 그런 면에서 우리 부모님은 매우 경제적으로 사고하셨던 것 같다. 극장에는 열두 살 된 아들을 보내 놓고 당신들께서는 저녁 시간을 느긋하게 즐기셨으니 말이다. 티켓을 버리지 않았으니 돈을 낭비한 것도 아니다. 결과적으로 돈과 시간을 모두 지킨 것이다.

이런 일은 프로 스포츠의 세계에서도 발견된다. 축구팀이나 농구팀 감독들은 팀 기여도와는 상관없이 몸값이 비싼 선수들을 주전으로 더 자주 쓴다. 몸값이 비싼 선수들을 벤치에 앉혀 둘 수 없어서다. 만약 소신 있는 감독이 플레이 스타일과 맞지 않는 고액 연봉자를 벤치에 앉혀 두면 팬들이나 언론이 가만히 있지 않는다. 구단주의 눈치도 봐야 한다. 연패라도 당한다면 그 책임은 고스란히 감독의 몫이다. 그래서 놀랄 만한 성적을 낼 자신이 없다면 비싼 선수를 쓸 수밖에 없다. 이런 이유로 초호화 멤버를 자랑하는 팀들이 몰락하는 경우도 많다.

'매몰 비용의 오류'는 정치계에서도 자주 나타난다. 한번 나타났다 하면 피해 규모는 상상을 초월한다. 그래서 '콩코드 효과 Concorde Effect'라는 특별한 이름까지 붙었다. 초음속 여객기 콩코드의 이름을 딴 것이다. 콩코드 개발 사업은 '매몰 비용의 오류'에 빠진 정치인들이 세금을 어떻게 낭비하는지 제대로 보여 준다. 1969년 영국과 프랑스는 세계에서 가장 빠른 초음속 여객기인 콩코드를 개발하기로 했다. 프로젝트가 진행되면서 비용이 예상보다 훨씬 많이 들었다. 성공적으로 끝마친다고 해도 결코 수익을 낼 수 있는 구조가 아니었다. 누가 봐도 실패할 수밖에 없는 프로젝트였다. 하지만 이 사업과 관련된 정치인들은 이미 많은 비용이 들어간 데다가 개발이 거의 끝났다면서 프로젝트를 밀어붙였다. 그들에게는 돈보다 더 중요한 문제가 있었다. 무엇보다 전 세계와 유권자들에게 웃음거리가 되는 게 두려웠던 것이다. 세금을 쏟아 붓고 체면을 세우는 편이 나았다. 결과는 예상대로였다. 콩코드는 엄청난 적자를 감당하지 못하고 2003년 운행을 중단했다. 소리보다 빠르게 날 수 있다는 콩코드 비행기는 현재 파리 샤를 드골 공항 진입로에 조형물로 서 있다. 과학자들은 동물의 행동에서도 콩코드 효과가 자주 보인다고 한다. 내용면에서는 콩코드 프로젝트를 밀어붙인 정치인들의 행태와 완전히 똑같다고 한다.

매몰 비용의 오류는 기업 경영에서도 나타난다. 연구에 따르면, 회사를 인수한 기업가보다 직접 회사를 세운 기업가가 더 공격적으로 투자하고 과감하게 확장을 시도한다. 직접 회사를 세운 기업가는 회사에 남다른 애착이 있어서 손실에 매우 민감하다. 그 때문에 상황을 냉정하게 보기 어려워 매몰 비용의 오류에 빠지기 쉽다. 물론 큰돈을 잃을 위험도 크다. 회사가 망하기 일보 직전이라도 포기하지 않고 어떻게든 돈을 끌어다가 쏟아붓는 사례는 많다. 자신의 피와 땀이 서린 회사니만큼 버릴 수가 없는 것이다.

전통 경제학 이론에서는 무엇인가를 결정할 때 과거가 아니라 미래에 초점을 맞추어야 한다고 말한다. 돌이킬 수 없는 일에 집착하지 말고, 현재의 결정으로 바꿀 수 있는 일에 집중하라는 뜻이다. 하지만 안타깝게도 많은 사람이 결정을 할 때 뒤를 돌아본다. 그동안 들인 돈, 시간, 노력에 미련이 남아 실낱같은 희망을 부여잡는다. 마지막으로 과거에 집착하는 사람들의 성향을 잘 보여 주는 실험을 살펴보자.

'미시간 주 스키 여행권'을 100달러(11만 원)에 샀다. 일주일 후에 미시간 주 스키 여행보다 훨씬 재밌어 보이는 '위스콘신 주 스키 여행권'을 50달러(5만 5000원)에 샀다. 나중에 두 여행권의 날짜가 겹친다는 것을 알게 되었다. 둘 다 쓸 수는 없으니 둘 중 하나는 포기해야 한다. 당신은 어느 여행권을 쓰겠는가?

위스콘신 주 여행이 훨씬 재미있을 거라 생각하면서도 응답자 절반 이상이 미시간 주 여행권을 선택했다. 이미 비슷한 사례를 많이 봤으니 이런 결과가 별로 놀랍지 않을 것이다. 사람들은 미시간을 선택하면 50달러(5만 5000원)를 버리지만 위스콘신을 선택하면 100달러(11만 원)를 버려야 한다고 생각했다. 재미있는 시간을 보내는 것이 애초에 여행을 가려던 목적이었지만 50달러(5만 5000원)가 아까워 그 사실을 잊고 말았다.

사람들의 심리적 성향을 이용해 돈을 버는 집단도 있다. '그림자 금융Shadow Banking'에서 그런 사례가 많이 나타난다. 그림자 금융이란 은행이나 보험 회사처럼 전통 은행과 비슷한 자금 중개 일을 하지만 금융 당국의 관리나 규제에서 비교적 자유로운 금융 기관이나 금융 상품을 말한다. 주로 투자 은행[IB], 헤지펀드 등의 금융 기관이나 머니 마켓 펀드[MMF], 고수익-고위험 채권 등이 이에 해당한다. 그림자 금융은 순진한 투자자의 심리를 교묘하게 이용한다. 특히 손실을 두려워하는 고객의 심리와 그로 인해 생긴 '그냥 버리면 손해'라는 착각을 이용한다. 그림자 금융 사기꾼들은 우선 세금이 낮다는 점을 내세워 투자자를 유혹한다("나라에서 해 준 게 뭐 있다고 쓸데없이 비싼 세금을 냅니까?"). 내지 않아도 될 세금을 내고 싶은 사람은 없다. 그리고 고수익을 제시해 쐐기를 박는다("1년 넣어 둬 봐야 얼마 벌지도 못하는 은행에 두고 시간 낭비 하지 마세요. 은행보다 훨씬 높은 수익을 올릴 수 있어요"). 모든 과정이 심리학적으로 완벽하게 연출된다.

금융 상어들의 유혹에 넘어가 돈을 투자하면 좀처럼 빠져나오기가 어렵다. '지금 포기하면 손해'라는 무기가 기다리고 있기 때문이다. 그림자 금융은 부채(레버리지)를 활용한 거래가 대부분이어서 시장 상황에 아주 민감하게 반응하는 특성이 있다. 고수익을 기대하고 투자했는데 손해를 보고 있다면 불안한 마음이 든다. 그때 그들은 이런 말로 투자자를 붙잡는다.

"그렇게 큰돈을 투자해서 지금까지 기다렸는데 이제 와서 다 날리고 싶으세요?"

더 많은 돈을 잃지 않으려면 지금까지의 투자를 실패로 인정하고 돈을 빼야 한다. 하지만 대부분은 그렇게 하지 않는다. 오히려 추가로 투자하면 금방 손해를 만회할 수 있다는 설득에 넘어가 더 많은 돈을 쏟아붓는다. 금융 시장 상어들은 이런 방식으로 순진한 투자자의 주머니를 탈탈 털어간다. 문제는 한번 나간 돈은 좀처럼 다시 돌아오지 않는다는 것이다.

그렇다면 증권 시장은 어떨까? 주식을 사고파는 것은 전적으로 개인의 판단에 달려 있으니 뭐가 좀 다를까? 그렇지 않다. 증권 시장에도 비슷한 일로 생돈을 날리는 사람들이 널려 있다. 가장 대표적인 것이 추가 매수다. 예를 들어 'B2B인터넷테크놀로지커뮤케이션닷컴'이라는 회사의 전망이 밝다는 소식을 듣고 그 회사 주식을 100유로(14만 5600원)에 샀다고 해 보자. 주가가 며칠 오르다가 곧 곤두박질치기 시작했다. 어느새 투자 원금의 80퍼센트가 빠져 20유로(2만 9000원)까지 폭락했다. 누가 봐도 실패한 투자다. 하지만 사람은 누구나 자신의 실패를 인정하고 싶어 하지 않는다.

이럴 경우 두 가지 선택이 있다. 첫 번째 선택은 80유로(11만 6500원)의 손실을 인정하고 앞으로 이런 주식에 손을 대지 않는 것이다. 두 번째 선택은 추가 매수다. 이 선택을 하는 사람들의 계산법은 이렇다. 아무런 조치 없이 'B2B인터넷테크놀로지커뮤케이션닷컴'을 그대로 가지고 있으면 20유로(2만 9000원)에서 60유로(8만 7000원)까지 오르더라도 여전히 40유로(5만 8000원)의 손실을 보게 된다. 그러나 20유로(2만 9000원)에 주식을 더 산다면 60유로(8만 7000원)가 되었을 때 처음에 산 주식으로 40유로(5만 8000원)를 손해 보더라도 추가 매수한 주식 덕분에 40유로(5만 8000원)를 벌게 되어 본전을 찾을 수 있다. 추가 매수! 그럴듯하게 들리지 않는가?

그러나 생각해 보라. 주가가 정말 60유로(8만 7000원)까지 오를까? 그걸 어떻게 확신하는가? 100유로(14만 5600원)에 샀을 때도 확신이 있어서 샀던 것 아니었나? 그런데 오르기는커녕 80유로(11만 6500원)나 떨어졌다. 20유로(2만 9000원)에서 더 떨어질 수도 있다. 그렇게 되면 이미 잃은 돈을 찾으려다가 더 많은 돈을 잃는 건 아닐까? 주식을 추가로 매수한 이유가 이미 그 주식을 갖고 있었기 때문이라면 '매몰 비용의 오류'에 빠진 것이다. 이런 상황에서 당신이 해야 하는 질문은 딱 하나다. 지금 'B2B인터넷테크놀로지커뮤케이션닷컴'이라는 회사를 처음 알게 되었다면 그 주식을 사겠는가? '아니요'라는 답이 나오면 추가 매수를 포기해야 할 뿐만 아니라 보유한 주식도 팔아야 한다. 돈을 잃었다는 이유만으로 객관적인 관점에서는 사지 않을 주식을 끌어안고 있을 필요가 없다. 그냥 묻어 두는 것도 손실이기 때문이다!

    결론적으로, 손실 회피 심리와 실수를 인정하고 싶지 않은 마음 때문에 우리는 지킬 수 있는 돈마저 날려 버린다. 돈을 계속 쏟아붓는 한 아직 결과가 나오기 전이기 때문에 헛된 희망을 가질 수 있다. 손실이 주는 고통을 뒤로 미루는 것이다. 앞에서 본 것처럼 얻는 기쁨보다 잃는 아픔이 두 배로 강하다. 그렇기 때문에 밑 빠진 독이라는 것을 알면서도 하염없이 물을 붓는다. 학자들은 이것을 '처분 효과$^{Disposition\ Effect}$'라고 부른다. 어렵고 복잡한 용어처럼 들리지만 내용은 간단하다. 그리고 치러야 하는 대가는 비싸다. 처분 효과에 대해 살펴보자.

## 4
## 왜 항상 내가 팔면 오르고 내가 사면 떨어질까?
처분 효과

다음 상황에서 당신은 어느 회사 주식을 팔겠는가?

당신은 A 회사와 B 회사의 주식을 보유하고 있다. 두 주식 모두 100유로(14만 6000원)에 샀다. 현재 A 회사의 주가는 50유로(7만 3000원)이고, B 회사의 주가는 150유로(21만 8000원)다. 이번 달 전기 요금으로 50유로(7만 3000원)를 내야 하는데 현금이 없다. 그래서 둘 중 하나를 팔아야 한다.

수익을 내고 있는 B 회사 주식을 팔아야겠다고 생각했다면 당신은 대부분의 사람들과 같은 생각을 한 것이다. 그런데 수익을 내고 있는 주식을 팔고 손실을 내고 있는 주식을 보유하는 이유에 대해서 생각해 보았는가? 이 또한 손실 회피 심리 때문이다. A 회사 주식을 파는 순간 손실이 확정되기 때문에 그것을 피하고 싶은 것이다. 그래서 수익을 내고 있는 B 회사 주식을 팔려고 한다.

투자자들은 오른 주식은 팔고 내린 주식은 계속 보유하려는 경향이 있다. 미국 산타클라라 대학교의 경제학자 허시 셰프린$^{Hersh\ Shefrin}$과 메어 스탯먼$^{Meir\ Statman}$은 이런 태도에 '처분 효과$^{Disposition\ Effect}$'라는 이름을 붙였다. 사람들은 손실을 두려워한다. 그래서 손실이 났을 때 자신의 판단 착오를 인정하지 않는다. 오히려 손실을 만회할 수 있다는 희망이 조금이라도 보이면 더 큰 위험을 감수한다.

미국 UC버클리 비즈니스 스쿨의 교수 터랜스 오딘$^{Terrance\ Odean}$은 증권시장에서 처분 효과가 어떻게 나타나는지 조사했다. 그는 한 증권사 계좌 1만여 개를 추출하여 6년 동안의 거래 기록을 분석했다. 투자자들은 이익 종목의 약 15퍼센트를 매도한 반면, 손실 종목은 10퍼센트만 매도했다. 수익을 올린 주식은 대략 일곱 주 중 하나를 처분했고, 손실을 낸 주식은 열 주 중 하나를 매도하고 나머지 아홉 주는 계좌에 담아 두었다. 투자자들이 생각 없이 내키는 대로 주식을 사고파는 것이 아니라면, 통계적으로 볼 때 이익 종목과 손실 종목의 매도 차이가 우연이라고 보기에는 너무 컸다. 사람들은 왜 이런 태도를 보이는 걸까?

터랜스 오딘은 투자자들이 같은 정보를 공유했거나 집단행동의 영향을 받았을 수도 있다고 생각했다. 이런 영향을 배제하기 위해 모든 거래 내역을 분리하여 일주일 전후로 다른 매도가 없는 계좌만을 조사했다. 그렇게 하면 폭등이나 폭락 같은 집단행동이나 시장의 영향을 받지 않은 계좌를 가려낼 수 있다. 그러나 결과는 달라지지 않았다. 투자자는 손실을 낸 주식보다 수익을 낸 주식을 더 많이 팔았다.

오딘 교수는 또 다른 변수를 고려해 보기로 했다. 그다지 현실적이지는 않지만 투자자들이 포트폴리오에 있는 여러 주식의 자산 비율을 똑같이 유지하기로 결심했을 수도 있다고 생각했다. 예를 들어 어느 투자자가 A 주식과 B 주식을 각각 50유로(7만 3000원)에 열 주씩 매수했다고 하자. 투자자의 포트폴리오에서 A 주식과 B 주식의 자산 가치는 모두 500유로(73만 원)다. 그런데 B 주식의 가격이 100유로(14만 6000원)로 오르고 A 주식은 50유로(7만 3000원) 그대로라면, A 주식의 자산 가치는 500유로(73만 원)인 반면 B 주식의 자산 가치는 1000유로(146만 원)다. 두 주식의 재산 비율이 1:2가 된 것이다. 만약 투자자가 두 주식의 비율을 똑같이 유지하기로 결심했다면 두 배로 오른 B 주식을 팔아야 한다. B 주식 다섯 주를 팔면 두 종목의 자산 비율은 500유로(73만 원)로 같아진다.

투자자가 보유 주식의 자산을 특정 비율로 유지하고자 한다면, 어쩔 수 없이 오른 주식을 팔게 된다. 투자자들이 내린 주식보다 오른 주식을 파는 이유가 정말 이것 때문일까? 오딘은 이런 주장을 배제하기 위해 종목 전체를 거래한 계좌만을 따로 조사했다. 즉 자산 비율을 변경하려는 거래가 아닌 종목을 완전히 정리하려는 거래만을 본 것이다. 결과는 역시나 같았다. 투자자들은 내린 주식보다 오른 주식을 더 많이 팔았다.

사람들이 왜 오른 주식을 파는지를 설명해 줄 것은 이제 하나뿐이다. 내린 주식이 언젠가는 다시 오르리라 기대하기 때문에 오를 때까지 계속 가지고 있는 것이다. 이런 기대를 '평균으로의 회귀Regression Toward The Mean'라고 한다. 어떤 자료를 토대로 결과를 예측할 때 그 결과 값이 평균에 가까워지는 경향성을 뜻하는 심리학 용어다. 말하자면 내린 주식은 언젠가 다시 오르게 되어 있고 오른 주식은 언젠가 다시 떨어지게 되어 있다고 생각하는 것이다. 그러나 오딘이 관찰한 증권사의 계좌들은 이런 믿음이 틀렸다는 것을 증명한다. 팔아 버린 수익 종목은 들고 있는 손실 종목보다 평균 1년에서 2년까지 수익을 냈다. 가격이 내린 주식을 팔 때 거래세나 수수료가 적다는 점까지 고려하면 투자자들은 처분 효과 때문에 평균 4.4퍼센트의 손실을 본다. 한마디로, 우리는 손실을 피하고 싶은 마음에 정작 돈을 벌어 줄 주식을 팔고 나쁜 주식을 들고 있으며, 그 때문에 4.4퍼센트의 수익을 포기한다는 것이다. 이것이 우리가 치러야 할 손실 회피 비용이다.

톰 길로비치는 이것을 배에 비유해 설명했다. 당신의 투자를 배라고 상상해 보라. 성공적인 투자는 배(투자)를 잘 운항해 목적지인 항구에 도달(수익 실현)하는 것이다. 그런데 당신은 항구에 닿기도 전에 안정적으로 운항하는 멀쩡한 배를 버리고, 이미 파손되어 흔들리는 배(가격이 떨어진 주식)로 옮겨 탄다. 그러고는 배가 안정을 되찾아 항구에 닿기를 바란다. 뱃사람들은 절대로 이렇게 하지 않는다. 하지만 증권 시장 투자자들은 대부분 이렇게 한다. 그 이유는 언제나 손실 회피 심리 때문이다. 사람들이 자신에게 유리할 것이 전혀 없는 원금 보장 상품을 선호하는 이유도 손실 회피 심리 때문이다.

도저히 이해할 수 없는 성공들이 있다. 아무리 생각해도 팔릴 이유가 없는 상품들이 잘 팔리기도 한다. 원금 보장 상품이 바로 그런 경우다. 원금 보장 상품이란 어떤 일이 생겨도 투자 원금을 보장해 주는 상품이다. 투자자는 금융계가 모두 망해도 원금만큼은 돌려받을 수 있다. 다양한 원금 보장 상품이 있지만 원리는 같다. 투자자는 원금을 보장 받는 대가로 투자 수익의 일부를 포기해야 한다. 예를 들어 5년 만기 원금 보장 상품을 구입하면 5년 후에 손실이 발생하더라도 투자 원금을 되돌려 받을 수 있다. 하지만 수익이 났을 경우에는 발생한 수익의 일부만 가져간다. 주가가 5년 동안 약 30퍼센트 올랐다면, 25퍼센트만 가져가는 방식이다. 5퍼센트는 원금 보장을 위해 지불해야 하는 비용이다. 괜찮은 투자일까?

대부분의 전문가들은 이런 상품에 투자하는 걸 좋게 보지 않는다. 왜냐하면 투자자들은 보통 주가가 바닥일 때 원금 보장 상품을 택하기 때문이다. 이는 마치 비 온 뒤 하늘이 개기 시작할 때 우산을 사는 것과 같다. 주가가 하늘을 찌를 때 원금 보장 상품에 투자하는 것이 현명하지만 그렇게 하는 사람은 없다. 은행들이 이런 상품을 적극적으로 추천하는 것은 당연하다. 주가가 하락했을 때 이런 상품을 판매하면 원금 보장을 위해 은행이 손해를 볼 위험은 거의 없다. 원금 보장에 드는 비용과 수익 포기의 형식으로 고객들은 은행에 많은 돈을 지불하고 그 대가로 불필요한 보장을 받는다. 게다가 원금 보장 상품은 파생 상품으로 판매되기 때문에 실제로 어떻게 기능하고 어떤 비용이 드는지 이해하기가 어렵다.

투자자가 특정 시점에서(대개가 이미 늦은 때) 원금 보장 상품에 관심을 갖는 것은 뇌가 정보를 이해하는 방식 때문이다. 인간은 최신 정보와 충격적인 정보에 더 큰 영향을 받는다. 그래서 주가 하락과 금융 위기를 예측하는 정보를 접했을 때, 최신성과 충격성 때문에 투자자들은 앞으로 닥칠 위험을 과대평가한다. 반면에 주가 상승 기간에는 기회를 과대평가하고 위험을 과소평가한다. 이는 자신의 생각과 일치하는 정보만 받아들이고 다른 정보는 무시하는 태도와 관련이 있다. 주가 하락을 예상하는 사람은 주가 상승을 암시하는 정보를 무시하고 손실 회피에 빠지기 쉽다. 그래서 손실을 피하려고 원금 보장 상품을 산다. 상품 이름만 보면 절대 손해 볼 일이 없는 고마운 상품이다.

원금 보장 상품이 투자자들에게 불리할 수 있다는 것을 이해했는가? 손실 회피 심리를 이용한 상품의 유혹에 넘어가지 않을 자신이 생겼는가? 그렇다고 안심해서는 안 된다. 원금 보장 상품이라는 이름은 붙지 않았지만 비슷한 상품이 많다. 가장 대표적인 것이 저축성 생명 보험이다. 이 상품은 사고나 질병 등을 보장해 주고 납입한 보험금 원금과 확정 이자까지 지급한다. 가입자들은 갖가지 보장에다 원금과 이자까지 챙길 수 있다는 점에 솔깃해진다. 하지만 이를 위해 지불해야 하는 비용이 비싸다는 것은 전혀 눈치채지 못한다. 채권도 비슷하다. 채권 투자자는 손실 회피 심리 때문에 채권에 투자한 것은 아닌지 생각해 봐야 한다. 채권은 투자 포트폴리오에서 필수 구성 요소 중 하나다. 하지만 당신이 30대나 40대라면 재산 대부분을 채권이나 부동산, 생명 보험에 묶어 두는 것은 바람직하지 않다. 종목이나 시기마다 다르지만 통계적으로는 주식의 수익률이 다른 투자 상품에 비해 높다. 다시 말해 채권이나 생명 보험의 비중이 높다는 것은 주식으로 얻을 수 있는 수익을 포기하는 것이다.

이쯤 되면 이런 의문이 들 것이다. 정말 주식이 채권보다 수익률이 높을까? 이론상으로는 그렇다. 채권은 상환 기간이 정해져 있고 이자도 확정되어 있어서 기대한 만큼만 수익을 얻을 수 있다. 주식은 채권보다 위험한 투자 수단이기 때문에 주식에 투자하는 사람들은 당연히 더 큰 수익을 기대한다. 위험성이 큰데 기대할 수 있는 수익이 낮다면 아무도 주식에 투자하지 않을 것이다. 따라서 주식은 장기적으로 이자 상품보다 높은 수익을 내야 한다. 이처럼 주식에 더 큰 수익을 기대하는 것을 경제학에서는 '주식 프리미엄Equity Premium'이라고 한다.

최근 들어 주식 프리미엄에서 뭔가 이상한 점이 발견됐다. 지금까지 프리미엄이 상식적인 수준을 넘어 매우 높았기 때문이다. 주식에 대한 기대치가 너무 높았다는 말이다. 경제학자들은 이런 현상에 '주식 프리미엄 퍼즐'이라는 이름을 붙이고 그 원인을 연구하기 시작했다. 경제학자들이 보기에 주식 프리미엄은 1.5퍼센트가 적정 수준이다. 그런데 실제로는 장소, 기간, 데이터에 따라 조금씩 다르지만 대체로 채권에 비해 2~4퍼센트(유럽은 4~6퍼센트) 수준이었다. 적정 수준보다 두 배에서 많게는 네

배까지 높다.

　별로 높지도 않는데 경제학자들이 호들갑을 떤 것일까? 이 프리미엄의 의미는 이렇다. 예를 들어 1926년에 1달러(1100원)를 미국 국가 채권에 투자한 사람과 미국 주식에 투자한 사람이 있다고 생각해 보자. 채권에 투자한 사람은 인플레이션을 반영하면 2000년에 약 1.71달러(1900원)를 받을 수 있다. 반면, 같은 금액을 미국 주식에 투자한 사람은 앞에서 말한 프리미엄을 적용하면 2000년에 약 266달러(29만 4000원)의 돈을 받아야 한다. 채권보다 무려 155배나 높은 수익이다. 2~4퍼센트에 달하는 주식 프리미엄이 이렇게 큰 차이를 만든다. 투자자들이 주식의 위험 부담을 실제보다 과도하게 인식한다는 뜻이다.

　전통 경제 이론은 주식 프리미엄이 높은 이유를 제대로 설명하지 못한다. 이 퍼즐에 대한 가장 설득력 있는 답은 역시 손실 회피 심리다. 주식 가치는 채권보다 변동이 훨씬 심하다. 그래서 투자 성과를 자주 확인하는 투자자들은 보유 종목의 주가가 떨어져 있는 것을 그만큼 자주 보게 된다. 손실 회피의 공격을 받기 쉬운 상태가 되는 것이다. 앞에서 보았듯이 수익의 기쁨보다 손실의 아픔이 강하기 때문에 투자자는 수익보다 손실에 무게를 두고 평균보다 훨씬 높은 위험 프리미엄을 요구한다. 이것이 주식 프리미엄이다.

　그렇다면 해결책은 간단하다. 계좌를 너무 자주 확인하지 마라. 주식이 채권보다 높은 수익을 낸다는 통계를 믿어라. 가능하다면 오래 투자하라. 이런 방식으로 크게 성공한 은행이 있다. 이 은행은 다른 은행들이 기본으로 제공하는 서비스를 하지 않는다. 하지만 고객들에게 다른 은행보다 큰 수익을 안겨 주었다.

# 6
## 고객에게 정보를 제공하지 않은 은행의 성공

　사람들은 은행에 다양한 서비스를 바란다. 예금이나 대출 같은 기본적인 금융 서비스는 물론이고, 친절한 투자 상담과 다양하고 정확한 정보 등 자산을 불리는 데 도움이 되는 것이라면 무엇이든 해 주기를 원한다. 그런데 이스라엘의 어떤 은행은 고객들의 요구를 무시하고 반대로 행동했다. 펀드나 주식 등 금융 상품의 운용 보고 횟수를 대폭 줄였던 것이다. 당연히 상당수 고객들의 불만을 샀다. 하지만 결과는 대성공이었다. 시대에 역행하는 이 은행의 불친절한 서비스는 사실 다른 은행에는 없는 최상의 서비스였다.

　이 은행이 제공한 서비스의 근거가 되는 실험이 있다. 100달러(11만 원)를 참가자들에게 주고 간단한 규칙에 따라 투자를 하게 했다. 참가자들은 총 18회에 걸쳐 매 회마다 투자를 할지 안 할지를 선택해야 한다. 투자를 하지 않으면 수익도 손실도 없다. 투자를 하면 3분의 1 확률로 투자 금액의 두 배를 벌거나, 3분의 2 확률로 모두 잃는다.

연구자들은 이런 구조에 이 실험에서 가장 결정적인 두 가지 요소를 적용했다. 첫 번째 요소는 정보 제공의 횟수를 조절한 것이다. 참가자들을 두 그룹으로 나누어 한쪽은 계좌 잔고를 매회 알려 주었고, 다른 쪽은 3회에 한 번 알려 주었다. 그랬더니 3회에 한 번 계좌 정보를 보고 받은 사람들이 매 회 보고 받은 사람들보다 더 공격적으로 투자했다.

두 번째 요소는 투자의 기회를 제한한 것이다. 한쪽은 투자 여부를 매회 결정할 수 있게 했고, 다른 쪽은 3회에 한 번만 결정할 수 있게 했다. 이 역시 3회에 한 번 투자 여부를 결정한 참가자들이 더욱 공격적으로 투자했다.

실험의 메시지는 분명하다. 투자 성과를 자주 확인하지 않는 투자자가 더 과감하게, 더 많이 투자한다는 것이다. 이스라엘 은행은 이 실험에서 힌트를 얻어 금융 상품 운용 보고 횟수를 대폭 줄였는지도 모른다. 은행은 고객들이 과감하게 투자할수록 좋은 성과를 낼 수 있기 때문이다. 투자자에게도 좋은 점은 있다. 항상 틀린 결정을 하게 만드는 손실 회피 심리에서 벗어나 장기적인 관점에서 투자할 수 있게 된다는 점이다. 계좌 잔고를 자주 확인하지 마라. 이것이 우리가 손실 회피 심리에서 배워야 할 첫 번째 교훈이다.

손해를 볼까 봐 적금 같은 안전 자산에 모든 돈을 묻어 두고 있는가? 안전하기는 하지만 기대 수익이 너무 적다. 물가 상승률과 세금까지 감안하면 사실상 자산이 조금씩 줄어드는 것이나 다를 바 없다. 손실이 두려워 섣불리 위험을 감수할 용기가 나지 않는다면 앞에서 본 실험에서처럼 정보를 차단하면 된다. 퇴직을 앞두고 있다면 당연히 자산의 안전성이 최우선이다. 투자한 돈이 필요할 때가 다가올수록 금고에 닥칠 위험을 줄여야 한다. 당연히 이런 시기의 투자 전략은 따로 있다.

하지만 30~40대라면 과감한 투자도 생각해 봐야 한다. 적금만으로는 여유로운 노후를 기대할 수 없다. 매일 계좌 잔고를 들여다보지 않는다면 위험을 감수할 수 있고 모험을 즐길 수 있다. 20년이나 30년 후를 준비하는 사람은 당장의 불안함에 흔들릴 이유가 없다. 원금 보장 상품을 살 필요도 없다. 풍요로운 노후를 바라는 사람들이 꼭 지켜야 할 룰이 있다면, 투자 전략을 자주 바꾸지 말고 포트폴리오를 자주 살피지 말아야 한다는 것이다.

두 번째 교훈은 실수를 인정하지 않으려고 더 큰 실수를 저지른다는 사실이다. 대부분 실수를 인정하는 것이 부끄럽고 두려워서 매번 심리적 함정에 빠진다. 그래서 실패한 투자를 정리하지 못하고 끝까지 부여잡고 있다. 그러다가 손실을 한 방에 만회하려고 추가 매수를 한다. 그 때문에 손실은 더 커진다. 더 올라갈 주식을 너무 일찍 처분하고 더 내려갈 주식은 너무 오래 들고 있는다. 이런 함정에 빠지지 않는 방법은 엄격한 자기 통제뿐이다. 보유한 주식의 주가 하락을 어느 선까지 견딜 것인지, 무엇인가 잘못될 경우 빠져나올 수 있는 하한선을 미리 정해 두어라. 그리고 주가가 이 하한선에 다다르면 망설이지 말고 팔아라.

자신의 의지를 믿을 수 없다면 자동 주문을 활용하는 것도 방법이다. 지정해 둔 손실 금액에 도달하면 자동으로 매도될 수 있게 미리 주문을 넣어 두는 것이다. 우리는 늘 '내일부터 오르지 않을까?', '지금까지 잃은 돈이 얼만데……' 따위의 고민으로 매도 시기를 놓친다. 자동 주문은 손실 회피 심리 때문에 판단력이 흐려져 매매 타이밍을 놓치는 경우를 방지하는 간단하면서도 강력한 위험 관리 기법이다. 투자 상황을 자주 살피지 않음으로써, 당신은 손절매 주문이 실행되었다는 것도 모른 채 지나갈 수 있다.

세 번째는 투자를 할 때 종목 하나하나에 신경 쓰지 말고 포트폴리오 전체를 봐야한다는 것이다. 몇몇 종목에서 입은 손실을 만회하려는 욕심으로, 혹은 수익이 난 종목에서 얻은 과도한 자신감으로 포트폴리오 전체가 엉망이 되는 경우가 많다. 항상 투자 전체를 봐야 한다. 이것이 가장 중요한 열쇠다.

마지막 교훈은 '본전 생각'을 버려야 한다는 것이다. 앞에서 이야기한 것처럼 보유한 주식 가격이 떨어지면 추가 매수를 해서라도 실패를 성공으로 만들어야 한다는 조바심이 생긴다. 최악의 경우 지킬 수 있는 돈마저 날리게 된다. 이럴 때는 내가 얼마를 투자했는지를 잊어야 한다. 투자를 계속할지 그만둘지를 고민할 때 생각해야 할 것은 단 하나뿐이다.

'이 주식을 오늘 알게 되었다면 투자를 했을까?'

추가 매수에 대한 유혹으로 마음이 흔들릴 때 반드시 이렇게 물어야 한다. 조금이라도 망설여진다면 추가로 매수할 이유가 없다. 지금까지 얼마를 투자했는지, 얼마를 잃었는지는 중요하지 않다. 추가 매수든 손절매든 투자와 관련한 결정을 할 때는 항상 맨 처음 시작하는 것처럼 생각해야 한다. 과거는 잊어라. 이것은 포트폴리오를 너무 자주 살피지 않는 전략과 완벽하게 들어맞는다. 포트폴리오를 자주 살피지 않으면 본전을 잊을 수 있다. 그러면 많은 돈을 쏟아부었기 때문에 생기는 추가 투자의 유혹에서도 빠져나올 수 있다.

콩코드 여객기의 실패에서 알 수 있듯이 손실 회피 심리는 개인을 넘어 사회나 기업에도 강력한 영향을 미친다. 과거에 무엇을 했고, 시간, 돈,

노력을 얼마나 쏟아부었는지는 중요하지 않다. 중요한 것은 오직 미래이다. 안타깝게도 정치인들은 이런 충고에 관심이 없다. 그들은 유권자들의 마음을 잡아서 권력을 유지하는 데에만 관심이 있다. 오직 그 관점에서 여러 프로젝트를 추진하고 그것에 투자를 한다. 프로젝트가 사업성이 없다는 사실이 드러나도 중단하지 않고 계속 진행시킨다. 투자가 잘못되어도 그 결과에 대한 책임이 다른 사람에게 넘어간다는 것을 잘 알기 때문이다. 그들이 쓰는 돈은 결국 우리 주머니에서 나온 것이다. 그러므로 우리는 정치인들이 쓸데없이 돈을 낭비하지 않는지 늘 주시해야 한다. 만약 잘못됐을 경우 투표로 그들을 엄하게 응징해야 한다.

손실 회피 심리가 항상 나쁜 것만은 아니다. 금융 시장의 시세 변동을 안정적으로 유지하는 역할을 하기 때문이다. 주가가 하락할 때 모든 사람이 주식을 매도하면 폭락으로 이어질 것이다. 하지만 손실 회피 심리 덕에 사람들은 매도를 망설인다. 반대로 주가가 상승할 때 모든 사람이 주식을 가지고만 있으면 폭등으로 이어질 테지만, 다행히 사람들은 오른 주식을 기꺼이 판다.

많은 전문가가 인정하듯이 금융 위기 때는 개인 투자자들이 기관보다 더 적절하게 반응한다. 그 이유는 처분 효과 때문이다. 개인 투자자들은 시장의 흐름이 나쁠 때는 주식을 팔지 않고, 시장의 흐름이 좋을 때는 주식을 판다. 기관은 전체 시장의 흐름과 함께 움직인다. 그들에게는 개인 투자자에게는 없는 결정적 약점이 있다. 늘 고객에게 투자의 정당성을 입증해야 한다는 사실이다. 그 때문에 기관은 특정한 상황에서 원하지 않는 거래를 해야 할 때가 있다. 하지만 개인 투자자는 자신의 의지만이 중요하다. 그래서 기관에 비해서 주가 하락에 더 신중하게 행동할 수 있다.

그렇다고 전문가들에게 손실 회피 심리가 없는 것은 아니다. 독일 남동부 드레스덴에 있는 클라인보르트 벤슨 Kleinwort Benson 투자 은행의 한 애널리스트가 전문가들에게 동전 던지기 내기를 제안하고 이에 응할 것인지를 물었다.

동전을 던져서 그림이 나오면 당신이 100파운드(17만 원)를 내야 한다. 그렇다면 숫자가 나왔을 때 얼마를 받아야 동전 던지기 내기를 하겠는가?

앞에서 다룬 동전 던지기 질문을 전문가들에게 한 것이다. 전문가들은 내기에 응하는 조건으로 평균 190파운드(32만 원)를 요구했다. 수익의 기쁨보다 손실의 아픔이 두 배로 강하다는 이론과 신기할 만큼 일치한다. 전문가들도 손실 회피 심리를 피해 갈 수 없다. 문제는 이들이 개인과 기관을 위해 엄청난 액수의 돈을 관리하는 전문 자산 관리자들이라는 점이다. 몇몇 전문가가 100파운드(17만 원) 이하의 수익에도 만족한다고 답했다는 사실이 씁쓸하게 느껴진다. 심지어 50파운드(8만 5000원)만 줘도 내기를 하겠다고 답한 전문가도 있었다. 그림이 나오면 100파운드(17만 원)를 잃고, 숫자가 나오면 50파운드(8만 5000원)만 받겠다는 소리다. 연구 보고서 작성자는 이런 전문가들을 조롱했다.

"이런 사람들이 증권 시장에 있을 때 빨리 돈을 벌어야 한다."

자본주의 시장에 그들처럼 돈을 퍼 주는 전문가만 있는 것은 아니다. 돈을 지독하게 아끼는 전문가도 많다. 물론 그들에게도 약점은 있다. 다음 챕터에서는 그들의 약점이 무엇인지 살펴보자.

CHAPTER 4

우리를 낭비로 이끄는
생각의 오류들

## 1
## 세계적 거부 이케아 창업자가 노인 할인 혜택을 챙기는 이유

1943년 설립된 이케아IKEA는 세계 35개국에 253개의 매장을 보유한 스웨덴의 다국적 가구 기업이다. 훌륭한 디자인과 싼 가격으로 큰 인기를 끌면서 세계적인 기업으로 성장했다. 이케아를 설립한 잉바르 캄프라드Ingvar Kamprad는 2012년 《블룸버그Bloomberg》가 선정한 세계 갑부 순위 4위에 오를 정도로 큰 부를 쌓았다.

잉바르 캄프라드는 세계적인 갑부로도 유명하지만, 그에 못지않게 지독한 구두쇠로도 명성이 자자하다. 그는 지난해에 받은 크리스마스카드를 버리지 않고 재활용해 다른 사람에게 보낸다. 가지고 있는 자동차는 낡은 볼보가 전부이고, 출장을 갈 때는 어지간한 거리라면 비싼 비행기 대신에 기차를 타고, 최대한 저렴한 차표를 구하려고 몇 시간 동안 인터넷을 검색한다. 당연히 경로 우대 할인 혜택도 꼭 챙긴다. 슈퍼마켓은 항상 문 닫기 직전에 간다. 떨이 상품을 싸게 사기 위해서다.

하지만 잉바르 캄프라드는 자신이 구두쇠가 아니라고 한다. 호텔 객실

미니바에서 비싼 콜라를 꺼내 마시고 싼 콜라로 채워 넣기 위해 슈퍼마켓에 가지는 않는다는 것이다. 또 자신은 환경을 생각해서 절약하는 것일 뿐이라고도 말한다.

"잘 안 씻겨서 불편하긴 하지만 그래도 일회용 그릇을 씻어서 씁니다."
글쎄, 환경을 생각해서 그런 것처럼 들리진 않는다.

독일 최대의 할인 마트 체인이자 전 세계에 9200개의 점포를 가진 알디ALDI의 창립자 아들 테오 알브레히트Theo Albrecht는 2010년 《포브스》가 선정한 세계 갑부 순위 31위의 부자다. 그는 사용했던 편지 봉투를 다시 쓴다고 한다. 새 봉투를 사는 대신 기존의 주소에 줄을 긋고 새 주소를 적어 넣는다. 전설의 바이에른 주 은행가이자 부동산 거부인 아우구스트 바론 폰 핑크August Baron von Finck는 뮌헨 근교의 낡은 집에 살면서 고령의 나이에도 폭스바겐 비틀을 손수 운전하여 출퇴근한다. 독일의 다른 대형 할인 마트 체인인 메트로Metro의 창립자 오토 바이스하임Otto Beisheim 역시 억만장자임에도 불구하고 폐지를 작게 잘라 메모지로 썼고, 팩스를 보낼 때 전송 비용을 줄이기 위해 종이를 3등분했으며, 전기세를 아끼려고 커피를 한 번에 많이 만들어 보온병에 담아 두고 마셨다고 한다.

세계 최대 자동차 경주 대회인 포뮬러 원F1에서 역사상 가장 많은 우승을 차지한 카레이서이자 전성기 때는 전 세계 운동선수 가운데 가장 많은 돈을 벌었던 미하엘 슈마허Michael Schumacher는 스위스에 살지만 잼은 꼭 독일까지 가서 사 온다. 독일이 조금 싸기 때문이다. 자산이 7억 유로(1조 원)에 달하는 금융 자본가 티토 테타만티Tito Tettamanti의 고백은 있는 사람들이 더하다는 생각을 확인해 주는 것 같다.

"호텔에 묵을 때는 호텔 편지 봉투와 볼펜을 챙겨 옵니다. 숙박료에 다

포함되어 있는 물건이니까요."

잉바르 캄프라드를 비롯한 갑부들이 실제로 그랬는지, 과장된 것인지, 아니면 이미지 관리를 위해 지어낸 이야기인지 확인할 길은 없다. 짠돌이 부자들의 이야기를 들으면 이런 궁금증이 생긴다. 매일 펑펑 써도 죽을 때까지 다 못 쓸 재산을 가진 사람들이 돈 몇 푼에 벌벌 떠는 이유는 무엇일까? 지독한 절약 정신 때문에 부자가 된 것일까? 자신들이 얼마나 부자인지도 모른 채 오로지 눈앞에 있는 돈에만 집중하기 때문일까? 실제로 진짜 부자들 중에는 자신의 재산이 정확히 얼마인지 모르는 사람이 많다고 한다. 하루에도 들어오고 나가는 돈이 어마어마하기 때문이다. 어쨌든 우리들과는 상관없는 이야기다. 우리가 가진 것이라고 해 봐야 뻔하지 않은가.

그런데 늘 빠듯하게 살아가는 우리도 억만장자들과 비슷하게 행동할 때가 있다. 억만장자도 아닌데 총재산을 생각하지 않고, 당장 결정해야 하는 개별 손실과 수익만을 보고 결정할 때가 의외로 많다. 이 챕터에서 다룰 내용이 바로 이것이다. 모든 건 상대적이다. 그리고 우리는 이런 상대성 때문에 과감하게 돈을 쓴다. 당신을 포함해 많은 사람이 고작 몇 푼 아끼겠다고 스위스에서 독일까지 가는 미하엘 슈마허처럼 행동한다. 그럴 리가 없다고? 그럼 다음을 읽고 답해 보라.

125유로(18만 2000원)짜리 점퍼와 15유로(2만 2000원)짜리 계산기를 사야 한다. 그런데 가게 점원이 친절하게도 자동차로 20분 정도 떨어진 곳에 있는 가게로 가면 같은 계산기를 10유로(1만 4600원)에 살 수 있다고 알려 주었다. 이 이야기를 들은 당신은 다른 가게로 가겠는가?

다른 가게로 가야겠다는 생각이 들었다면 당신은 대부분의 사람들과 같은 결정을 한 것이다. 이 실험에 참가한 사람들 70퍼센트가 다른 가게로 가겠다고 답했다. 중요한 건 이게 아니다. 다음 상황을 보자.

15유로(2만 2000원)짜리 점퍼와 125유로(18만 2000원)짜리 계산기를 사야 한다. 그런데 가게 점원이 친절하게도 자동차로 20분 정도 떨어진 곳에 있는 가게로 가면 같은 계산기를 120유로(17만 5000원)에 살 수 있다고 알려 주었다. 이 이야기를 들은 당신은 다른 가게로 가겠는가?

당신의 결정은 무엇인가? 이번 상황에서는 참가자 대부분이 다른 가게로 가지 않겠다고 답했다. 다른 가게로 가서 5유로(7000원)를 아끼겠다고 한 사람은 30퍼센트뿐이었다. 두 가지 경우를 비교하면 재미있는 점이 발견된다. 두 경우 모두 5유로(7000원)를 아낄 수 있다는 것은 똑같다. 그러나 첫 번째 상황에서는 70퍼센트가 5유로(7000원)를 아끼기 위해 20분을 더 가겠다고 했고, 두 번째 상황에서는 가지 않겠다고 했다. 아낄 수 있는 금액은 같은데 답변이 달라진 이유는 무엇일까?

판단 기준이 바뀌었기 때문이다. 15유로(2만 2000원)짜리 계산기를 살 때는 5유로(7000원)를 아끼기 위해 다른 가게로 간다. 그런데 125유로(18만 2000원)짜리 계산기를 살 때는 5유로(7000원) 때문에 다른 가게로 가지 않는다. 15유로(2만 2000원)짜리 계산기를 살 때는 짠돌이처럼 악착같이 5유로(7000원)를 챙기고, 125유로(18만 2000원)짜리 계산기를 살 때는 '얼마 되지도 않는데' 하며 백만장자처럼 5유로(7000원)를 쿨하게 포기한다.

## 2
## 돈을 쓸 때는 무조건 작은 금액부터
베버-페히너의 법칙

앞에서 소개한 실험에서 사람들은 왜 그렇게 행동한 걸까? 그 이유를 밝히기 전에 먼저 '베버-페히너의 법칙Weber-Fechner's Law'을 살펴보자. 독일의 학자 에른스트 하인리히 베버Ernst Heinrich Weber와 구스타프 페히너Gustav Fechner의 이름을 딴 이 법칙은, 자극의 강도와 사람의 감각 사이에는 일정한 비례 관계가 존재한다는 것을 설명해 준다. 자극이 강할수록 자극의 변화를 느끼려면 변화의 차이가 커야 한다. 예를 들어, 양초 10개가 켜 있는 방에 1개를 더 켜면 방이 환해졌다고 느낀다. 그런데 양초 100개가 켜 있는 방에 1개를 더 켜면 아무런 차이를 느끼지 못한다. 이 법칙에 따르면 양초 100개를 켠 방에서는 양초 10개를 더 켜야 양초 10개에서 하나 늘었을 때 정도의 차이를 느낄 수 있다. 이처럼 인간의 감각에 영향을 미치는 외부 자극의 강도는 절대적인 것이 아니라 상대적이다. 어떤 조건에서 자극을 받느냐에 따라 느낌이 확 달라진다. 양초 하나를 켜는 경우 양초 100개가 켜진 방보다는 캄캄한 방에서 켰을 때 훨씬 밝게 느껴진다.

이 법칙은 일상 곳곳에서 쉽게 발견된다. 기온이 똑같이 3도 상승하더라도, 13도에서 16도로 상승했을 때보다 3도에서 6도로 상승했을 때 온도 변화를 더 쉽게 느낀다.

'베버-페히너의 법칙'은 돈에 대한 감각에서도 나타난다. 10유로(1만 4600원)와 15유로(2만 2000원)의 차이는 크게 느껴지지만 120유로(17만 5000원)와 125유로(18만 2000원)의 차이는 크게 느껴지지 않는다. 앞의 실험에서 참가자들이 보인 반응도 이 때문이다. 15유로(2만 2000원)짜리 계산기를 10유로(1만 4600원)에 살 수 있다면 20분을 더 가더라도 다른 가게에서 산다. 그러나 125유로(18만 2000원)짜리 계산기를 살 때는 120유로(17만 5000원)에 살 수 있다고 해도 굳이 다른 가게로 가지 않는다. 125유로(18만 2000원)를 쓸 때는 5유로(7000원)가 푼돈처럼 느껴지기 때문이다.

'베버-페히너의 법칙'은 우리를 부자가 되지 못하게 막는 가장 큰 걸림돌이다. '얼마 되지도 않는데!'라는 생각이야말로 최악의 생활비 파괴자다. 특히 그것은 우리가 큰돈을 쓸 때 어김없이 나타나 고생해서 번 돈을 쥐도 새도 모르게 없애 버린다. 1000유로(146만 원)짜리 새 노트북을 산다고 해 보자. 오랫동안 마음에 담아 두었던 노트북을 골라서 계산하려고 할 때 점원이 고장이나 분실을 대비해 보험에 가입하는 게 어떻겠느냐고 묻는다. 보장 범위에 따라 매달 3유로(4000원)에서 5유로(7000원) 정도만 내면 된다고 설명한다. 그것은 노트북 값과 비교했을 때 별로 비싸 보이지 않는다. 그래서 보험을 들기로 한다.

그러나 대부분의 전문가들은 그런 보험은 돈 낭비라고 말한다. 매달 3유로(4000원)씩만 해도 1년이면 36유로(5만 2000원)다. 보험에 들어 있다고 해서 마냥 안심할 수 있는 것도 아니다. 고장 나서 수리를 맡길 때 보험 혜택을 받으려면 자신의 부주의로 고장 난 것이 아님을 증명해야 한다. 게다가 수리비 일부를 자비로 부담해야 한다. 수리 기간에 받아 쓰는 대용품은 원래 노트북보다 사양이 떨어진다. 오래된 노트북이라면 부품 가격이 이미 지불한 보험료보다 싼 경우도 많다. 부품보다 훨씬 중요한 데이터는 보험 대상이 아니다. 무엇보다 가장 기분 나쁜 것은 '사용자 부주의'로 발생한 고장은 보험 혜택을 받지 못한다는 사실이다. 스마트폰을 살 때도 마찬가지다. 보험뿐 아니라 액정 보호 필름이나 케이스를 사는 데 스마트폰 가격의 3분의 1에 가까운 돈을 쓰는 사람이 많다.

쓸모도 없고 비싸기만 한 보험이나 액세서리에 돈을 쓰는 이유는 무엇일까? 이미 큰돈을 썼기 때문이다. 방금 1000유로(146만 원)짜리 물건을 산 사람에게 5유로(7000원)는 푼돈으로 보인다. 그래서 보험료나 액세서리가 비싸다는 느낌이 들지 않기 때문에 고민 없이 돈을 쓴다. 이런 쓸데없는 지출을 막을 수 있는 방법은 하나밖에 없다. 바로 '망설임 전략'이다. 큰돈을 썼으면 그와 관련한 지출은 일단 며칠 뒤로 미뤄라. 노트북을 살 때 보험에 가입하라는 제안을 받았다면 일주일쯤 지나서 결정하라. 그러면 대체로 보험 가입에 대한 생각이 사라질 것이다. 왜냐하면 1000유로(146만 원)를 기준으로 3유로(4000원)의 추가 비용에 대해서 판단하는 것이 아니라, 매달 3유로(4000원)씩 내는 보험만을 별도로 놓고 판단하게 되기 때문이다. 머릿속에서 1000유로(146만 원)에 대한 감각이 사라지므로 일주일 전이었다면 별것 아니라고 생각했을 가격이 비싸다고 느껴질 것이다.

미국 하트퍼드 대학교 케어린 크리스텐센<sup>Caryn Christensen</sup> 교수의 실험을 보면 상대성이 소비 태도에 어떤 영향을 미치는지가 분명하게 드러난다. 그녀는 참가자들에게 1500달러(166만 원)와 상품 카탈로그를 주고 오디오 세트와 추가 구성품을 구입하게 했다. 오디오 세트 가격은 950달러(105만 원)에서 1000달러(110만 원) 사이였으므로 추가 구성품에 약 500달러(55만 원)를 쓸 수 있었다. 카탈로그에는 오디오 세트와 다양한 구성품들이 나오는데 특히 헤드폰은 5달러(5500원)에서 50달러(5만 5000원)까지 선택의 폭이 넓었다. 참가자를 두 그룹으로 나누어 한 그룹에는 헤드폰이 앞에 나오고 오디오 세트가 뒤에 나오는 카탈로그를 주었고, 다른 그룹에는 오디오 세트가 앞에, 헤드폰이 뒤에 나오는 카탈로그를 주었다. 참가자들이 카탈로그를 보며 사고 싶은 상품을 장바구니에 넣을 때마다 현재 돈을 얼마나 썼는지 알려 주었다.

실험 결과는 '별거 아니네!' 태도의 전형을 보여 주었다. 헤드폰이 앞에 소개된 카탈로그를 받은 참가자들은 헤드폰을 구입하는 데 평균 10달러(1만 1000원) 이하를 썼다. 반면, 헤드폰이 뒤에 소개된 카탈로그를 받은 사람들은 헤드폰에 평균 19달러(2만 1000원)를 썼다. 헤드폰을 오디오 세트보다 먼저 구매한 사람들은 아직 큰돈을 쓰기 전이어서 저렴한 헤드폰을 샀다. 헤드폰을 뒤에 산 사람들은 이미 고가의 오디오에 돈을 쓴 뒤라 비싼 헤드폰을 샀다. 물건을 살 때마다 쇼핑 총액을 알려 주었기 때문에 현재까지의 쇼핑 총액이 기준이 되어, 그 금액이 높을수록 헤드폰 가격은 상대적으로 저렴하게 느껴진 것이다. 그래서 헤드폰을 뒤에 본 사람들이 더 많은 돈을 썼다. 상대성은 그렇게 작용한다.

이런 상대성에 대해서 알고 있어도 알게 모르게 손해를 보는 경우가 많다. 상대성을 교묘하게 이용하는 사람들이 있기 때문이다. 미국에서 추가 보증 기간 문제로 소송이 벌어진 일이 있었다. 보증 보험료가 795달러(88만 원)였는데, 실제 수리 비용은 131달러(14만 5000원)에 불과하고 나머지는 행정 비용 109달러(12만 원)와 보험 회사 수수료 555달러(61만 원)였다. 앞에서 살펴봤던 노트북 보험과 이름만 다를 뿐 같은 경우다.

게다가 상대성은 우리가 생각하지도 못한 곳에서 위력을 떨친다. 기차표를 살 때 경로 우대 할인 혜택을 챙기던 이케아 창립자 잉바르 캄프라드가 호텔 미니바의 비싼 콜라를 마신 것도 상대성의 영향이 크다. 다음 날 아침에 슈퍼마켓에서 콜라를 사다가 채워 놓으면 되지만 그는 그렇게 하지 않았다. 호텔 숙박료로 이미 100유로(14만 6000원)를 썼기 때문에 슈퍼마켓보다 몇 유로 비싼 콜라 값에 신경을 쓰지 않았던 것이다. 그러는 사이 몇 유로가 빠져나갔다. 해외여행을 할 때 항공권과 숙박비에 큰돈을 쓰면 외식비는 상대적으로 저렴해 보인다. 그런데 나중에 확인해 보면 식비가 의외로 많이 나와 놀라는 경우가 많다. 대형 마트에서 쇼핑을 할 때도 마찬가지다. 계산대에서 얼마 사지도 않은 것 같은데 합계 금액이 너무 많이 나와 놀랐던 적이 한두 번은 있을 것이다. 한꺼번에 여러 가지 물건을 사다 보면 자질구레한 물건들의 가격은 별로 크게 느껴지지 않는다. 그래서 필요하지도 않은 이런저런 물건을 카트에 담는다. 푼돈도 모이면 어느새 큰돈이 된다. 하지만 사람들은 푼돈 앞에서 대범해진다. 왜 1유로(1460원)짜리가 100개면 100유로(14만 6000원)라는 사실을 모르는 걸까? 이것에 대해서는 뒤에 다시 얘기하기로 하자.

규모가 큰 소비를 할 때는 특히 더 조심해야 한다. 자칫하면 엄청난 손해를 볼 수 있기 때문이다. 예를 들어 결혼을 앞두고 있다고 해 보자. 가장 먼저 살 집을 구해야 한다. 결혼 준비가 결국 집 장만과 다름없을 정도로 집값이 비싸다. 이런 큰 총액의 그림자 안에서 불필요한 지출들이 늘어난다. 그래서 집을 구하고 나면 스튜디오 촬영, 식비 등 부대 비용이나 혼수품, 신혼여행 경비는 상대적으로 저렴하게 느껴진다. 그러다 보면 '어차피 평생에 한 번 하는 결혼식이니까' 하는 마음으로 예산을 초과해 비싼 것을 택하게 된다. 이런 소소한 추가 비용을 합치면 큰돈이 된다는 사실을 당시에는 잘 모른다. 집을 구하는 데 들어간 비용에 비해 결혼식 비용은 언뜻 보기에 별것 아닌 것처럼 느껴지기 때문이다.

이처럼 상대성은 소비와 저축을 심리학 문제로 만들어 버린다. 전통 경제학에는 이런 문제가 없다. 거래 당사자들은 서로에게 이익이 생기면 거래를 한다. 즉 거래 후 총자산이나 총효용이 거래 전보다 높아야만 거래가 이루어진다. 전통 경제학은 거래가 성사된 맥락을 따지지 않는다. 그러나 앞에서 보았듯이 15유로(2만 2000원)짜리 계산기를 5유로(7000원) 싸게 사는 데는 기꺼이 20분 거리를 가겠다던 사람들이, 125유로(18만 2000원)짜리 계산기를 5유로(7000원) 싸게 사는 데는 아무 관심도 보이지 않았다. 상황에 따라 판단 기준이 바뀌기 때문이다.

앞에서 소개한 백만장자들과 보통 사람들의 차이는 아마도 여기에 있을 것이다. 부자들은 상대성이 만드는 착각에 잘 속지 않는다. 수백 억 유로를 갖고 있어도 1유로는 언제나 1유로일 뿐이다. 10유로, 1만 유로 혹은 100만 유로를 먼저 소비했든 안 했든 1유로는 늘 1유로다. 무조건 아끼라는 말이 아니다. 해외여행에서 약간의 사치를 누리고 싶다면 누려라. 호텔 미니바에서 콜라를 꺼내 마시고 싶으면 그렇게 하라. 그러나 상대성이 일으키는 착각은 알아 두어야 한다. 그러면 불필요한 지출을 막을 수 있고 최소한 의심은 해 볼 수 있다. 그뿐만이 아니다. 상대성은 집을 구하거나 증권 시장에서 큰 거래를 할 때처럼 다른 돈 문제에서도 중요한 구실을 한다. 최근에 집을 팔았거나 주식 거래를 한 적이 있는가?

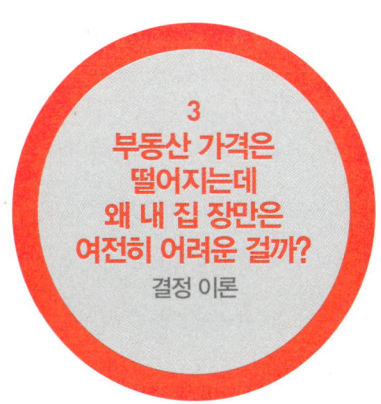

10년 전에 30만 유로(4억 4000만 원)를 주고 집 한 채를 샀다. 이제 그 집을 팔려고 한다. 시세를 알아보니 대략 35만 유로(5억 1000만 원)를 받을 수 있다. 그런데 32만 유로(4억 7000만 원)에 사겠다는 사람이 나타났다. 이 사람에게 집을 팔면 2만 유로(3000만 원)를 버는 걸까, 아니면 3만 유로(4000만 원)를 손해 보는 것일까?

전통 경제학의 관점에서 보면 간단한 문제다. 집을 팔았을 때 재산이 늘어나는지, 줄어드는지만을 보면 된다. 집을 팔면 그 전보다 더 부자가 되는가? 그러면 팔면 된다.

그러나 심리학적 관점에서 집을 파는 사람의 심정을 고려하면 그렇게 간단한 문제가 아니다. 거래를 판단하는 시점에서 집을 구입한 금액인 30만 유로(4억 4000만 원)가 머릿속에 있으면 2만 유로(3000만 원)의 이익을 보고 32만 유로(4억 7000만 원)에 집을 팔 것이다. 하지만 35만 유로(5억 1000만 원)라는 시세가 머릿속에 있으면 32만 유로(4억 7000만 원)라는 매매가는 3만 유로(4000만 원)를 손해 보는 것이다. 이때는 손해가 너무 크다는 생각에 집을 팔지 않을 것이다.

그 이유는 앞에서 이야기한 손실 회피 심리 때문이다. 우리는 손실을 피하기 위해 안간힘을 쓰고, 때로는 어리석은 일도 저지른다. 시세 정보를 들은 이상 32만 유로(4억 7000만 원)라는 가격을 손실로 받아들이고 다른 구매자를 찾는 것이다. 현 시세로 팔 수 있다는 보장도 없고 언제 또 다른 구매자가 나타날지도 모르는데, 이때 발생하는 비용은 고려하지 않는다. 집이 팔리지 않는 한 집에 묶여 있는 돈은 그대로다. 그 돈에는 이자가 붙지 않는다. 만약 집을 32만 유로(4억 7000만 원)에 팔고 다른 금융 상품에 투자하면 그 기간에 적지 않은 수익을 올릴 수도 있다. 연이율 3퍼센트의 1년 만기 예금에만 넣어 두어도 9600유로(1400만 원)를 벌 수 있다. 세금을 제하고도 약 6000유로(870만 원)가 남는다. 그런데 당신은 손실 회피 심리 때문에 그 돈을 포기한다. 최악의 경우 32만 유로(4억 7000만 원)보다 더 낮은 가격에 집을 팔아야 할지도 모른다.

이런 상황도 상대성이 만든 착각 때문에 빚어진 일이다. 사람들은 거래를 할 때 전체 자산을 고려하지 않고, 원하는 가격과 실제 판매 가격만을 주목한다. 전체 자산이 증가했다면 빠르게 거래를 하는 것이 오히려 이득이다. 그런데 기준이 달라지면서 수익과 손실의 개념이 바뀌어 버린다. 문제는 그로 인해 큰 손해를 볼 수 있다는 사실이다. 이런 일이 왜 생겨나고, 어떤 영향을 미치는지 조금 더 자세히 알아보자. 주식 거래에서도 비슷한 일이 벌어진다. 당신이라면 다음 상황에서 어떻게 할 것인가.

3년 전 회사로부터 '우리 사주'를 받았다. 당시 가격은 주당 20유로(2만

9000원)였다. 불행하게도 그 후 회사가 위기에 처하면서 주가가 주당 10유로(1만 4600원)로 떨어졌다. 전문가들은 신규 프로젝트가 성공하면 주가는 다시 20유로(2만 9000원)까지 오를 테지만, 실패하면 회사가 파산하여 주식은 휴지 조각이 될 것이라고 전망한다. 주식을 10유로(1만 4600원)에 팔겠는가?

집을 팔 때와 똑같은 상황이다. 어차피 공짜로 받은 주식이니 10유로(1만 4600원)에 파는 것이 나을까? 아니면 한때 20유로(2만 9000원) 하던 주식이니 10유로(1만 4600원)에 팔면 손해일까? 오로지 10유로(1만 4600원)를 이익으로 보느냐 손해로 보느냐에 따라 팔지 말지가 결정된다. 전통 경제학에서는 총자산이 늘었는지 줄었는지만을 보라고 충고한다. 기본적으로 올바른 생각이다. 지금 같은 상황에서는 공짜로 받은 주식이니 10유로(1만 4600원)에 팔아서 이익을 챙기는 것이 맞다. 하지만 이런 충고는 현실에서 잘 먹히지 않는다. 총자산을 기준으로 두지 않고 개별 주식의 최고가 혹은 최저가를 기준으로 현재가를 비교하기 때문이다. 한때 20유로(2만 9000원)까지 올랐던 주식이니 10유로(1만 4600원)에 팔면 손해라고 느끼는 사람도 있고, 휴지 조각이 될 수도 있으니 10유로(1만 4600원)에라도 팔아야 한다고 느끼는 사람도 있다. 이때 포트폴리오의 위험 자산 비율이나 주식 매매시 부담해야 할 수수료 및 세금 등 다른 중요한 조건들은 무시되기 일쑤다.

무엇을 이득으로 보고 무엇을 손해로 보느냐에 대한 생각은 위험에 대처하는 자세에도 영향을 미친다. 결과적으로는 같은 상황인데도 위험을 무릅쓸 때가 있는 반면에, 신중해질 때도 있다. 당신도 별 수 없을 것이다.

그렇지 않다고? 그렇다면 다음 내용을 읽고 어떻게 했을지 생각해 보라.

게임에 참가하면 1000유로(146만 원)의 참가비와 상금을 준다. 다음 두 게임 중 어떤 게임에 참가하겠는가?

A | 게임에서 이기면 상금으로 1000유로(146만 원)를 받는다. 이길 확률은 50퍼센트다.

B | 게임에서 이기면 상금으로 500유로(73만 원)를 받는다. 이길 확률은 100퍼센트다.

B를 선택했다면, 당신은 대부분의 사람들과 같은 선택을 한 것이다. 사람들은 보통 확실한 이익을 선호한다. 그래서 불확실한 1000유로(146만 원)보다는 확실한 500유로(73만 원)를 선택한 것이다. 그렇다면 다음 상황은 어떤가.

게임에 참가하면 참가비로 2000유로(290만 원)를 준다. 다음 두 게임 중 어떤 게임에 참가하겠는가?

A | 게임에서 지면 벌금으로 1000유로(146만 원)를 내야 한다. 패배할 확률은 50퍼센트다.

B | 게임에서 지면 벌금으로 500유로(73만 원)를 내야 한다. 패배할 확률은 100퍼센트다.

당신은 무엇을 선택했는가? 대부분의 사람들은 A를 선택했다. 당신은 지금 전통 경제학의 핵심 개념인 '결정 이론Decision Theory'이 모순에 빠지는 순간을 목격한 것이다. '결정 이론'에 따르면 수학적으로나 통계학적으로 불확실한 가운데에서 어떤 문제를 결정할 때 가장 합리적이고 적절한 결정을 내린다고 한다. 그러나 지금의 상황은 결정 이론으로는 설명이 되지 않는다. 왜냐하면 첫 번째 게임과 두 번째 게임은 사실 결과가 똑같은 게임이기 때문이다.

첫 번째 게임의 경우 A를 선택하면 1000유로(146만 원)를 받거나 2000유로(290만 원)를 받는다. B를 선택하면 최종적으로 1500유로(220만 원)를 받는다. 두 번째 게임에서도 똑같다. A를 선택하면 1000유로(146만 원)를 받거나 2000유로(290만 원)를 받는다. B를 선택하면 무조건 1500유로(220만 원)를 받는다.

그런데 사람들은 대부분 첫 번째 게임에서는 1500유로(220만 원)가 보장되는 B를 선택하고, 두 번째 게임에서는 1000유로(146만 원)를 받을지 2000유로(290만 원)를 받을지 확실하지 않은 A를 선택했다.

이 실험은 우리가 특정한 기준에 따라 이익과 손해를 판단하고 있음을 증명한다. 첫 번째 게임에서는 참가비 1000유로(146만 원)가 기준이었다. 이때는 1500유로(220만 원)를 이익으로 여긴다. 그래서 확실하게 500유로(73만 원)를 받을 수 있는 B를 선택한다.

그런데 두 번째 게임에서는 참가비 2000유로(290만 원)가 기준이 된다. 이때는 1500유로(220만 원)를 손실로 받아들인다. 그래서 위험 부담이 있는 A를 선택하는 것이다. 첫 번째 게임에서 1500유로(220만 원)를 선택했다면 두 번째 게임에서도 1500유로(220만 원)를 선택하는 게 당연할 텐데 사람들은 그렇게 하지 않는다. 전체적인 결과에 주목하지 않고 기준에 따라 위험을 대하는 태도가 바뀌는 것이다.

 이처럼 상대성의 힘은 교묘하게 작용한다. 상대적인 기준으로 판단하려는 심리적 성향은 돈을 버는 데 치명적인 문제를 일으키기도 한다. 어떤 문제들이 생길 수 있는지 몇 가지만 살펴보자. 우선 거지와 부자 사이를 73번이나 오간 전설적인 도박사를 만나야 한다.

미국에 있는 포커 명예의 전당Poker Hall of Fame에 이름을 올린 포커왕 닉 단달로스Nick Dandolos는 1883년 그리스 크레타에서 태어났다. 유복한 가정에서 자란 그는 철학을 공부했고 열여덟 살에 세계적인 사업가가 되겠다는 꿈을 안고 미국으로 유학을 떠났다. 그런데 1911년 캐나다 몬트리올에서 우연히 경마를 접하면서 자신에게 도박사의 기질과 재능이 있음을 깨달았다. 그래서 경마로 번 돈 50만 달러(5억 5000만 원)를 밑천으로 삼아 포커로 종목을 바꾼 후 큰돈을 벌었다. 닉은 도박으로 평생 5억 달러(5500억 원) 이상을 따고 잃었다. 본인 말로는 거지와 부자 사이를 73번 오갔다고 한다. 닉은 포커에 빠지면 아무것도 먹지 않았고 잠도 자지 않았다. 그래서 건강이 좋지 않았는데 병원을 가 본 적은 없다. 치료가 필요할 때마다 의사를 카지노로 불렀기 때문이다.

파란만장한 그의 도박 인생에서 가장 결정적인 승부는 텍사스 출신의 도박사 니컬러스 조니 모스Nicholas Johnny Moss와의 사이에서 벌어졌다. 두 사람의 승부가 판가름 나기까지는 무려 5개월이 걸렸다. 결국 닉 단달로스는 패배했고 이렇게 말하며 게임을 끝냈다.

"조니, 이제 당신을 보내 드릴 수밖에 없네요."

닉은 돈 자체에 큰 의미를 두기보다는 도박 그 자체를 즐겼다. 자선 사업에 2000만 달러(220억 원)를 기부하기도 했다. 1966년에 그의 사망을 알리는 기사에는 이런 제목이 붙었다.

'행운이 여자라면 그는 평생 그녀를 사랑했다.'

그는 돈을 잃고 있을 때는 결코 카지노를 떠나지 않았다고 한다. 그가 카지노를 나올 때는 더 이상 걸 돈이 남아 있지 않을 때뿐이었다. 닉 단달로스뿐만 아니라 대부분의 도박사들이 이렇게 한다. 특히 돈을 많이 잃고 있을 때는 거의 예외 없이 마지막 판에 올인 하는 경향을 보인다. 이런 상황을 영어로 '장거리 패스에 베팅 하기 Betting on Long Shot'라고 한다. 축구처럼 시간 제한이 있는 운동 경기에서 뒤지고 있는 팀이 경기 종료 직전 장거리 패스에 희망을 거는 것을 의미한다. '뒤집기 한판'으로 번역될 수 있는 이 말은 결국 모험을 하라는 뜻이다. 당연히 성공할 확률은 매우 낮다.

예를 들어 경마에서 돈을 많이 잃은 도박사들은 마지막 경주에서 우승 확률이 거의 없는 말에 남은 돈을 전부 건다. 이길 확률은 낮지만 만에 하나 그 말이 1등으로 들어오면 대박을 노릴 수 있다. 그런데 여기에도 상대성이 등장한다. 이미 많은 돈을 잃었을 때는 남아 있는 돈은 큰 의미가 없다. 그래서 희박한 확률에 고민 없이 올인 한다. 반대로 돈을 따고 있는 도박사는 끝판이 다가올수록 몸을 사린다.

잃은 돈이 어느 정도인가에 따라서 모험을 대하는 우리의 태도는 달라진다. 돈을 따고 있으면 신중해지고 수익을 안전하게 지키려고 한다. 돈을 많이 잃고 있으면 손실을 만회하기 위해 위험한 시도를 한다. 증권 시장에서도 도박판과 비슷한 일이 벌어진다. 수익을 올리고 있을 때는 신중하게 투자하고 손실이 났을 때는 이를 만회하기 위해 모험적으로 투자한다. 투자한 주식의 가격이 떨어지면 손실 회피 심리 때문에 갖고 있는 돈마저 버리는 사람이 많다. 이는 이미 앞에서도 언급한 내용이다. 그런데 여기에서는 손실 회피 심리의 크기라는 새로운 변수가 있다. 손실 회피 심리의 크기는 우리가 처해 있는 상황에 좌우된다. 손실 회피 심리가 커질수록 상황은 더욱 나빠지고, 상황이 나빠질수록 손실 회피 심리 역시 커진다.

인간의 심리적 성향이라고 보기에는 경제에 미치는 영향이 매우 크다. 대니얼 카너먼과 아모스 트버스키는 인간의 이런 성향을 규명하여 심리학자로는 최초로 노벨 경제학상을 받았다. 심리학자가 노벨 경제학상을 받았다는 사실만으로도 이런 성향이 경제에 얼마나 큰 영향을 미치는지 간접적으로 알 수 있다. 전망 이론은 이미 챕터 3에서 살펴봤던 내용이다. 이 이론을 이해하려면 먼저 경제학자들이 지금까지 인간의 기대를 어떻게 다루었는지 알아야 한다. 누군가와 '신은 존재하는가?'를 두고 내기를 한다고 해 보자. 당신은 어디에 베팅 할 것인가.

15세기 프랑스의 천재 사상가 파스칼은 '파스칼의 내기Pascal's Wager'로 알려진 이론을 바탕으로 신을 믿는 편이 좋을 거라고 주장했다. 파스칼의 내기는 오늘날에도 여전히 자본 시장의 위험 관리 부분에 큰 영향을 미치고 있다. 파스칼은 1623년 7월 파리에서 약 420킬로미터 떨어진 클레르몽페랑에서 태어났다. 그는 열세 살에 이미 철학자 데카르트나 수학자 페르마에 견줄 만한 천재로 이름을 떨쳤다. 파스칼은 서른두 살에 논리적으로는 설명할 수 없는 영적인 체험을 했다. 그는 두 시간 동안 최면에 걸린 듯 앉아 있다가 문득 어떤 깨달음을 얻었다. 그 내용을 두 쪽에 걸쳐 휘갈겨 써 내려갔다. 이 종이는 그가 죽은 후에 상의 주머니에서 발견되었다. 그 기록이 현대 결정 이론의 시작이 될 줄은 그도 몰랐을 것이다.

파스칼이 써 내려간 글은 이렇다. 우리는 신이 존재하는지 하지 않는지 모른다. 그런데도 신의 존재를 믿어야 할까? 신을 믿지 않았을 때 닥칠 위험은 무엇인가? 신이 존재할 확률은 50퍼센트이다. 경우의 수는 신이 존재하거나 존재하지 않거나 두 가지뿐이다. 신이 존재한다는 데 베팅을 하고 신을 믿기로 결정했을 때, 정말 신이 존재하는 것으로 밝혀진다면 우리는 그 대가로 영원한 삶과 구원을 얻는다. 즉, 내기에서 이기는 것이다. 설령 신이 존재하지 않더라도 치러야 할 대가는 미미하다. 신을 두려워했던 마음, 그리고 신앙생활을 하는 데 들어간 약간의 비용과 시간이 전부다. 신이 있을 경우에는 적은 비용으로 구원이라는 엄청난 이익을 얻는다. 결과적으로 신을 믿는 것이 옳다. 잃을 것은 별로 없지만 얻을 수 있는 혜택은 크니까.

신에 대한 파스칼의 내기는 현대 결정 이론을 이해하는 열쇠다. 사람들은 이익과 손실을 확률로 계산해 자신이 어떤 이익을 얻을 수 있을지 확인한다. 즉 50퍼센트 확률의 구원(영원한 구원×50퍼센트)과 신을 두려워하면서 보내는 삶(신앙생활 비용×50퍼센트)을 비교한다. 그 결과가 결정에 대한 기대치이다. 이 내기의 기대치는 굉장히 크다. 독일에서 실제 신앙생활을 하는 사람보다 종교 관련 기금만 내는 사람이 더 많은 이유가 이 때문인지도 모르겠다. 천국이 진짜 있을지 모르니 보험 들 듯이 신에 투자하는 것이다.

경제학에서는 이를 '기대 효용 이론'으로 정리한다. '기대 효용 이론'은 경제학의 황금률로 통한다. 여러 대안 중에서 하나를 결정해야 할 때 각 대안의 기대치를 계산해 어느 것이 더 중요한지를 비교한다. 예를 들어 1유로(1460원)가 걸린 동전 던지기 내기(그림이 나오면 1유로를 따고 숫자가 나오면 1유로를 잃는다)를 하는 사람은 기대치를 이렇게 계산한다. 50퍼센트 확률로 1유로(1460원)를 따므로 0.5×1유로, 즉 50센트(730원) 이익이다. 50퍼센트 확률로 1유로(1460원)를 잃으므로 역시 0.5×1유로, 즉 50센트(730원) 손실이다. 50센트(730원) 이익과 50센트(730원) 손실을 합하면 동전 던지기 내기의 기대치는 0이 된다. 이것이 바로 신에 대한 내기에서 시작된 기대 효용 이론이다.

그런데 이 이론에는 허점이 있다. 기대 효용 이론은 사람들이 결정을 할 때 최종 상태, 즉 총자산과 총효용을 고려한다고 믿는다. 그러나 늘 그렇지만은 않다는 걸 이미 앞에서 확인했다. 15유로(2만 2000원)짜리 계산기를 살 때는 5유로(7000원)를 아끼려고 다른 가게로 가지만, 125유로(18만 2000원)짜리 계산기를 살 때는 5유로(7000원)를 포기해 버린다. 주식을 거래할 때도 머릿속에 있는 기준 가격이 얼마냐에 따라 태도가 달라진다. 그리고 돈을 잃고 있으면 과감하게 모험을 건다. 기대 효용 이론에 따르면 이런 일은 일어나지 말아야 한다. 기대 효용 이론에서는 오로지 거래의 최종 결과만을 고려하고 어떤 상황에서 거래하는지는 전혀 중요하지 않기 때문이다.

반면 전망 이론에서는 사람들이 무엇인가를 결정할 때 절대 가치가 아니라, 가치의 변화를 더 중요하게 여긴다고 설명한다. 가치의 변화에서 가장 중요한 것은 기준점이다. 예를 들어 보유한 주식을 팔아야 할지 말아야 할지를 결정할 때 기대 효용 이론에서는 주식을 팔았을 때 생기는 총비용을 계산한다. 반면 전망 이론에서는 총비용이 아니라 샀을 때의 가격이나 현재 시세 같은 기준과 비교하여 비용을 계산한다. 앞에서 다루었던 주식의 사례를 다시 한 번 살펴보자.

3년 전 회사로부터 '우리 사주'를 받았다. 당시 가격은 주당 20유로(2만 9000원)였다. 불행하게도 그 후 회사가 위기에 처하면서 주가가 주당 10유로(1만 4600원)로 떨어졌다. 전문가들은 신규 프로젝트가 성공하면 주가는 다시 20유로(2만 9000원)까지 오를 테지만, 실패하면 회사가 파산하여 주식은 휴지 조각이 될 것이라고 전망한다. 주식을 10유로(1만 4600원)에 팔겠는가?

파스칼 방식으로 결정하는 사람은 기대 효용 이론에 따라 주식을 팔았을 때 얻는 10유로(1만 4600원)의 절대 가치를 따진다. 반면 전망 이론에 따라 결정하는 투자자는 마음속에 둔 기준을 고려해 손익을 따진다. 기준이 0유로라면(공짜로 얻었으므로) 현재 주가 10유로(1만 4600원)는 이익이다. 기준이 주식의 최고가였던 20유로(2만 9000원)라면 10유로(1만 4600원)에 파는 건 손실이다. 손에 쥐는 돈은 똑같지만 기준에 따라 이익이 되기도 하고 손실이 되기도 한다. 그러므로 우리의 태도에 영향을 미치는 것은 기준이다. 이것은 앞으로 다룰 여러 현상을 설명해 준다. 한마디로 기준은 소비 및 투자의 회전축이자 중심점이다. 한 가지 사례를 더 살펴보자.

당신은 자동차를 사려고 한다. 맘에 드는 모델을 찾았고 가격은 3만 3000

유로(4800만 원)다. 판매 사원은 지금 계약하면 3000유로(440만 원)를 깎아 주겠다고 한다.

3000유로(440만 원)나 할인해 준다는 제안에 귀가 솔깃해진다. 그러나 당신은 한 번에 결정하는 것이 마음에 걸려 다른 대리점을 방문했다.

방금 전에 본 것과 같은 차종인데 에어컨만 없는 모델이 있다. 가격은 2만 7000유로(3930만 원). 판매 사원은 3000유로(440만 원)만 더 내면 에어컨을 달아 주겠다고 한다.

사실 두 제안에는 차이가 없다. 판매 가격은 결국 똑같다. 그런데 자동차 회사는 판매 사원을 교육할 때 첫 번째 방식으로 팔아야 한다고 강조한다. 왜 그럴까? 전망 이론으로 쉽게 설명할 수 있다. 고객들이 할인 금액은 이익으로 받아들이지만 추가 금액은 손실로 느끼기 때문이다. 논리적으로는 기대 효용 이론이 맞다. 할인을 받아서 3만 유로가 되든, 추가 금액을 들여서 3만 유로가 되든 3만 유로는 3만 유로다. 그런데 사람들은 그렇게 생각하지 않는다.

전망 이론에서 기준은 아주 중요하고 특이하기 때문에 나중에 좀 더 자세히 살펴볼 것이다. 그에 앞서 전망 이론의 또 다른 특성 하나를 더 알아보자. 성공적인 투자를 하는 데 큰 도움이 될 정보다. 손실이라고 해서 다 같은 손실이 아니기 때문이다. 1995년 2월 23일 영국에서 가장 오래된 투자 은행인 베어링스 은행이 단돈 1파운드(1700원)에 네덜란드 ING 은행에 인수된 사연 속에 그 비밀이 숨어 있다.

## 5
## 영국에서 가장 오래된 은행이 1파운드에 매각되기까지

    1989년 닉 리슨Nick Leeson은 232년 역사를 자랑하는 영국에서 가장 오래된 투자 은행인 베어링스Barings 은행 싱가포르 지사의 파생 금융 상품 트레이더로 발령 받았다. 그는 당시 막 문을 연 싱가포르 국제 통화 거래소에서 선물과 옵션을 거래했다. 주로 싱가포르와 일본의 시세 차이를 이용하여 수익을 내는 일이었다. 높은 수익을 얻을 수도 있지만 무한대의 손실도 입을 수 있는 매우 위험한 시장이었다. 당시 파생 금융 상품 분야는 경영진들도 잘 모르는 생소한 영역이었다. 그는 별도의 계좌를 만들어 손실을 숨기고 엄청난 수익을 올리고 있는 것처럼 경영진을 속였다. 그 덕분에 금세 회사의 슈퍼스타로 떠올랐다. 1993년에는 비록 장부상 이익에 불과하지만 싱가포르 지사 전체 수익의 20퍼센트를 혼자서 벌 정도였다. 그 덕분에 1994년에 싱가포르 지사가 베어링스 은행 최고의 지사로 뽑혔다. 하지만 실제로는 1억 7000만 파운드(약 2900억 원)에 달하는 엄청난 손실을 기록하고 있었다. 그런 사실을 알 리 없는 회사는 그를 감독하는 대신에 오히려 그에게 더 많은 돈을 맡겼다.

미국 증권 시장에는 '돈을 잃었으면 더 많이 걸어라 If in trouble, double'라는 격언이 있다. 닉 리슨은 이 격언처럼 더 과감하게 베팅 했다. 그런데 1995년 1월 17일 일본 지진 관측 역사상 최악의 지진이 고베에서 발생했고 그가 주로 거래하던 일본 증권 시장이 폭락했다. 닉 리슨은 이미 돌이킬 수 없는 손실을 입었다. 그러나 이게 끝이 아니었다. 주가가 곧 반등하리라는 희망을 안고 지금까지 투자한 금액 가운데 가장 많은 금액을 베팅 했다. 조금 회복되는 듯 보이던 증권 시장은 1월 24일 다시 한 번 폭락했다. 이제 더 이상 걸 돈이 남아 있지 않았다. 그의 도박은 결국 14억 달러(1조 5000억 원)라는 천문학적 손실을 끝으로 막을 내렸다. 그는 컴퓨터 모니터에 이렇게 적어 놓고는 도망쳤다.

'죄송합니다.'

결국 1995년 2월 23일 233년 전통의 베어링스 은행은 단돈 1파운드(1700원)에 네덜란드 ING 은행에 인수되었다.

그는 회고록에서 이날을 이렇게 회상했다.

'사람들 틈에서 팔을 허우적거리며 매수 사인을 내고, 고함을 치고, 주문서를 작성해 매매 부서로 보냈다. 한 번의 손놀림으로 수백만 달러를 사고팔 수 있었다. 이때 필요한 것은 오직 종이뿐이었다. 마치 비누 거품으로 거래하는 것 같았다.'

닉 리슨이 몰락하는 과정은 투자자와 도박사들에게서 자주 발견되는 패턴이다. 도박사 닉 단달로스의 사례에서 봤던 것처럼 큰돈을 잃었을 때는 남아 있는 돈이 보잘것없는 것처럼 느껴진다. 손실이 크면 클수록 갖고 있는 돈마저 버릴 위험이 크다. 이런 현상을 이해하기 위해 다음 상황을 상상해 보자.

두 종류 주식이 있다. 이 가운데 하나를 선택해야 한다. A 주식은 25퍼센트 확률로 6000유로(870만 원) 수익을 낼 수 있다. B 주식은 25퍼센트 확률로 4000유로(580만 원) 수익을, 25퍼센트 확률로 2000유로(290만 원) 수익을 낼 수 있다. 당신은 어느 주식을 선택하겠는가?

확률적으로는 어느 것을 선택하든 결과에 차이가 없다. 그러나 대부분의 사람들은 B 주식을 선택했다. 6000유로(870만 원)를 한 번에 버는 것보다 4000유로(580만 원)와 2000유로(290만 원)로 나누어 버는 것을 더욱 높이 평가했다. 이것은 새로운 발견이다. 그 이유를 설명하기 전에 이 상황을 먼저 보자.

두 종류 주식이 있다. 이 가운데 하나를 팔아야 한다. A 주식은 25퍼센트 확률로 6000유로(870만 원) 손실이 발생할 수 있다. B 주식은 25퍼센트 확률로 4000유로(580만 원) 손실이, 25퍼센트 확률로 2000유로(290만 원) 손실이 발생할 수 있다. 당신은 어느 주식을 팔겠는가?

실험에 참가한 사람들 대부분은 A 주식을 팔겠다고 답했다. 6000유로(870만 원)라는 한 번의 손실이 4000유로(580만 원)와 2000유로(290만 원) 두 번의 손실보다 나아 보인다는 뜻이다. 첫 번째 상황과 두 번째 상황은 확률도 같고 금액도 같다. 다른 점은 오직 수익이냐, 손실이냐뿐이다. 그런데 사람들은 정반대의 결정을 했다.

이것이 전망 이론의 핵심이다. 사람들은 상황에 따라 수익과 손실의 크기를 다르게 느낀다. 왜 사람들은 6000유로(870만 원)라는 한 번의 수익이 아니라, 4000유로(580만 원)와 2000유로(290만 원) 두 번의 수익을 선택했을까? 금액이 클수록 수익에 대한 느낌이 무뎌지기 때문이다. 예를 들어 2000유로(291만 2000원)에서 2010유로(292만 6000원)로 올랐을 때보다 20유로(2만 9000원)에서 30유로(4만 4000원)로 올랐을 때 수익이 더 크다고 느낀다. 앞 실험에서 사람들은 6000유로(870만 원)나 4000유로(580만 원), 2000유로(290만 원)를 거의 같은 금액이라고 느꼈다. 그러니 6000유로(870만 원)라는 한 번의 수익보다 4000유로(580만 원), 2000유로(290만 원) 두 번의 수익을 더 크다고 생각한 것이다.

이런 현상은 돈을 잃은 사람이 가망 없는 내기에 모험을 거는 태도도 설명해 준다. 닉 리슨처럼 어마어마한 돈을 잃으면 아무리 위험해 보여도 남은 것 전부를 걸게 된다. 그 스스로도 당시 상황을 이렇게 고백했다.

"나는 시장에 나온 물량 전부를 사들였다."

이것이 전망 이론의 직접적 결과이다. 몇 유로를 잃은 사람은 투덜거리며 손실을 받아들인다. 그런데 손실 규모가 커져서 몇 천 유로, 혹은 그 이상이 되면 2000유로(290만 원)든 3000유로(440만 원)든 크게 차이가 없다고 느낀다. 그렇기 때문에 전 재산을 탕진할 위험에 빠진다.

이런 효과는 수익에서도 위력을 떨친다. 우리는 기존 금액에 따라 수익을 다르게 평가한다. 다음 두 가지 조건 중에서 어떤 것을 선택하겠는가?

A | 하루에 100유로(14만 5000원)씩 이틀을 받는다.
B | 하루에 200유로(29만 원)를 받는다.

결과적으로는 같은 조건이지만 대부분의 사람들은 A를 선호했다. 그 이유는 상대성 때문이다. 100유로(14만 5000원)씩 이틀을 받으면 우리는 이것을 두 번의 수익으로 평가한다. 그리고 이것은 200유로(29만 원)를 한 번에 받는 것보다 더 나아 보인다. 그럼 다음 상황은 어떨까?

A | 세금 100유로(14만 5000원)를 추가로 내라는 연락이 왔다. 이틀 후 또 100유로(14만 5000원)를 내라는 연락이 왔다.
B | 세금 200유로(29만 원)를 추가로 내라는 연락이 왔다.

앞서 돈을 받을 때의 성향이 손실에서도 똑같이 작용한다. 대부분의 사람들은 B를 선호했다. 돈을 두 번에 걸쳐 내느니 차라리 한 번에 전부 내는 게 낫다고 생각한 것이다.

수익과 손실을 상대적으로 인식하는 심리를 안다는 것은 부자들의 생각을 따라잡는 중요한 열쇠다. 손실 회피 심리의 영향에서 벗어나야만 투자에서 성공할 확률도 커진다. 지금까지 살펴본 것을 실생활에서 어떻게 이용하면 좋을까?

## 6
## 최소의 비용으로 최대의 만족을 얻는 법

　수익과 손실, 수입과 지출은 같은 금액이라도 상황에 따라 다르게 느껴진다. 그래서 판매 사원의 상술에 넘어가 고가의 물건을 구입한 뒤 쓸데없는 추가 구성품까지 사게 된다. 비싼 노트북을 사면서 '별거 아니네!'라는 생각으로 필요하지도 않은 보험에 가입하거나, 스마트폰을 사면서 아무 생각 없이 케이스를 구입한다. 이런 상술에 넘어가지 않으려면 추가 구성품에 아예 눈길도 주지 않거나, 물건을 산 뒤 며칠 시간을 두고 별도로 쇼핑을 해야 한다.

　맞다, 그래 봤자 푼돈이다. 하지만 손실 회피 심리에 상대성까지 합세하면 큰돈을 잃을 수 있다는 걸 알아야 한다. 손실이 커지면 남아 있는 재산마저 가망 없는 데 쏟아붓는다. 그러면서 손실은 더욱 커진다. 이를 막을 수 있는 방법은 통제뿐이다. 의지만으로는 손실 회피 심리를 극복하기 어렵기 때문에 미리 정해 놓은 시세에 도달하면 자동으로 팔 수 있도록 손절매 주문을 활용하라. 어느 정도의 위험과 손실을 감당할 수 있는지 잘 생각하여 손실 하한선을 정하고 주가가 여기에 도달하면 자동으로 매도하게 해 놓는 것이 장기적으로 더 큰 손해를 막는 길이다. 뱀 앞에 선 토끼처럼 주식 시세를 자주 살피지 마라. 그러면 더 편하게 잘 수 있고, 손해를 만회하려는 마음에 무리하게 추가 매수를 하는 것도 막을 수 있다.

손절매 주문을 할 수 없는 투자에서도 비슷한 장치를 마련해 놓는 것이 좋다. 가족이나 친구처럼 믿을 만한 주변 사람들에게 도움을 청하라. 투자를 그만둘 시점을 이야기하고 그 시점에 도달하면 투자를 끝내라는 말을 해 달라고 부탁하는 것이다. 확실성은 떨어지지만 주변 사람들의 압박은 현명한 판단을 내리는 데 큰 도움이 된다. 약속을 어겼을 경우 비싼 식사를 대접하거나 그에 상응하는 벌칙을 정해 두는 것도 동기를 강화하는 좋은 방법이다.

상대성을 이용해 일상에서 이익을 얻을 수도 있다. 1년에 한 번 큰 선물을 하는 것과 1년 동안 선물을 여러 번 하는 것 중에 어느 쪽이 애인이나 배우자를 더 기쁘게 할까? 앞서 실험들에서 확인했던 것처럼 두 번째가 효과가 좋다. 큰 선물을 한 번 하는 것보다 작은 선물을 여러 번 하는 것이 상대방에게 더 큰 기쁨을 줄 수 있다. 핵심은 수익을 한꺼번에 계산하지 말고 각각의 수익을 분리해서 생각하면 같은 수익이라도 더 크게 느껴진다는 점이다.

이 효과는 흥정이나 협상을 할 때도 이용할 수 있다. 가격을 흥정할 때 어느 선까지 수용할 수 있는지 미리 정해 두고 조금씩 접근해 가는 것이다. 한 번에 파격적으로 합의하는 것보다 의사소통을 여러 번 거치면서 합의에 이르는 것이 상대방에게 흥정을 유리하게 이끌었다는 기분을 줄 수 있다.

손실을 대할 때는 역으로 생각하면 된다. 작은 손실 여러 개를 하나하나 계산하지 말고, 모두 합쳐 하나의 손실로 만든다. 작은 바늘로 여러 번 찔리는 것보다 큰 바늘로 한 번 찔리는 것이 덜 아픈 것처럼 손실을 한꺼번에 생각하면 극복하기가 쉽다. 따라서 투자에 손실이 발생했을 때 개별 투자 종목의 손실을 따지지 말고 전체 포트폴리오의 손실을 계산하라. 그러면 불안함이 훨씬 줄어들 것이다.

발생한 일을 어떤 맥락에서 인식하느냐 혹은 스스로 어떤 맥락을 만드느냐가 우리의 투자 태도와 안정감에 많은 영향을 끼친다. 이런 흥미로운 현상을 다음 챕터에서 만나 보자.

# CHAPTER 5

## 돈이 저절로 모이는 부자들의 생각법

# 1
## 황당한 예측으로 시장을 움직인 증권 전문가

쿨름바흐는 독일 남동부 바이에른 주에 있는 인구 3만 명의 작은 도시이다. 독일의 다른 도시들처럼 맥주로 유명하지만, 주석으로 만든 인형 30만 개로 150가지 테마를 보여 주는 미니어처 박물관, 12세기경에 지어진 플라센 성도 유명하다. 그러나 독일 금융계에서 쿨름바흐는 무엇보다 투자가 베른트 푀르치Bernd Förtsch가 활동하는 곳으로 널리 알려져 있다. 베른트 푀르치에 대한 독일 언론의 평가는 다양하다. 《매니저 마가친》은 그를 펀드 산업 역사상 최악의 자산 파괴자로 뽑았다. 〈슈피겔〉은 '논란의 중심에 있는 증권 옹호자'라는 칭호를 붙였고, 〈한델스블라트〉는 '쿨름바흐의 증권 현자', 〈프랑크푸르터 알게마이네 차이퉁〉은 '미심쩍은 증권 방송국 주인'이라고 평가했다. 그중에서도 증권가에서 얻은 '미스터 타우젠트Mr.1000'라는 별명이 가장 유명하다. 이는 한 텔레비전 방송에서 그가 제시한 목표 가격 때문에 생긴 별명이다.

공영 방송의 어느 주식 관련 프로그램에서 그는 바이오테크놀로지 회사인 모르포지스MorphoSys를 추천하면서 이 회사의 목표 주가로 1000유로(146만 원)라는 스펙터클한 가격을 제시했다. 많은 사람이 그의 전망에 의문을 품었다. 그 회사의 주식은 당시 360유로(52만 원)였고, 1000유로(146만 원)는커녕 그 절반에도 미친 적이 없었다. 그날 이후로 푀르치는 '미스터 타우젠트'라는 별명을 얻었다. 어느 잡지사가 그에게 정말 1000유로(146만 원)까지 오를 수 있느냐고 물었다. 대답은 짧고 간단했다.

"100퍼센트."

그러나 모르포지스의 주가는 430유로(63만 원)까지 올랐다가 거품이 꺼지면서 265유로(39만 원)로 추락했다. 그런데 놀라운 것은 사람들이 믿느냐 안 믿느냐와 상관없이 목표 주가가 효력을 발휘한다는 사실이다. 그가 제시한 목표 주가를 믿는 사람은 거의 없었지만 그 때문에 재앙이 닥쳤다.

실제로 진실 여부와 상관없이 제시된 발언에 사람들은 영향을 받고 그에 맞춰 행동한다. 당신이 이런 질문을 받았다고 생각해 보라. '독일의 평균 기온은 얼마입니까? 500도보다 높을까요, 낮을까요?', '독일 책의 평균 가격이 얼마일까요? 7만 유로(1억 원)보다 비쌀까요, 쌀까요?' 길게 생각할 필요도 없이 말도 안 되는 수치들이다. 그런데 믿기지 않겠지만 이런 수치들이 답변에 영향을 준다. 당신은 그것을 이 챕터에서 확인하게 될 것이다. 챕터 4에서 다루었던 상대성과 관계가 깊다. 기준이 바뀌면 상상도 못할 일들이 벌어진다. 컵에 물이 절반이 있으면, 반이 차 있는 걸까, 반이 빈 걸까? 그런 차이가 투자 태도에 영향을 미친다. 푀르치가 제시한 1000이라는 숫자는 생각보다 힘이 세다. 도대체 어떻게? 그 전에 먼저 숫자 추첨기를 한번 돌려 보자.

# 2
## 목표 금액을 정하는 순간 목표와 멀어진다
### 정박 효과

복권을 사 본 사람이라면 무작위로 숫자를 뱉어 내는 추첨기를 잘 알 것이다. 아모스 트버스키와 대니얼 카너먼은 숫자 추첨기가 뽑은 숫자에 따라 사람들의 반응이 어떻게 달라지는지 확인하는 실험을 했다. 실험 참가자들을 모아 놓고 1부터 100까지 들어 있는 추첨기를 돌렸다. 그런 다음 "유엔 회원국 중 아프리카 국가는 몇 개국입니까? 추첨기가 뱉어 낸 숫자보다 많을까요, 적을까요?"라고 물었다. 참여자들의 대답을 들은 연구자들은 그다음에는 "유엔 회원국 중 아프리카 국가는 몇 퍼센트입니까?"라며 정확한 수치를 요구하는 질문을 했다. 그러자 이상한 일이 벌어졌다. 참가자들 대답이 추첨기가 뱉어 낸 숫자와 크게 차이가 나지 않았던 것이다. 숫자가 30이 나왔을 때 참여자들의 대답은 20퍼센트에서 40퍼센트 사이에 몰려 있었다. 숫자가 80이 나왔을 때는 참여자들 대다수가 70퍼센트에서 90퍼센트 사이의 수치를 말했다. 추첨기에서 나온 숫자가 무작위로 선택되었다는 것은 참여자들도 잘 알고 있었지만 그들은 그 숫자의 영향을 크게 받았다.

이처럼 어떤 상황이나 사물의 가치를 판단할 때 뇌는 비교 대상을 찾는다. 하지만 적당히 비교할 만한 수치가 없을 경우 주어진 정보 내에서 제멋대로 판단하게 된다. 이때 주어진 정보는 타당성 여부와 상관없이 일종의 닻Anchor으로 작용하여 판단 기준이 된다. 두 심리학자는 실험을 통해 발견한 이런 현상에 '정박 효과Anchoring Effect'라는 이름을 붙였다.

정박 효과는 사람들이 해당 지식을 잘 모르는 비전문가이기 때문에 나타난다고 생각하기 쉽다. 그러나 정박 효과는 전문가 집단에서도 위력을 발휘한다. 실제로 공인 회계사들을 모아 놓고 "기업 감사 중에 적발되는 비리 건수가 얼마나 될까?"라는 질문을 던졌다. 공인 회계사 절반에게는 비리가 1000회 중 10건 이상 되는지 물었고, 나머지 절반에게는 1000회 중 20건 이상 되는지 물었다. 그러자 10건 이상이냐는 질문을 받은 회계사들은 평균 16.5건이라고 답했고, 20건 이상이냐는 질문을 받은 회계사들은 평균 43.1건이라고 답했다. 숫자를 더 높여서 1000회 중 200건 이상 되는지도 물어보았다. 그 결과 사실과는 상관없이 제시한 숫자에 따라 비리 건수를 실제보다 250퍼센트나 높게 추정했다. 정박 효과는 법정에서도 나타난다. 검사가 요청한 형량이 높을수록 배심원들의 유죄 판결 비율이 높았고, 판사들도 높은 형량을 선고했다.

세계적인 행동 경제학자이자 가치 투자가인 제임스 몬티어James Montier는 간단한 설문을 통해 금융 전문가들도 정박 효과에서 자유롭지 못함을 증명했다. 그는 잘나가는 펀드 매니저 약 300명에게 "런던의 의사 수가 당신의 전화번호 끝 네 자리 숫자보다 많을까요, 적을까요?"라고 물었다. 그 결과 전화번호 끝 네 자리가 7000보다 높은 투자자들은 런던의 의사 수를 대략 8000명이라고 답했다. 반면 전화번호 끝 네 자리가 3000보다 낮은 사람들은 런던의 의사 수를 대략 4000명이라고 답했다.

이제 '전화번호'를 '주식 시세'로 바꾸면, 베른트 푀르치가 제시한 1000유로(146만 원)가 어떤 구실을 했는지 이해할 수 있을 것이다. 베른트 푀르치가 제시한 목표 가격이 투자자들에게 닻 구실을 한 셈이다. 실현 가능성은 중요하지 않다. 투자자들은 1000유로(146만 원)를 기준으로 판단해 미래를 과도하게 낙관적으로 생각한 것이다.

사람들이 미래를 과도하게 낙관적으로 생각한 이유는 다음과 같다. 사람들은 1000유로(146만 원)라는 목표 가격을 듣자마자 그 말이 맞을 수 있는 근거, 즉 그 주식이 1000유로(146만 원)까지 오를 수 있는 근거들을 생각해 본다. 그리고 이때 떠오른 근거들을 바탕으로 주식의 가치를 가늠하면서 과도하게 긍정적인 그림을 그리게 된다. 가령 베른트 푀르치가 5유로(7300원)라고 말했더라면, 사람들은 자동으로 그 주식이 5유로(7300원)로 떨어질 수밖에 없는 근거들을 찾았을 것이다. 그러나 1000유로(146만 원)라고 들었을 때만큼 열심히 찾지는 않았을 것이다. 왜냐하면 5유로(7300원)는 확실히 1000유로(146만 원)보다는 덜 매력적이기 때문이다.

나 역시 대학에서 강의를 하면서 간단한 실험을 통해 이런 현상을 확인할 수 있었다. 수업에 들어온 학생들 가운데 절반에게는 올해 분데스리가에서 A팀이 우승할 확률을 물었고, 나머지 학생들에게는 A팀이 우승하지 못할 확률을 물었다. 결과는 예상과 일치했다. 우승할 확률을 맞혀야 하는 학생들은 그 팀이 우승할 근거들만 찾았다. 우승하지 못할 근거들은 아예 거들떠보지도 않았다. 실제로 우승할 확률을 높게 잡았다. 반대로 우승을 못할 확률을 맞혀야 하는 학생들은 우승하지 못할 근거를 찾았고 우승을 못할 확률을 높게 잡았다. 축구팀을 주식으로, 우승을 주가 혹은 목표 가격으로 바꿔서 이해하면 증권 시장에서 정박 효과가 어떤 영향을 미치는지 명확해진다.

우리는 주식의 기대 가격을 정할 때 당장 눈앞에 보이는 숫자에 영향을 받는다. 그 숫자가 주식과 아무런 관련이 없는 정보여도 그렇다. IT 버블 당시 통신 회사 주식들은 과도한 투자 열기에 힘입어 주당 100유로(14만 6000원) 이상의 시가를 기록했다. 곧 거품은 꺼졌고 관련 종목들의 주가는 무려 90퍼센트나 빠졌다. 회사들은 필사적으로 버텼지만 시장 환경도 변했고, 투자자들의 관심도 식을 대로 식어 버렸다.

만약 당신에게 10년 전 거품이 최고조에 달했던 시기에 산 통신 회사 주식이 있고 이제 그 주식을 팔아야 한다면 얼마에 팔겠는가? 이때 정박 효과가 등장한다. 예전 최고 가격인 100유로(14만 6000원)가 희망 가격을 정하는 데 영향을 미친다. 10년 전과 비교하면 현재 가격은 같은 주식이 맞나 싶을 만큼 터무니없이 낮다. 시장 상황이 완전히 달라졌기 때문에 주가가 오르더라도 열 배까지 오르지는 않는다는 것도 안다. 하지만 뇌가 이미 100유로(14만 6000원)에 닻을 내렸기 때문에 우리는 비현실적으로 높은 가격을 기대하며 그 주식을 움켜쥐고 있게 된다.

정박 효과가 최고가에서 나타나는 것은 매우 위험하다. 싸다고 생각해 곧 폭락할 주식에 달려들 수 있기 때문이다. 한때 50유로(7만 3000원)였던 주식이 지금은 20유로(2만 9000원)라고 하면 좋은 매수 기회라고 생각하는가? 아니다. 50유로(7만 3000원)는 그저 우리의 기대를 정박하는 닻일 뿐이다. 급격한 주가 하락의 원인이 불투명한 사업 전망이나 실적 악화 때문은 아닌지 알아보지도 않고 자동으로 50유로(7만 3000원)에 정박

한다. 어쩌면 당신은 그런 요소들을 고려한다고 말하고 싶을 것이다. 그러나 정박 효과 이론이 옳다면, 당신의 의지와 상관없이 주식의 예전 가격이 당신의 기대에 영향을 준다.

객관적인 것처럼 보이는 시장 가격 또한 매우 강력한 닻으로 작용한다. 그레고리 노스크래프트Gregory Northcraft와 마거릿 닐Margaret Neale은 실험을 위해 부동산 전문가들을 모은 후 집값을 평가하도록 했다. 평가에 앞서 집을 둘러보게 하고 면적, 내부 시설, 주변 이웃 등 다양한 정보와 함께 시세를 알려 주었다. 전문가들을 두 그룹으로 나누어 한 그룹에게는 11만 9900달러(1억 3300만 원)라고 알려 주었고, 다른 그룹에게는 14만 9900달러(1억 6600만 원)라고 알려 주었다. 그러자 첫 번째 그룹은 집값을 평균 11만 4204달러(1억 2600만 원)로 책정했고, 두 번째 그룹은 평균 12만 8754달러(1억 4200만 원)라고 정했다. 시세 정보만 다르게 줬을 뿐인데 같은 집을 1만 달러(1100만 원) 이상 차이 나게 평가한 것이다. 그런데 실험 후 집값을 책정할 때 판단 근거로 삼은 요소 세 가지를 말해 달라고 하자 시장 가격을 고려했다고 답한 전문가는 8퍼센트뿐이었다! 정박 효과가 무서운 점이 바로 이것이다. 강력한 영향력을 지니고 있지만 이를 의식하기란 쉽지 않다.

정박 효과를 이해하면 증권 시장이 왜 불규칙적으로 변하는지 설명할 수 있다. 모든 주식의 현재 시장 가격은 강력한 닻 구실을 한다. 그리고 시장에 참여하는 모든 투자자들은 현재 시장 가격을 기준으로 미래를 진단한다. 다시 말해 시장의 현재 시세가 미래 시세에 아주 큰 영향을 미친다. 오늘을 근거로 내일을 판단하면서 가격 변동을 새로운 방향으로 이끌 중요한 요소들을 무시해 버린다. 옛날 정보, 옛날 관습이 기준이 되어 시장 역시 계속해서 옛날 방식대로 움직인다. 단순하게 표현하면 주가가 올랐으니까 주식을 사고, 주가가 내렸으니까 주식을 파는 일이 무한히 반복되는 것이다. 정박 효과는 이런 방식으로 자본 시장을 노 없이 떠다니는 배처럼 만들었다.

지금까지 정박 효과가 어떻게 작용하는지에 대해서 알아봤다. 그렇다면 정박 효과에 작용하는 닻은 어디서 왔고 어떤 결과를 가져올까? 정치인들의 말장난 속에 그 해답이 숨어 있다.

# 3
## 우리의 지갑을 노리는 말장난에 속지 않는 법
프레이밍 효과

    2001년 9월 11일 세계 무역 센터가 공격을 당한 직후 미국 정부는 이 사건을 '범죄Crime'로 규정했다. 얼마 지나지 않아 이 범죄는 '테러Terror'가 되었고, 결국 '테러와의 전쟁War On Terror'이 선포되면서 미국은 영국과 함께 아프가니스탄을 침공했다. 그 후 미국은 이라크로 전쟁을 확대하면서 '확대Escalation'라는 표현 대신 '물결Surge'이라는 표현을 사용했다. 중요한 것은 '단계적인 확대'라는 뜻의 '에스컬레이션Escalation' 대신 '물결이 빠르게 밀려든다'라는 뜻의 '서지Surge'를 사용했다는 점이다. 이 사례는 우리가 말에 얼마나 민감하게 반응하는지를 보여 준다. '테러와의 전쟁'은 '범죄와의 전쟁'과 다르게 들리고, '전쟁의 물결'은 '전쟁의 확대'보다 부드럽게 들린다.

    이런 식의 완곡어법(말장난) 사례는 무수히 많다. 경기 부양을 위해 정부가 추진하는 재정 확대 정책에 반대하는 사람들은 정부 예산을 '국고'라고 하지 않고 '국민의 세금'이라고 한다. 해고된 사람을 '자유의 몸'이라고 하고, 골치 아픈 문제는 '도전 과제'라고 한다. 저렴한 호텔의 볼품없는 시설을 '소박'하다고 하고, 파티나 클럽의 방탕함을 '자유로운 분위기'로 치장한다. 최근에 들은 완곡어법 중 기자 회견에서 기업의 손실에 대한 질문을 받은 한 대표의 말이 특히 기억에 남는다.

"그것은 손실이 아닙니다. 투자입니다."

무엇보다 가장 뻔뻔하고 파렴치한 말장난은 독일의 대표적 금융 회사 도이체 방크Deutsche Bank 최고 경영자 요제프 아커만Josef Ackermann의 입에서 나왔다. 그는 회사 주요 사업 본부를 해외로 이전하면서 대규모 정리 해고를 단행했는데 이를 두고 '스마트소싱Smart-Sourcing'이라고 했다.

뭐니 뭐니 해도 언어유희의 걸작들은 정치권에서 나온다. 2010년 4월 미국 멕시코 만에서 시추선이 폭발하여 수백만 톤의 원유가 바다로 유출되었다. 복구 작업에 어려움이 이어지면서 세계 3대 에너지 기업이자 사건을 일으킨 시추선의 소유 회사인 BP에 대한 비난의 목소리도 커져 갔다. 그런데 이 무렵 언론에 이상한 표현이 등장하기 시작했다. 오바마 미국 대통령은 어느 순간부터 'BP주식회사'라는 말 대신 '브리티시 페트롤륨British Petroleum'이라는 표현을 사용했다. 회사 이름을 BP로 바꾼 지 이미 오래되었는데 갑자기 브리티시 페트롤륨이라는 옛날 이름을 사용한 것이다. 영국 언론은 미국 정부를 맹비난했다. 사태의 책임이 마치 영국 정부에 있는 것처럼 느끼게 하려고 영국을 의미하는 브리티시British라는 단어를 강조한다는 것이다.

이런 식의 말장난을 하는 이유는 뭘까? 어떤 단어를 선택하느냐에 따라 관점이 바뀌고 관점이 바뀌면 상황이나 사건을 다르게 평가하기 때문이다. 이처럼 상대에게 정보를 제시하는 방법에 따라 받아들이는 의미가 달라지는 효과를 심리학에서는 '프레이밍 효과Framing Effect'라고 한다. 예를 들어 '80퍼센트 무지방' 고기가 '20퍼센트 지방 함유' 고기보다 더 매력적으로 느껴진다. 지방 함유량이 같은 고기지만 표현 하나가 차이를 만들고 우리의 태도에 영향을 미치는 것이다.

전통 경제학에서는 표현 방식이 사람들의 의사 결정에 영향을 미치지 않는 것으로 간주한다. 표현이 다르더라도 핵심 내용이 같다면 늘 같은 결정이 나와야 한다. 그러나 실제로는 그렇지 않다. 표현 방식은 의사 결정에 큰 영향을 미친다. 프레이밍 효과가 사람들의 판단을 완전히 바꿔놓기도 한다. 내용뿐 아니라 포장도 중요하다. 프레이밍 효과는 우리가 지금까지 살펴보았던 여러 효과와 동시에 작용하기도 한다. 먼저 손실 회피 심리부터 시작해 보자.

마을 주민 600명이 전염병에 걸렸다고 가정해 보자. 두 가지 치료법이 있는데 당신은 둘 중 하나를 선택해야 한다.

A | A 치료법을 쓰면 200명을 구할 수 있다.
B | B 치료법을 쓰면 600명 모두 구할 확률이 3분의 1이고 아무도 구하지 못할 확률이 3분의 2이다.

사람들은 대부분 A 치료법을 선택한다. 200명의 목숨을 확실히 구할 수 있는 쪽을 택한 것이다. 결과가 불확실한 B 치료법을 꺼리는 이유는 손실 회피 심리 때문이다.

그렇다면 다음 상황에서는 무엇을 선택할 것인가?

C | C 치료법을 쓰면 400명이 죽는다.
D | D 치료법을 쓰면 아무도 죽지 않을 확률이 3분의 1이고 600명이 다 죽을 확률이 3분의 2이다.

당신이 D를 선택했다면 대부분의 사람들과 같은 생각을 한 것이다. 하지만 자세히 살펴보자. A와 C에서는 400명이 죽고 200명이 산다. B와 D는 모두 살 확률이 3분의 1이고 모두 죽을 확률이 3분의 2이다. A와 C 그리고 B와 D가 각각 같은 결과를 내는 치료법이다. 그런데 두 번째 질문에서는 위험 부담을 감수하는 태도를 보였다. 이처럼 우리는 문제의 표현 방식에 따라 다른 결정을 내린다. 이것이 프레이밍 효과이다.

이 실험은 아모스 트버스키와 대니얼 카너먼의 '아시아 질병 문제'라는 실험을 단순하게 만든 것이다. 이 실험은 프레이밍 효과가 존재한다는 것을 증명했다. 왜 사람들은 첫 번째 질문에서 A를 선택하고, 두 번째 질문에서는 D를 선택했을까? 이런 상반되는 결과가 나타나는 이유는 무엇일까?

그 이유는 앞에서 다룬 손실 회피 심리와 관련이 있다. A와 C의 가장 핵심적인 차이는 '산다'와 '죽는다'라는 표현이다. A에서는 사람들이 살고 C에서는 죽는다. 생존할 수 있는 사람 수는 같지만, A에서는 살릴 수 있는 사람이 강조되고, C에서는 살릴 수 없는 사람이 강조된다. 챕터 3에서 이야기했던 것처럼 우리는 무슨 일이 있어도 손실을 막으려고 한다. 그래서 손실을 피하기 위해 모험을 건다. 지금이 바로 그런 경우다. '400명이 죽는다'라는 표현은 치료법으로 인한 손실을 떠올리게 하고 이를 피하기 위해 모험적인 치료법을 선택한다. 반면 '200명이 산다'라는 표현은 치료법이 주는 이익을 강조하기 때문에 안전한 방법을 택한다.

프레이밍 효과는 처분 효과와도 밀접한 관련이 있다. 투자자들은 처분 효과의 영향으로 오른 주식을 팔고 내린 주식을 보유하려는 성향이 있다. 수익을 확실히 하고 손실을 피하고자 하기 때문이다. 여기서도 마찬가지다. 살아남는 200명을 수익으로 느끼고 이것을 확실히 하기 위해 A를 선택한다. C는 손실을 상기시키기 때문에 여기에서 벗어나려고 모험을 선택한다. 우리는 표현에 따라 같은 상황을 수익으로 받아들이기도 하고 손실로 받아들이기도 한다.

프레이밍 효과가 지금까지 살펴본 다른 효과들과 함께 작용한다는 것은 놀라운 발견이다. 우리는 이제 사람들이 손실을 최대한 피하려 한다는 것과 표현의 영향을 쉽게 받는다는 걸 잘 알게 되었다. 이 두 원료가 섞이면 더 큰 위력을 발휘한다. 어쩌면 비싼 대가를 치러야 할 수도 있다.

일상적인 쇼핑을 예로 들어 보자. 3만 3000유로(4800만 원)짜리 풀 옵션 자동차를 3000유로(440만 원) 할인 받아 살 수 있는 경우와, 기본 2만 7000유로(3930만 원)짜리 자동차에 3000유로(440만 원)를 추가하여 풀 옵션을 추가하는 경우 중 어느 쪽이 더 비싸다고 느껴지는가? 물론 두 조건 모두 최종적으로 내야 하는 금액은 같다. 하지만 첫 번째 제안이 더 저렴하게 느껴진다. '할인'이라는 말을 '절약'으로 인식하기 때문이다. 이처럼 표현을 어떻게 하느냐에 따라 같은 가격이라도 완전히 다르게 보인다.

프레이밍 효과와 손실 회피 심리가 함께 작용하면 소비자의 태도에 더 큰 영향을 미친다. 기업 입장에서 이는 실적과 직결되는 중요한 문제다. 독일에서 신용 카드 회사가 카드로 계산하는 고객에게 추가 요금을 물리는 상점들을 설득하는 것도 이 때문이다(독일에서는 신용 카드 수수료를 사용자가 부담한다). 신용 카드 회사는 차라리 현금 고객에게 할인을 해 주라고 말한다. 그렇게 하면 상점의 매출에는 큰 차이가 없을 테지만 프레이밍 효과와 손실 회피 심리 덕분에 그동안 카드 사용을 손실로 생각했던 소비자들이 부담 없이 카드를 쓸 수 있게 된다. 그 덕분에 카드 고객은 자신과 상관없는 현금 할인을 비교적 가벼운 마음으로 포기할 수 있고, 현금 고객은 정가보다 싸게 사는 느낌을 받아 만족할 수 있다.

세금 정책에서도 마찬가지다. 예를 들어 자녀가 없는 가족과 자녀가 많은 가족에게 세율을 다르게 적용해야 할 경우, 다자녀 가구에게 세금을 감면해 준다고 해야 할까, 아니면 자녀가 없는 가구에게 추가로 세금을 걷어야 한다고 할까? 걷는 세금의 총액에는 차이가 없지만 세금 감면이라는 말을 쓰는 편이 낫다. 다른 사람들이 감세 혜택을 받는 것은 그런대로 참을 만하다. 하지만 자신이 다른 사람들은 내지 않아도 되는 세금을 내야 한다면 화가 난다. 프레이밍 효과를 이용하여 제안이나 설득을 할 때는 상대방의 눈에 이익처럼 보이게 하거나, 최소한 손해는 아니라는 느낌을 주는 표현을 골라야 한다.

펀드 회사와 자산 관리자들은 실적을 자랑할 때 프레이밍 효과를 변형하여 활용한다. 방법은 두 가지다. 수익을 몇 퍼센트나 올렸는지 제시하는 방법과 경쟁자나 전체 평균과 비교하여 얼마나 더 높은 수익을 냈는지를 제시하는 방법이 있다. 예를 들어 10퍼센트의 수익을 올렸는데 평균보다 2퍼센트 낮다면, 그냥 10퍼센트 수익을 올렸다는 것만을 알린다. 만약 전체 시장이 마이너스 수익을 기록하는 상황에서 10퍼센트 수익을 올렸다면 시장 평균 대비 몇 퍼센트의 수익을 올렸다는 것을 대대적으로 알린다. 10퍼센트의 손실을 입었더라도 전체 평균과 비슷하거나 낫다면 이런 사실을 강조하여 위기에 적절히 대처했다는 인상을 만들기도 한다.

프레이밍 효과를 활용하면 정박 효과 때문에 저지르는 오류를 막을 수 있다. 주식을 샀는데 예상하지 못한 악재가 터져 주식 가격이 폭락하고 있다고 가정해 보자. 아무리 생각해도 주식을 매도하는 게 맞다는 생각이 들지만 매수 가격이 닻으로 작용하면서 망설이게 된다. 매수 가격 이하로는 절대 팔고 싶지 않다. 들고 있으면 오를 수도 있는 주식을 팔면 손실을 확정하는 것이다. 이렇게 손실 회피 심리와 정박 효과가 힘을 합쳐 당신을 위험한 함정으로 몰아간다. 그래서 회복이 불가능한 주식에 발목을 잡히게 된다.

이때 프레이밍 효과는 어떤 도움을 줄 수 있을까? 매수 가격과는 상관없이 주식을 처분한 돈으로 할 수 있는 것들을 상상해 보라. 초점을 매수 가격에서 매도 후 잔액으로 옮기는 것이다. 프레이밍 효과를 이용해 현금화한 주식을 수익으로 느껴지게 만들면 매도를 결정하는 게 수월해진다. 그리고 결과적으로 잘못된 투자에서 빨리 손을 떼게 되면서 더 큰 손실을 막을 수 있다.

노후 대책에서도 비슷하다. 노후를 위해 저축을 많이 하게 하려면 어떻게 해야 할까? 편안한 노후를 준비하라고 광고하는 것으로 될까? 손실 회피 심리를 이용하면 훨씬 더 큰 효과를 볼 수 있다. 노후를 위해 저축하지 않을 경우 어떤 손해를 보는지 명확히 알려 주는 것이다. 손실에 대한 두려움은 미래에 얻을 소득의 유혹보다 더 효과적으로 저축을 장려하게 만든다. 한 연구자가 직장 건강 적금에 대해 조사를 했다. 직장 건강 적금은 불입금 일부를 회사가 지원해 준다. 이 적금을 권하는 광고가 만들어졌다. 회사의 지원을 강조하자 적금에 가입하는 직장인이 늘어났다. 처음에는 '저축을 시작하세요!'라는 문안을 썼다. 이 문안은 효과가 좋지 않았다. 문안을 '미룰수록 손해예요. 공짜 돈, 놓치지 마세요!'로 바꾸자 가입률이 크게 올랐다. 이것 역시 프레이밍 효과다. 같은 상품이라도 다른 맥락에 세우면 완전히 달라 보인다.

보험사도 고객이 납부하는 보험료를 높이기 위해 프레이밍 효과를 이용한다. 예를 들어 다음 두 가지 보험 상품이 있다고 해 보자. 한 상품은 보험료가 비싸지만 사고가 났을 때 피해 금액 전부를 보장해 주고, 사고가 없을 때는 환급을 해 준다. 다른 한 상품은 보험료는 싸지만 피해 금액 일부를 본인이 부담해야 하고, 사고가 없어도 환급해 주지 않는다. 따지고 보면 두 보험 상품은 크게 다르지 않다. 첫 번째 상품은 보장 조건이 좋지만 보험료를 많이 내기 때문에 결과적으로는 보험사에 맡겨 둔 자기 돈을 받는 것과 같다. 두 번째 상품을 선택하고 첫 번째 상품과 비교해 보험료 차액을 적금에 들어 둔다고 해 보자. 사고가 나지 않으면 적금한 돈은 당신 것이 된다. 이것이 곧 환급이다. 차이가 있다면 이자를 보험 회사가 아니라 내가 갖는다는 점이다. 하지만 사람들은 대부분 첫 번째 상품을 선택한다. 환급은 수익처럼 느껴지지만 본인 부담금은 손실처럼 느껴지기 때문이다.

이처럼 프레이밍 효과는 같은 상황을 다르게 인식하게 만들어 행동이나 결정에 영향을 미친다. 미국 메이저리그 뉴욕 양키스의 전설 중 한 사람인 요기 베라Yogi Berra는 '끝날 때까지 끝난 게 아니다'라는 명언으로 프레이밍 효과를 멋지게 이용했다. 그는 우리에게 무엇을 이야기하려 했을까?

4
긍정적인 사고를
이용하는 부자들의
노하우

    1925년 세인트루이스에서 태어난 요기 베라는 뉴욕 양키스를 넘어 메이저리그를 대표하는 전설적 선수 중 한 사람이다. 1950년대 뉴욕 양키스의 황금시대를 이끈 1등 공신이었고, 특히 1949년부터 1953년까지 어떤 팀도 해내지 못한 5년 연속 월드 시리즈 우승을 차지했을 때 팀의 핵심 멤버였다. 19년 동안 선수로 뛰며 무려 열네 번이나 월드 시리즈에 진출하여 10개의 챔피언 반지를 챙겼다. 아메리칸 리그 MVP에도 세 번이나 뽑혔고, 명예의 전당에도 이름을 올렸다. 요기 베라는 야구 선수로서 기억에 남을 활약을 펼쳤지만 그보다 더 오래 기억될 것은 그가 남긴 명언들이다. '끝날 때까지 끝난 게 아니다', '보기만 해도 많은 걸 알아낼 수 있다', '다른 사람의 장례식에는 꼭 가라. 그렇지 않으면 그들은 당신의 장례식에 오지 않을 테니까', '어디로 가고 있는지 모르면 당신은 결국 가고 싶지 않은 곳으로 가게 된다' 같은 그의 명언들은 지금도 많은 사람에게 회자되고 있다. 한번은 피자 가게에서 판매원이 "몇 조각으로 잘라 드릴까요?"라고 묻자 요기 베라는 이렇게 대답했다.

"네 조각으로 잘라 주세요. 여덟 조각을 먹으면 배부르니까요."

이처럼 그는 상황에 맞게 프레이밍 효과를 절묘하게 썼다. 요기 베라처럼 프레이밍을 활용할 줄 알면 프레이밍 효과에 속지 않을 수 있다. 이를 위해서는 사건이나 사물의 여러 측면을 모두 볼 수 있어야 한다. 매수 가격 밑으로 파는 건 당연히 손실이지만 그로 인해 얻는 세금 혜택은 수익이다. 이렇게 양쪽 면을 다 보게 되면 매도 결정이 쉬워진다.

프레이밍 효과와 정박 효과에 맞서는 첫 번째 무기는 단호함이다. 단호함이 부족한 사람일수록 이 두 가지 함정에 쉽게 빠진다. 그것을 명확히 보여 주는 실험이 있다. 실험에 참가한 사람들 앞에 토스터를 놓고 토스터 가격을 정해 보라고 했다. 연구자들은 그들이 가격을 정하기 전에 닻을 하나 던져 놓았다. 그들이 생각하는 가격이 자신의 사회 보장 번호(한국의 주민 등록 번호와 비슷한 것으로, 미국 시민권자나 영주권자에게 부여하는 번호) 끝 두 자리 숫자보다 낮은지 높은지 물었다. 사회 보장 번호가 닻 구실을 해서 참가자들이 정한 토스터 가격은 그들의 사회 보장 번호 끝 두 자리 숫자에 근접했다. 그런 다음 토스터를 팔아야 한다고 설명해 주었다.

그러자 정박 효과의 위력이 매우 약해졌다. 토스터를 팔아야 하는지 사야 하는지 아무것도 확실하지 않았을 때는 토스터 가격의 기준이 무작위 숫자였다. 기준을 아무렇게나 정해도 상관이 없었기 때문이다. 그런데 토스터를 팔아야 한다고 하자 토스터의 가치에 부합하는 가격으로 기준이 바뀌었다. 이제 사회 보장 번호는 토스터 가격에 아무런 영향을 주지 않는다. 이처럼 정박 효과는 단호한 결단 앞에서는 힘을 발휘하지 못한다.

프레이밍 효과와 정박 효과에 대항하는 두 번째 무기는 '캐묻기'이다.

상대방 입장이 되어 왜 그래야만 하는지를 철저히 추궁하는 것이다. 만약 애널리스트, 증권사 직원 혹은 동료가 어떤 주식이 크게 오를 거라며 추천해 줬다면 스스로에게 이렇게 물어라. 왜 좋다는 주식이 지금 가격일까? 주식을 매도하는 사람들은 왜 매도할까? 내가 그 주식을 보유하고 있다면 어떻게 했을까? 추천해 준 사람은 그 주식을 얼마나 보유했을까? 생각할 수 있는 모든 경우의 수를 따져 봐야 한다. 그 정도의 노력 없이는 당신의 지갑을 노리는 사람들의 먹잇감이 될 뿐이다.

반대로 상대방을 원하는 방향으로 이끌어야 할 때도 프레이밍 효과를 이용해야 한다. 누군가에게 위험 부담이 있는 결정을 권하려면 그렇게 하지 않을 때의 결과를 손실로 표현하면 된다. '지금 이 결정을 하지 않으면 결국 돈을 잃을 것이다'라는 식으로 말하면 손실 위협을 느낀 상대방은 조바심을 느낄 것이다. 반대로 상대방에게 안전한 선택을 권하려면 '지금 팔아야 이 가격을 보장 받을 수 있다'라고 표현해야 한다. 거래 결과를 수익으로 표현함으로써 상대방을 안전한 선택으로 유도하는 것이다.

인생을 즐기며 살고 싶은 사람은 학자들이 '쾌락적 프레이밍'이라고 하는 방법을 활용하면 된다. 불리한 상황에서라도 자신에게 유리한 쪽으로 관점을 바꾸면 부정적인 감정을 줄이고 행복감을 높일 수 있다. 쉽게 말해 어떤 일이 벌어져도 긍정적으로 생각했던 '말괄량이 삐삐'처럼 자기 마음대로 세상을 보고 판단하며 행동하는 것이다. 지금까지 우리가 살펴봤던 손실 회피 심리, 상대성, 그리고 프레이밍 효과를 이용하면 상황에 맞는 네 가지 전략을 짤 수 있다.

첫째, 앞의 예시처럼 하루에 200유로(29만 원)를 모두 받는 것보다 100유로(14만 5000원)를 이틀에 걸쳐 받는 것을 선택한다. 이익을 되도록 여러 차례에 걸쳐서 느끼려고 하면 수익이 늘어나는 것은 아니어도 만족감은 커진다.

둘째, 손실의 경우에는 정반대로 적용하면 된다. 여러 손실을 합쳐서 큰 손실 하나를 만드는 것이다. 하루에 100유로(14만 5000원)씩 이틀에 걸쳐 나갔다면 200유로(29만 원)가 한 번에 나갔다고 생각하라. 손실이 줄어들지는 않지만 심리적으로는 타격이 적다. 이런 전략은 손실 회피 심리를 극복하고 더 큰 피해를 막는 데 도움이 된다.

셋째, 작은 손실을 큰 수익과 합쳐서 계산하는 것이다. 그러면 큰 수익의 그림자에 작은 손실이 가려져 손실 회피 심리가 줄어든다. 전체 포트폴리오의 수익 안에서 보면 손실 주식을 매도하기가 더 쉽다. 가격이 떨어진 주식을 매도하는 게 아까운 마음이 들면 전체 포트폴리오가 아직 흑자라는 생각을 하면 된다.

넷째, 세 번째 전략처럼 작은 수익을 큰 손실과 분리해 사고하는 것이다. 전체 포트폴리오가 적자라면 수익이 난 개별 주식을 보면서 마음의 위안을 삼는 방법이다. 그러면 마지막 판에 전 재산을 거는 도박사의 실수를 막을 수 있다.

이런 전략들로 당장 부자가 되는 것은 아니다. 하지만 길게 보면 이런 전략들이 당신을 부의 길로 인도해 줄 것이다. 안정적으로 부를 쌓으려면 무엇보다 손실 회피 심리를 극복하고 바람직한 투자 태도를 갖추어야 하기 때문이다. 세상을 보는 시각을 바꾸면 행복해지고 부자가 된다는 말이 이상하게 들릴지 모른다. 그런데 부자가 되거나 성공한 사람들은 이런 전략을 쓴다. 세상을 보는 눈을 바꿔서 부자가 된 사람을 만나러 미국 할리우드로 가 보자.

**CHAPTER 6**

종잣돈을
가장 쉽게 만드는 법

1
부자들의 머릿속엔
회계 장부가 있다
심적 회계

　아카데미 시상식에서 남우 주연상을 두 번이나 받은 배우라도 처음부터 유명했던 것은 아니다. 〈졸업〉, 〈크레이머 대 크레이머〉, 〈빠삐용〉, 〈투씨〉, 〈레인맨〉 등 수많은 명작에 출연하여 훌륭한 연기를 보여 준 더스틴 호프먼Dustin Hoffman은 오랜 무명 시절을 거쳤다. 그는 1950년대 캘리포니아 패서디나의 한 극단에서 연기 활동을 시작했는데 그곳에서 또 한 사람의 명배우 진 해크먼Gene Hackman을 만나 친구가 되었다. 진 해크먼 역시 훗날 아카데미 남우 주연상을 받았다. 더스틴 호프먼과 진 해크먼은 당시 단원들에게 절대 성공하지 못할 것 같은 배우로 뽑혔을 만큼 연기자로서의 출발이 순조롭지 못했다.

　진 해크먼은 어느 인터뷰에서 호프먼과의 특이한 일화를 이야기한 적이 있다. 언젠가 그는 호프먼이 돈을 빌려 달라고 해서 빌려 주었다. 그 후 호프먼의 집을 방문했다가 부엌에 놓은 유리병을 보고 깜짝 놀랐다. 부엌 창틀에 돈이 들어 있는 유리병이 여러 개 놓여 있었는데 그 안에 다

돈이 들어 있었던 것이다. 각각의 병에는 '책', '옷'이라고 써 붙인 스티커가 붙어 있었다. 그런데 그중 한 유리병에만 돈이 들어 있지 않았다. 거기에는 '식료품'이라고 적혀 있었다.

진 해크먼은 왜 돈이 있는데도 빌려 달라고 했는지 물었다. 그러자 더스틴 호프먼이 답했다.

"그건 모두 다른 데 쓸 돈이야. 식료품 사는 데 쓰면 안 돼."

더스틴 호프먼은 무엇인가를 살 때 정해진 항목으로 모아 둔 돈만 썼다. 돈이 없어도 다른 항목의 돈은 단 1달러(1100원)도 꺼내 쓰지 않을 만큼 소비 원칙을 철저히 지켰다.

이는 '심적 회계Mental Accounting'를 가장 잘 보여 주는 사례이다. 사람들은 대부분 기업의 회계 장부처럼 마음속에 회계 장부를 갖고 있다. 돈과 관련된 결정은 모든 가능성을 고려해 합리적으로 이루어지는 것이 아니라 마음의 회계 장부에 따라 주관적으로 이루어진다. 이를 '심적 회계'라고 한다. 심적 회계는 행동 경제학의 대부이자 《넛지》의 저자로 유명한 리처드 탈러Richard Thaler가 체계화한 개념이다.

심적 회계는 종종 우리를 비합리적인 선택으로 이끈다. 주식 투자에서 큰돈을 잃게도 하고 일상에서 큰 손해를 보게도 한다. 높은 이율의 대출 이자를 부담하면서 낮은 이율의 정기 적금을 붓고 있는가? 생각지 못한 공돈을 쓸 때와 직접 번 돈을 쓸 때의 태도가 다른가? 매달 신용 카드 대금을 걱정하는가? 늘 적자에 시달리면서도 정작 돈을 어디에 썼는지 모르는가? 그렇다면 마음의 회계 장부에 문제가 있는 것이다. 먼저 심적 회계가 어떤 식으로 작동하는지 알아보자. 다음 상황에서 당신은 어떻게 하겠는가?

뮤지컬을 보려고 100유로(14만 6000원)짜리 티켓을 샀다. 그런데 공연장에 도착해서 티켓을 잃어버렸다는 사실을 알게 되었다. 지갑에는 티켓을 다시 살 돈이 있다. 티켓을 다시 사겠는가, 아니면 관람을 포기하겠는가?

관람을 포기하기로 했다면 당신은 질문에 답한 대부분의 사람들과 같은 결정을 한 것이다. 그렇다면 다음 상황이라면 어떻게 하겠는가?

뮤지컬을 보려고 티켓을 알아보니 100유로(14만 6000원)다. 현장에서 사려고 공연장에 도착해 지갑을 열어 보니 100유로(14만 6000원)짜리 지폐 하나가 보이지 않는다. 그러나 티켓을 살 돈은 넉넉하다. 티켓을 사겠는가, 아니면 관람을 포기하겠는가?

금액만 놓고 보면 똑같이 100유로(14만 6000원)가 없어진 것이다. 그런데 두 번째 질문에서 관람을 포기한 응답자는 12퍼센트뿐이었다.

이런 현상은 앞에서 나온 더스틴 호프먼의 유리병으로 설명할 수 있다. 사람들 머릿속에는 '뮤지컬 티켓 구매'라고 적힌 유리병이 있다. 그 계정에는 100유로(14만 6000원)밖에 들어 있지 않다. 그 돈으로 구입한 티켓을 잃어버렸을 경우 다른 계정에서 100유로(14만 6000원)를 꺼내 티켓을 사지 않는다. 다른 계정의 돈은 티켓을 구매하기 위한 것이 아니기 때문이다. 따라서 관람을 포기한다.

그런데 왜 두 번째 상황에서는 티켓을 구입했을까? 잃어버린 100유로(14만 6000원)짜리 지폐는 '뮤지컬 티켓 구매'라는 계정에서 나온 것이 아니라 '예상치 못한 지출'이라는 계정에서 나왔기 때문이다. 따라서 '뮤지컬'이라 적힌 유리병에는 아직 100유로(14만 6000원)가 들어 있으니 티켓을 살 수 있다. 이것이 심적 회계가 작동하는 방식이다.

평소에 의식을 하는 사람은 거의 없지만 우리들 마음속에는 더스틴 호프먼의 유리병처럼 여러 계정으로 나뉜 회계 장부가 있다. 이 계정을 바탕으로 재산을 관리한다. 그런데 전통 경제학에서는 마음속에 계정이 하나밖에 없다고 간주한다. 모든 수입과 지출을 하나의 계정으로 관리하여 돈을 쓸 때 전체 금액의 변화만을 기준으로 삼는다는 것이다. 이럴 경우 앞에서 본 뮤지컬 티켓의 사례를 제대로 설명할 수 없다. 왜냐하면 전통 경제학의 관점에서는 티켓을 새로 구입할 때 전체 재산을 기준으로 100유로(14만 6000원)의 추가 지출을 감당할 수 있는지 없는지를 판단하기 때문이다. 잃어버린 것이 지폐인지, 티켓인지는 전혀 중요하게 생각하지 않는다.

그러나 앞서 말했듯이 우리 마음속에는 계정이 여러 개 있다. 그래서 지출을 결정할 때는 재산 전체를 고려하는 게 아니라 상황에 맞는 계정만을 살핀다. 그렇기 때문에 앞서 본 두 가지 사례에서 다른 선택이 나타난 것이다. 첫 번째 상황에서는 '뮤지컬'이라는 계정의 돈으로 티켓을 샀다. 티켓을 다시 살 때도 '뮤지컬' 계정에서 돈을 써야 하는데 그러면 마음의 회계 장부에는 뮤지컬 티켓을 사는 데 200유로(29만 원)를 쓴 것으로 기록된다. 너무 비싸다. 그래서 관람을 포기한다. 반면, 두 번째 상황에서 잃어버린 100유로(14만 6000원) 지폐는 아무 관련이 없는 '기타 손실' 계정에서 나온 돈이다. 그래서 뮤지컬 티켓에 쓴 돈은 200유로(29만원)가 아니라 여전히 100유로(14만 6000원)다. 적당한 가격이라고 생각한다. 손실을 기록하는 계정이 달라서 100유로(14만 6000원)짜리 티켓과 100유로(14만

6000원) 지폐를 다르게 본다.

심적 회계는 재산을 관리하고 평가하고 조합하는 정신적 보조 수단이다. 마치 기업에서 하는 것처럼 우리도 심적 회계로 돈을 관리한다. 심적 회계에 의존하는 이유는 무엇일까? 돈을 쓸 때마다 현재와 미래의 대안 및 전체 재산 상태를 일일이 고려할 수 없기 때문이다. 자기 재산이 정확히 얼마인지 모르는 사람도 많다. 총재산이 정확히 얼마인지도 모르는데 어떻게 돈을 쓸 때마다 전체 재산 상태에 미칠 영향을 고려하겠는가?

마음의 회계 장부는 지출과 수입, 비용과 효용을 효율적으로 관리할 수 있게 해 준다. 쇼핑할 때마다, 수입이 있을 때마다 그것이 전체 재산에, 연금에, 미래에 어떤 영향을 미치는지 확인할 수는 없다. 전통 경제학을 충실히 따른다면 100유로(14만 6000원)짜리 티켓을 살지 말지 고민할 때 재산에 영향을 미치는 모든 가능성을 생각해야 한다. 100유로(14만 6000원)로 티켓을 사는 대신 연금 보험이나 대출금 상환 같은 데 쓰는 것이 더 나을 수 있다는 점도 고려해 봐야 한다. 이렇게 할 수 있는 사람이 몇이나 되겠는가? 게다가 돈을 쓸 때마다 그런 복잡한 과정을 거치는 것은 너무 비경제적이다. 정신적·시간적 부담을 비용으로 계산하면 얻는 것에 비해 대가가 너무 비싸다. 그래서 우리는 100유로(14만 6000원)가 '뮤지컬' 계정에 미치는 영향만을 생각한다. 바로 이런 이유로 고가의 상품을 구매할 때는 발품도 팔고, 이것저것 알아보고 여러 가지 조건을 꼼꼼하게 따지지만, 자질구레한 물건을 살 때는 별로 고민하지 않는다. 챕터 4에서 이미 소소한 지출을 우습게 생각하다가 등골이 휠 수 있다는 것을 살펴봤다. 그런데 마음의 회계 장부를 우습게 여겼다가는 복권에 1등으로 당첨돼도 금세 빈털터리가 될 수도 있다.

## 2
### 상품권을 사은품으로 주는 쇼핑몰의 속셈

"얼마 안 하네!"

챕터 4에서도 강조했지만 이 말은 가계부에 구멍을 낼 수 있을 만큼 치명적이다. 노트북을 사는 데 1000유로(146만 원)를 쓴 사람은 상대성 효과 때문에 보험료가 연간 60유로(8만 7000원)에 달하는 보험에 별 고민 없이 가입한다. 만약 노트북을 사기 전에 결정해야 했다면 가입하지 않았을 것이다.

심적 회계를 고려하면 상대성이 어떻게 작동하는지 더욱 명확히 이해할 수 있다. 노트북을 살 때는 마음속에 있는 '노트북'이라는 계정에서 돈을 꺼낸다. 이때 노트북 보험을 소개 받으면 보험료도 '노트북' 계정에서 나간다. 노트북과 관련이 있다고 생각하기 때문이다. 게다가 상대성 효과 때문에 1000유로(146만 원)와 비교해 60유로(8만 7000원)는 별것 아닌 것처럼 느껴진다. 그런데 노트북을 구매하고 며칠 후에 보험을 소개 받으면 그때는 보험료를 '보험' 계정으로 분류한다. 그래서 의료 실비 보험 같은 다른 보험들과 비교한다. 연간 60유로(8만 7000원)라는 보험료가 절대 싸지 않다는 사실을 깨닫게 되는 것이다.

규모가 큰 지출을 위한 계정에 소액 지출까지 포함시키면 상대성 효과의 오류에 빠지기 쉽다. 이를 피하려면 규모가 큰 계정과 작은 계정을 철저히 분리해야 한다. 그런데 마음속 계정을 나누는 일이 절대 쉽지 않기 때문에 '기다림의 기술'이 필요하다. 비싼 노트북이나 자동차를 구매한 뒤 곧장 보험에 들지 말고 며칠만 기다려라. 그러면 '노트북'이나 '자동차' 계정이 '보험' 계정으로 바뀌면서 노트북이나 자동차를 사는 데 쓴 큰돈이 비교 대상으로 등장하지 않는다. 그래야 보험료를 현실적으로 판단할 수 있다.

마음의 회계 장부가 바뀔 수 있다는 것을 앞에서 소개한 뮤지컬 티켓 구매 실험에서 확인했다. 그 실험에는 아직 소개하지 않은 뒷이야기가 남아 있다. 그 실험에 참가한 사람들에게 답을 들은 후 똑같은 상황을 순서만 바꿔서 다시 물어봤다. 뮤지컬 티켓을 잃어버렸을 때 다시 사지 않겠다고 했던 사람들 중에서 다시 사겠다고 하는 사람이 크게 늘었다. 제시 순서가 바뀌자 사람들은 두 상황이 결국 똑같은 상황임을 알아차린 것이다.

심적 회계는 합리적인 소비를 방해하는 요소로 작용할 수 있다. 큰 지출 계정에서는 소액을 쉽게 쓰게 되어 통제력을 잃고 소소한 물건에 너무 많은 돈을 지출하거나 쓸데없이 비싼 가격에 사기도 한다. 게다가 사람들은 소액 지출을 모두 묶어 '기타' 계정으로 관리하는 습관이 있다. 그리고 이 계정의 존재가 낭비의 원천이다.

머릿속에서 '기타' 계정을 하나로 관리하는 까닭은 간단하다. 동전 하나를 쓸 때조차 전체 재산과 미래의 생활 수준에 미치는 영향을 따지는 것은 머리 아픈 일이기 때문이다. 소소한 지출을 일일이 관리하는 것도 현실적으로 힘들다. 그래서 머릿속에 '기타' 계정을 만들어 놓고 정확히 분류가 안 되고 분류하고 싶지도 않은 모든 소소한 지출을 여기에 포함시킨다.

아무런 절제 없이 '기타'로 분류된 계정에서 한 푼 두 푼 쓰다 보면 총 지출은 눈덩이처럼 불어난다. 이를 방지하려면 정확히 분류가 안 되고 분류하고 싶지도 않은 모든 소소한 지출을 한 달 동안 꼼꼼히 기록해 월말에 확인해 보라. 예상보다 훨씬 큰돈이 나갔음을 느낄 것이다. 아껴 쓴다고 썼는데 매달 돈에 쪼들리는가? 그렇다면 푼돈들이 어떻게 새어 나가는지 확인해야 한다.

심적 회계는 더 심각한 문제를 일으킬 수도 있다. 하버드 경영 대학원의 맥스 배저먼$^{\text{Max Bazerman}}$ 교수 연구팀이 이런 실험을 했다. 온라인 식료품 쇼핑몰 고객 3000명에게 10달러(1만 1000원)짜리 상품권을 주고 그들의 쇼핑 패턴을 살펴본 후 상품권이 없는 일반 고객의 쇼핑 패턴과 비교해 봤다. 상품권을 받은 고객들은 일반 고객보다 평균 1.59달러(1800원)를 더 지출했다. 게다가 그들이 구매한 물품들은 평소에 잘 사지 않는 것들이었다.

맥스 배저먼 교수팀은 이런 결과가 나온 이유는 심적 회계 때문이라고 분석했다. 선물로 받은 돈, 특히 소액은 사람들 머릿속에 '기타' 계정으로 분류되고 아무렇지 않게 쓸 수 있는 돈으로 간주된다. 그래서 필요하지도 않은 물건들을 사는 데 쓴다. 결국 전체 지출이 늘어난다.

이 실험에서 알 수 있듯이 사람들은 일해서 번 돈이나 아껴서 모은 돈보다 복권 당첨금이나 세금 환급금 또는 길에서 주운 돈처럼 기대하지 않던 수입이 생기면 더 쉽게 지출한다. 우연하게 생긴 돈은 일해서 번 돈과는 다른 계정에 등록되기 때문이다. 그래서 꼼꼼하게 관리하지 않고 대수롭지 않게 써 버린다. 결국 가계 재정에 좋지 않은 결과를 가져온다.

텔레비전 퀴즈 쇼에 출연해 500유로(73만 원)를 상금으로 받았다면 이 돈으로 무엇을 하겠는가? 이 질문을 받은 사람들은 대부분 여행, 외식, 오락, 유흥 등에 쓰겠다고 답했다. 만약 1만 유로(1460만 원)를 받는다면 어떨까? 이때는 대출금 상환, 할부금 완납, 노후 대비 저축에 쓰겠다는 사람이 많다. 왜 이런 차이가 생길까? 상금이 소액일 때는 '기타 계정'으로 분류해 꼼꼼하게 관리하지 않아도 되는 돈으로 생각하기 때문이다.

우리는 목돈과 푼돈을 다른 방식으로 취급한다. 규모가 큰 지출은 꼼꼼하게 관리하지만 푼돈은 거의 통제하지 않는다. 그래서 큰 지출에서 돈을 잃는 경우보다 소소한 지출에서 돈을 잃는 경우가 많다. 특히 복권 당첨금, 세금 환급금, 공짜 쿠폰처럼 거저 얻었다고 생각하는 돈은 함부로 대하는 경향이 있다. 월급으로 받은 돈과 상금으로 얻은 돈은 같은 금액이라도 다른 계정으로 관리한다. 그래서 월급으로 받은 500유로(73만 원)는 신중하게 쓰지만 퀴즈 쇼에서 받은 상금 500유로(73만 원)는 생각 없이 써 버린다. 거액의 복권 당첨자들 가운데 금세 빈털터리가 되는 사람이 많은 것도 이런 이유 때문이다.

이처럼 돈의 출처와 금액의 규모가 지출 방식을 결정한다. 푼돈일수록 그리고 돈의 출처가 모호할수록 흥청망청 쓴다. 그러므로 돈을 모으고 싶으면 우선 돈이 어디서 나왔는지 잊어라. '어떤 돈이든 절대 금액은 같다'는 것을 명심하고, 푼돈을 더 주의해서 관리하라.

그런데 이쯤 되면 회계 장부를 어떻게 만들어야 하는지 궁금해질 것이다. 마음속에 유리병이 몇 개나 있어야 하는 걸까? 그 유리병에는 뭐라고 적어야 할까? 통 큰 사장님 덕분에 해외여행을 다녀온 어느 출판사의 행복한 직원들이 그 답을 알고 있다.

미국의 어느 출판사가 중앙아메리카의 아름다운 휴양지 바하마에서 종무식을 열기로 했다. 게다가 모든 직원에게 50달러(5만 5000원)의 경비도 지원해 주었다. 생각지도 못한 공돈을 손에 든 직원들 대다수가 카지노로 향했다. 당연히 돈을 잃은 사람이 많았다. 카지노에 갔던 직원들은 대부분 50달러(5만 5000원)쯤 잃었을 때 게임을 접고 카지노를 나왔다. 심적 회계가 어떻게 작동하는지 보여 주는 좋은 예다. 그들은 카지노에서 쓴 50달러(5만 5000원)를 그냥 날려도 괜찮은 돈으로 생각했던 것이다.

미국 매춘부들도 마음의 회계 장부를 갖고 있다. 그들은 자선 단체나 정부에서 지급하는 생활 지원비는 대부분 생필품을 사는 데 쓴다. 하지만 팁으로 받은 돈은 마약이나 술을 사는 데 쓰는 경우가 많다. 연말 정산으로 환급을 받는 납세자들도 비슷하다. 환급금을 일종의 공돈으로 여기고 금방 써 버린다. 그런데 사실은 공돈이 아니다. 1년 동안 더 많이 낸 세금을 돌려받는 것뿐이다. 팁이나 환급금은 정기적인 수입이 아니기 때문에 가볍게 여긴다.

　이처럼 심적 회계로 인한 오류는 주변에서 흔히 발견된다. 생일에 돈을 선물로 받은 경험이 있다면 곰곰이 생각해 보라. 그 돈을 꼭 필요한 데 썼는지 아니면 평소에 잘 사지 않던 것을 사는 데 썼는지 말이다. 물론 공과금을 내거나 저축을 했거나 꼭 필요한 데 썼을 수도 있다. 바로 이것이 심적 회계의 특징이다. 정해진 규칙이 없다. 사람마다 다르게 관리한다. 그래도 대부분의 사람들이 따르는 일반적인 형태는 있다. 수입, 지출, 저축 세 가지 항목을 토대로 세부 항목을 구성하는 방식이다. 예를 들어 수입은 정기적 수입과 비정기적 수입으로 나눈다. 지출은 집세, 식료품비, 고정 지출비, 특별 지출비로 나눈다. 그리고 저축은 노후 대책과 예비비로 나눈다. 각각의 수입과 지출을 어떤 식으로 생각하느냐에 따라 소비 태도가 달라진다.

　마음속에서 '기타', '소소한 일', '공돈'으로 분류된 돈은 합리적 소비를 방해한다는 점을 이제 잘 알 것이다. 하지만 '생활비' 혹은 '고정 지출'로 분류된 돈 역시 문제가 될 수 있다. 혹시 신용 카드 대금을 연체해 본 경험이 있는가? 아니면 대출이 있는데 적금에 돈을 넣고 있는가? 많아 봐야 3퍼센트에 불과한 적금 이자를 챙기기 위해 7~25퍼센트에 달하는 연체 이자나 대출 이자를 낸다. 왜 적금을 깰 생각을 안 하는가? 아무리 계산해 봐도 이는 명백한 돈 낭비다. 사람들은 왜 이런 바보 같은 짓을 할까? 낮은 이자를 포기하여 비싼 이자를 갚지 않는 것은 심적 회계 때문이다. 노후 대책을 위한 적금은 지금의 어려움과는 별도로 관리하는 것이다. 저축 원칙을 지키기 위해 적금을 깨지 않는다.

　심적 회계로 인한 오류는 특별 할인 행사에 돈을 더 쓰게 만든다. 정가보다 싸게 파는 상품을 발견하면 그 상품에 배당된 계정에서 돈을 꺼낸다. 할인된 가격은 수익처럼 보인다. 그래서 그 상품을 산다. 애석하게도 전체를 보지 못하고 해당 계정만 본 것이다. 문제는 그 물건이 당장 필요한 물건이 아닐 확률이 크다는 점이다. 꼭 필요한 물건도 아닌데 특별 할인을 수익으로 여기고 지갑을 연다. 결과적으로 전체 재정은 손실을 입는다. 개별 계정만 보면 특별 할인 덕택에 돈을 아낀 것 같지만, 그 상품의 총효용을 고려하지 않았다. 특별 할인으로 돈을 아낄 수 있다는 생각은 환상이다. 단지 없어도 되는 물건을 사는 데 약간의 돈을 아꼈을 뿐이다.

심적 회계는 지킬 수 있는 돈마저 버리게 한다. 앞에서 언급한 '매몰 비용의 오류'를 기억하는가? 심적 회계를 이해하면 본전에 집착하게 만드는 매몰 비용의 오류가 어떻게 작동하는지 쉽게 이해할 수 있다. 뮤지컬 티켓을 구매할 때 '뮤지컬'이라고 적힌 계정을 연다. 구매한 티켓을 사용하지 않으면 '뮤지컬'로 분류된 계정은 손실로 여겨진다. 그래서 비가 오고 차가 막혀도, 전혀 보고 싶은 마음이 없어도 굳이 뮤지컬을 보러 나선다. 아니면 우리 부모님처럼 열두 살짜리 아들이라도 보내야 마음이 편하다. 이처럼 손실 회피 심리가 심적 회계와 결합하면 이미 써 버린 돈에 이어 갖고 있는 돈까지 쓰게 된다.

이것은 증권 시장에서도 관찰된다. 슈퍼주식회사라는 종목에 1000유로(146만 원)를 투자했는데 주가가 하락한다. '슈퍼주식회사 주식'이라는 마음의 회계 장부는 마이너스 상태다. 그러나 우리는 손실을 확정지을 수 없기 때문에 주가가 최소한 매수 가격에 근접할 때까지 기다린다. 매수 가격에만 도달하면 본전을 챙길 수 있다. 사실은 본전이 아니다. 이것은 분명히 마이너스다. 주식에 돈을 묶어 두고 썩히는 대신 차라리 주식을 팔고 다른 곳에 투자했더라면 큰 수익을 올렸을 수도 있다. 손실을 인정하지 않으려다가 수익을 낼 기회를 놓치는 것이다.

필요도 없고 비싸기만 한 원금 보장 상품에 투자하는 사람들의 심리도 심적 회계로 설명된다. 원금 보장 상품에 투자하는 사람들의 머릿속에는 딱 하나의 회계 장부만 존재한다. 그 회계 장부에는 자신의 투자가 무조건 적자로 마감할 것이라는 두려움으로 가득하다. 그래서 그들에게는 원금 보장이 중요하다. 원금 보장 상품에 투자하면 마이너스로 마감할 걱정이 없어 신경 쓰지 않아도 된다. 이때 그들은 그 대가로 수익의 일부를 손해 본다는 사실을 인식하지 못한다. 그것은 손실 회피 심리 때문에 치러야 하는 비용이다. 대표적인 상품으로 챕터 3에서 소개한 저축성 생명 보험이 있는데, 독일 사람들이 노후 대책으로 저축성 생명 보험만 고집하는 까닭도 심적 회계와 관련이 있다.

마음의 회계 장부는 투자에서 큰 문제를 야기한다. 투자자는 모든 투자 대상에 대해 각각의 회계 장부를 만든다. 전체 포트폴리오를 살피는 것은 어렵고 귀찮기 때문에 개별 회계 장부에만 신경을 쓴다. 그러다 보면 개별 상품의 조합이 전체 포트폴리오의 조화를 깨는 사태가 생긴다. 요리사가 재료 하나하나에 집중하느라 어떤 요리를 만들어야 하는지를 잊어버리는 격이다. 개별 주식을 연구하고 분석하느라 많은 시간을 들이지만 전체 포트폴리오에서 보면 서로 균형이 맞지 않는 일이 발생하는 것이다. 예를 들어 자동차 회사 종목으로만 포트폴리오를 구성한 사람은 아무리 신중하게 종목을 선택했다고 해도 언젠가는 큰 손해를 입을 것이다. 바로 이런 점으로 인해 거래할 때마다 고객에게 보고해야 하는 자산 관리자들이 곤란한 일을 당한다. 어떤 종목을 처분했을 때 왜 그 주식을 팔았냐고 항의하는 고객이 많기 때문이다. 이때 고객들은 전체 포트폴리오에 전혀 관심을 두지 않는다.

심적 회계는 포트폴리오 안전 전략에도 작용한다. 실제로 많은 투자자들이 안전하게 운용해야 할 계좌와 모험적으로 투자해야 할 계좌로 분리해 관리한다. 가장 확실한 방법은 모든 상품의 수익과 모험을 따로 관리하는 것이다. 하지만 이럴 경우 전체적인 포트폴리오를 파악하기가 힘들고 투자자의 능력에 따라 결과에 큰 차이가 난다. 그래서 전문 투자가들은 포트폴리오를 따로 관리함으로써 발생하는 문제를 해결하고 비용을 줄이기 위해 '오버레이 관리Overlay Management'라는 개념을 제시한다. 즉 모든 자산 구성 요소를 유기적으로 통합 관리함으로써 이 문제를 해결하려는 것이다.

심적 회계 효과로 '1월 효과January Effect'가 일어나는 이유도 설명할 수 있다. 1월 효과는 증권 시장에서 뚜렷한 호재가 없어도 1월 중 주가가 다른 달에 비해 많이 오르는 것을 말한다. 이것은 챕터 2에서 다룬 주중 효과와 마찬가지로 자본 시장의 일반적인 이론으로는 잘 설명이 되지 않는다. 1월에 주가가 오를 걸 안다면, 투자자들은 12월에 투자를 시작할 것이고 그러면 12월부터 주가가 오르게 된다. 그러면 12월부터 주가가 오른다는 것을 알게 된 그 다음 해는 11월부터 주가가 움직이기 시작한다. 결국 이 효과는 일반적인 수익 예측에 쓸모가 없으므로 저절로 사라져야 마땅하다. 합리적인 증권 시장에서는 있을 수 없는 효과다. 세금 달력이 4월(영국) 혹은 7월(호주)에 시작하는 나라에서 4월과 7월에 이 효과가 목격되는 것으로 볼 때 이는 세금과 관련이 있는 듯하다. 그런데 심적 회계는 이 효과가 왜 일어나는지를 잘 설명해 준다. 사람들은 연말이면 한 해를 정리하고 다음 해를 맞이할 계획을 세운다. 마음의 회계 장부가 마감되고 새로운 회계 장부가 시작되면서 주식 거래가 활발해진다.

심적 회계로 설명할 게 아직 하나 남았다. 우리의 올바른 소비를 망치는 최고의 파괴자, 바로 '신용 카드'다.

4
아껴 쓴다고 쓰는데도
왜 카드 값은
늘 그대로일까?

    미국 CBS 라디오 프로그램 〈데이브 램지 쇼〉의 진행자이자 미국에서 가장 인기 있는 금융 전문가인 데이브 램지Dave Ramsey는 《절박할 때 시작하는 돈 관리 비법》이라는 책을 통해 사람들이 부채를 청산하고 부자가 되는 방법을 제시했다. 그는 돈 관리를 잘하려면 무엇보다 신용 카드를 절대 쓰지 말라고 말한다. 실제로 그의 지갑에는 신용 카드가 하나도 없다고 한다. 그는 신용 카드를 '파렴치한 상품'이라며 강력하게 비난한다.

    "물건을 현금으로 사면 속이 쓰리죠. 하지만 신용 카드로 사면 아무런 느낌이 안 듭니다."

    그는 신용 카드의 위험성을 알리기 위해 카메라 앞에서 신용 카드를 잘라 버리고 불태우는 퍼포먼스를 펼치기도 했다.

    신용 카드를 처음 사용한 사람은 1888년 미국의 소설가 에드워드 벨러미Edward Bellamy다. 1980년대 이후 급속도로 확산되어 현재는 미국 가정의 약 75퍼센트가 적어도 1개 이상 갖고 있는 것으로 알려져 있다(한국의 경우 성인 1명당 4.8개를 보유하고 있다).

과거에는 부의 상징이었던 신용 카드가 오늘날에는 빈곤층 가정에까지 널리 퍼져 있다. 미국의 신용 카드 사용자들이 카드 대출로 받은 돈은 평균 1700달러(188만 원)에 달한다. 신용 카드 대출 부채 총액은 약 9500억 달러(약 1000조 원)로 추산되며, 미국인 약 3500만 명이 과도한 부채에 시달리는 것으로 알려져 있다. 부채 총액의 8퍼센트인 760억 달러(약 80조 원)는 상환 불가능한 돈이라고 한다.

대부분의 경제학자들은 신용 카드를 우리의 가계와 소비 패턴을 파괴하는 금융계의 핵폭탄으로 평가한다. 신용 카드가 왜 이렇게 위험할까? 첫째, 신용 카드는 언제든 빚을 질 수 있는 기회를 제공한다. 만약 집을 사기 위해 담보 대출을 받는다고 해 보자. 이 돈은 액수가 크고 대출 과정이 복잡한 데다가 심적 회계에서 '집 구매'라는 계정으로 분류해 꼼꼼하게 관리된다. 신용 카드를 쓴다는 것은 카드 회사에서 돈을 빌리는 것이다. 돈을 빌린다는 의미에서 대출과 큰 차이가 없다. 하지만 대출을 위해 특별한 결단을 내릴 필요 없이 언제든 쉽게 빌릴 수 있다는 점이 다르다. 절차가 간단하고 사용 액수가 크지 않기 때문에 소홀히 생각한다.

신용 카드를 쓰면 '부채의 회전목마'에 탑승할 가능성이 높아진다. 신용 카드로 돈을 쓴다는 것은 소액 대출을 여러 번에 걸쳐 받는다는 의미다. 카드로 물건을 살 때는 깨알처럼 작은 금액이지만 모이면 감당하기 어려운 큰 대출이 된다는 사실이 잘 와 닿지 않는다. 많은 사람이 위험할 정도로 큰돈을 쓰고도 느긋하게 생활할 수 있는 까닭을 이것 말고는 설명할 방법이 없다.

더 심각한 것은 우리 뇌가 신용 카드를 진짜 돈으로 여기지 않는다는 점이다. 실제 화폐와 신용 카드를 다르게 생각한다는 것을 증명하는 실험이 있다. 대학생들을 대상으로 미국 NBA의 인기 팀 보스턴 셀틱스의 경기 티켓을 경매에 부쳤다. 이때 대학생들을 두 그룹으로 나누어 한 그룹은 현금으로, 다른 그룹은 신용 카드로 계산하게 했다. 그 결과 신용 카드로 계산하는 학생들이 현금으로 계산하는 학생들보다 거의 두 배 이상의 가격을 부른 것으로 나타났다. 신용 카드도 분명 돈이지만 학생들은 마치 장난감 돈처럼 취급했다. 데이브 램지 말이 맞다. 신용 카드로 돈을 쓰면 아무런 느낌이 없다. 앞의 실험은 그것을 심리학적으로 증명한 것이다.

신용 카드가 과소비를 부르는 이유는 또 있다. 신용 카드는 물건을 사는 것과 돈을 내는 것을 분리시킨다. 그로 인해 카드로 물건을 살 때는 구매 비용을 정확히 인식하지 않는다. 실제로 현금으로 쇼핑하는 사람들은 신용 카드를 쓰는 사람들보다 쇼핑 비용을 더 잘 기억했다. 쇼핑 비용을 기억하기 어렵다는 것은 심적 회계에 그 비용을 정확히 기록할 수 없다는 의미이다. 게다가 신용 카드로 내는 돈은 피부로 느껴지지 않기 때문에 실제 지출 금액보다 적게 느껴진다. 전체 지출 내역을 한눈에 파악하지 못하고, 실제 쓴 돈보다 적게 썼다고 느끼기 때문에 재정 상태가 엉망이 될 가능성이 크다. 신용 카드 회사들은 일단 필요한 물건을 사고 나중에 돈을 내라고 광고한다. 이 말은 정확히 이런 뜻이다.

'지금 사면 나중에 후회한다. 그것도 두 배로!'

신용 카드를 사용하면 여러 번 지출한 돈이 한꺼번에 합쳐져서 청구되기 때문에 현금으로 살 때만큼 물건을 사고 후회하는 일도 적다. 전망 이론에 따르면 우리는 수익과 손실을 상황에 따라 다르게 판단한다. 다음 상황을 기억할 것이다.

A | 하루에 100유로(14만 5000원)씩 이틀을 받는다.
B | 하루에 200유로(29만 원)를 받는다.

결과적으로 똑같은 옵션이지만 대부분의 사람들은 A를 선호했다. 한 번에 200유로(29만 원)를 받는 것보다 100유로(14만 5000원)를 두 번으로 나눠 받는 게 더 좋게 느껴진 것이다. 명목상으로는 100유로(14만 5000원)+100유로(14만 5000원)=200유로(29만 원)가 되어야 하지만 주관적인 판단 때문에 100유로(14만 5000원)+100유로(14만 5000원) 〉 200유로(29만 원)가 된다. 앞에서 이미 말한 것처럼 이는 손실에서도 같은 원리로 작동한다. 신용 카드는 지출한 내역을 한 번에 결제한다. 현금으로 100유로(14만 5000원)씩 두 번 쓰는 것은 속이 두 번 쓰리지만 200유로(29만 원)로 합쳐져 청구되면 한 번만 참으면 된다. 똑같은 금액을 써도 손해를 덜 본 느낌이 든다. 그래서 과소비에 빠지게 될 확률이 크다.

확실히 위험해 보인다. 우리를 과소비로 이끄는 모든 것 뒤에 심적 회계가 있다. 과소비를 막는 방법은 없을까? 먼저 이것부터 생각해 보자. 비 오는 날에는 왜 택시 잡기가 어려울까?

## 5
## 종잣돈을 가장 쉽게 만드는 전략, 망설이기

학문적으로 검증된 사실은 아니지만 비 오는 날에는 확실히 택시 잡기가 어렵다. 날씨가 좋지 않아 걷거나 대중교통을 이용하는 대신 택시를 타려는 사람이 늘어나서일 수도 있고, 좋지 않은 날씨에 기다리는 시간이 더 길게 느껴져서일 수도 있다. 아니면 이 두 가지가 복합적으로 작용한 것일 수도 있다.

사실 이 현상은 심적 회계와 관련이 있다. 사람들은 수입과 지출 항목에 따라 각각 다른 심적 회계 장부를 이용하려는 경향이 있다. 하루, 일주일, 한 달로 분류하여 관리하고 합산한다. 특히 프리랜서들은 수입 목표를 정해 놓고 목표를 달성하면 일을 그만하거나 목표 이상으로 번 돈은 추가 수입으로 여기고 쉽게 써 버리는 경향이 있다. 택시 운전사 역시 부분적이나마 수입을 스스로 관리하는 직업군에 속한다. 미국 학자들은 뉴욕의 택시 운전사들이 수입을 어떻게 관리하는지 조사했다. 뉴욕에서는 택시 운전사들이 일정 금액을 내고 택시를 빌려 운행한다. 경제학적으로 보면 손님이 많아 돈이 잘 벌리는 날은 운행을 오래 하고 손님이 적은 날은 일찍 집에 들어가 쉬는 것이 합리적이다. 그런데 뉴욕 택시 운전사들은 마음속에 하루 목표 금액을 설정해 놓고 일을 하는 것처럼 보였다. 목표 금액에 도달하면 일을 끝내는 사람이 많았다. 따라서 벌이가 잘되는 날은 일찍 퇴근하고, 벌이가 안 되는 날은 늦게까지 일한다.

이제 왜 비오는 날 택시가 안 잡히는지 감이 오는가? 맑은 날에는 느긋하게 걷거나 대중교통을 이용하는 사람이 많다. 택시를 타는 사람이 적기 때문에 목표 금액을 채우려는 택시 운전사들은 늦게까지 일한다. 반면 비가 오는 날은 택시를 타는 사람이 많기 때문에 목표 금액을 금방 달성하고 평소보다 일찍 퇴근한다. 그래서 비 오는 날에는 택시 잡기가 어려운 것이다.

이처럼 심적 회계는 일상에서 우리를 골탕 먹인다. 이것을 잘만 활용하면 오히려 절약에 도움이 된다. 이 부분은 나중에 살펴보기로 하고, 여기서는 우리 마음속에 그런 회계 장부가 있다는 것과 그것이 미치는 영향을 간파하는 데만 집중하자. 먼저 적을 알아야 유리하게 이용할 수 있을 테니까.

심적 회계로 인해 발생하는 손실을 없애는 최고의 전략은 '망설이기'이다. 심적 회계는 말 그대로 마음속 장부이기 때문에 쉽게 바꿀 수 있다. 로또 당첨, 연말 정산 환급금, 선물 등 기대하지 않은 돈이 생겼다고 해 보자. 이런 돈을 '기타 계정'으로 분류하면 흥청망청 써 버리기 쉽다. 대신 '노후 대책 자금'과 같은 계정에 넣는다면 함부로 쓰지 못한다. 계정을 자유자재로 바꿔야 할 때 필요한 것이 바로 '망설이기' 전략이다. 당장 지출하고 싶은 마음을 참고 여유를 두자. 세금 환급금을 받았다면 당장 이 돈을 어디에 쓸까 생각하지 말고 석 달만 기다려라. 석 달 후면 세금 환급금은 '공돈'이 아니라 소중한 재산으로 느껴진다. 즉 쉽게 지출할 수 없는 돈이 된다.

아무 생각 없이 '기타 계정'으로 분류하고 써 버리는 소액 지출들은 어떻게 해야 할까? 담배를 끊으려는 사람은 담뱃값을 하루 4유로(5800원)가 아니라 한 달에 120유로(17만 5000원)라고 계산하라. 120유로(17만 5000원)면 그냥 '기타 계정'에 넣고 낭비하기에는 큰돈이다. 그렇기 때문에 더 철저하게 관리하게 된다. 이 전략의 핵심은 푼돈을 목돈으로 바꾸어 생각하기이다. 또한 쇼핑 항목을 빠짐없이 기록하고 분석하는 것도 큰 도움이 된다. 한 달 동안 자질구레한 소액 지출 내역을 일일이 기록한다는 게 쉬운 일은 아니다. 하지만 그동안 별 생각 없이 쓰던 작은 돈이 얼마나 큰돈이었는지를 깨닫게 될 것이다.

마음의 회계 장부가 가진 가장 큰 장점은 나중에 살펴보기로 하고, 먼저 간단한 질문에 답해 보라. 당신은 당신 물건을 사랑하는가? 그것과 카르타고와 로마 사이에서 벌어진 포에니 전쟁은 무슨 상관이 있을까?

CHAPTER 7

# 금융 회사는 당신의 심리를 이렇게 이용한다

## 1
## '불만족시 100% 환불 보장'의 꼼수
### 소유 효과

　카르타고와 로마의 운명을 걸고 벌어진 제2차 포에니 전쟁에서 카르타고의 명장 한니발Hannibal에 맞선 로마의 최고 사령관은 퀸투스 파비우스 막시무스Quintus Fabius Maximus였다. 그는 한니발을 물리침으로써 로마의 영웅이 되었다. 그런데 사실 그는 한니발과 맞서 싸웠다기보다는 그냥 피해 다녔다. 처음에는 이리저리 도망 다니는 그의 군대를 많은 사람이 비난했다. 한니발은 로마 전역을 쑥대밭으로 만들며 거침없이 진격했지만, 계속 도망 다니는 막시무스를 잡지 못한 채 시간만 흘러갔다. 막시무스는 오랜 전쟁으로 지친 한니발의 군대를 게릴라 작전으로 물리쳤다. 지구전과 게릴라전을 구사한 그의 작전이 옳았음이 판명되는 순간이었다. 퀸투스 파비우스 막시무스는 로마의 영웅이 되었고, '굼뜬 사람'이란 뜻의 '쿵크라토르'라는 별명을 얻었다. 이 별명은 막시무스에게 훈장과도 같았다.
　아무것도 안 하는 전략으로 성공하고 망설임으로 세계를 구하고 싶은 사람은 별로 없을 것이다. 오래 망설이다가 큰 손해를 보기도 하고 굼뜬 결정이 위험을 초래하기도 한다. 여기에서는 우리의 결정 능력과 상황 전환 능력에 대해, 또한 어떤 사물을 성급하게 소유함으로써 애착을 느끼는 우리의 성향에 대해 살펴보려고 한다.

신상품이든 중고품이든 필요하지 않은 물건을 성급하게 구매했다가 아까워서 팔지도 못하고 그렇다고 잘 쓰지도 않는 상황을 한 번쯤 경험해 보았을 것이다. 나 역시 그랬다. 몇 년 전 한 친구가 내게 비싼 기타를 사라고 권했다. 악기를 살 계획이 없던 터라 처음에는 거절했다. 그러자 친구가 일단 집에 가져가서 쳐 보고 맘에 안 들면 언제든지 돌려 달라고 했다. 일단 한번 써 보라는 것이었다. 결말이 예상되는가? 그렇다. 나는 기타를 돌려주지 않았다. 예정에 없던 악기를 사는 데 많은 돈을 쓰고 말았다.

어떤 물건을 소유하게 되면 사람들은 그 물건에 대한 가치를 높이 평가하며 애착을 갖는다. 이를 '소유 효과 Endowment Effect'라고 한다. 소유 효과는 생각보다 빠르게 작용한다. 이를 확인하기 위해 사이먼프레이저 대학교의 잭 넷시 Jack Knetsch 교수가 대학생들을 상대로 세 차례의 실험을 진행했다. 그는 실험에 참가한 대학생들에게 복잡하고 재미없는 설문지를 작성하게 하고 그 대가로 머그잔을 선물로 주었다. 그런 다음 머그잔이 싫으면 초콜릿과 바꿔도 된다고 알려 주었다. 하지만 90퍼센트의 학생들은 그 제안을 거절하고 그대로 머그잔을 가지고 갔다. 두 번째 실험에서는 초콜릿을 먼저 주고 머그잔과 바꿔도 좋다고 설명했다. 이번에도 대학생들의 90퍼센트는 제안을 거절하고 초콜릿을 받아 갔다. 세 번째 실험에서는 초콜릿과 머그잔을 동시에 주고 마음대로 고르게 했다. 그러자 약 56퍼센트가 머그잔을, 약 44퍼센트가 초콜릿을 선택했다. 머그잔을 먼저 주면 초콜릿과 바꾸지 않고, 초콜릿을 먼저 주면 머그잔과 바꾸지 않는다. 자유롭게 선택하게 하면 절반은 머그잔을 절반은 초콜릿을 선택한다. 잭 넷시는 이 결과에 대해 이렇게 설명했다.

"인간은 자기 소유물에 애착을 갖고 그 물건의 가치를 높이 평가한다. 소유가 물건에 대한 가치관을 바꾼다. 소유하는 순간 물건의 가치가 높아지는 것이다."

소유 효과는 벼룩시장 실험에서도 검증되었다. 벼룩시장을 열고 실험에 참가한 사람들에게 물건을 거래하도록 했다. 판매자가 요구하는 가격은 항상 구매자가 원하는 가격보다 높았다. 판매자들은 물건의 소유자다. 그들은 소유물에 애착을 가져 가치를 높이 평가한다. 그래서 구매자가 원하는 가격보다 늘 높은 가격을 요구한다. 이 원리대로라면, 소유 효과가 발생하는 시장에서는 거래가 별로 발생하지 않을 것이다. 판매자는 늘 실제보다 높은 가격을 제시하고 구매자는 늘 낮은 가격을 제시할 것이기 때문이다.

그렇지만 여러 실험에 따르면, 소유 효과는 구체적인 사물일 때만 나타난다. 상품권처럼 추상적인 물건을 거래하는 시장에서는 소유 효과가 잘 나타나지 않는다. 따라서 증권 시장에서 거래되는 주식을 물건으로 보지 않고 상품권처럼 추상적인 것으로 이해하면 소유 효과의 영향을 덜 받을 수 있다. 그리고 벼룩시장이 아니라 일반 시장의 상인들은 소유 효과의 영향을 덜 받는다. 판매 상품을 소유물이 아니라 잠시 보관하는 물건으로 이해하기 때문이다.

벼룩시장에서 자기 물건을 파는 사람은 소유 효과에 덜미를 잡힐 수 있다. 앞에서 이미 보았듯이, 내가 계획에도 없던 기타를 비싸게 산 것도 소유 효과 때문이었다. 여러 실험 결과들을 보면 당시 내게 무슨 일이 생겼는지 명확히 알 수 있다. 내가 기타를 집에 가져오는 순간 소유 효과가 작용했다. 초콜릿이나 머그잔을 선물로 받은 대학생들처럼 내 눈에 기타가 달리 보인 것이다. 집에 가져와 거실에 세워 두고 가끔씩 연주해 본 게 전부인데도 말이다.

실제로 비즈니스 세계에서는 소유 효과를 이용해 마케팅을 한다. 시승 제도나 환불 보장 제도가 대표적이다. 판매자는 제품이 마음에 들지 않으면 언제든지 환불해도 좋으니 일단 가져가서 써 보라고 사람들을 유혹한다. 경험한 사람들은 잘 알겠지만 한번 소유했던 물건을 환불하기란 생각처럼 쉽지 않다. 실험에서 알 수 있듯이 일단 소유하고 나면 물건이 좋아 보여 더 비싼 가격으로라도 사고 싶어진다. 무심코 참여한 시승 행사 때문에 통장에 구멍이 날 수도 있다.

소유 효과는 성급한 구매를 부추기는 것뿐만 아니라 반대로 거래를 방해할 수도 있다. 혹시 축구를 좋아하는가?

당신에게 행운이 찾아왔다. 이벤트에 당첨되어 UEFA 유럽 축구 선수권 대회 결승전 티켓을 받았다! 게다가 돈이 있어도 구할 수 없다는 VIP석! 친구들이 원하는 대로 돈을 주겠다며 티켓을 팔라고 제안한다. 당신은 얼마를 요구하겠는가?

티켓 가격을 정했는가? 그럼 곧바로 다음 질문을 읽고 답해 보자.

당신의 친구에게 행운이 찾아왔다. 친구가 이벤트에 당첨되어 UEFA 유럽 축구 선수권 대회 결승전 티켓을 받았다! 게다가 돈이 있어도 구할 수 없

다는 VIP석! 당신은 원하는 대로 돈을 주겠다며 친구에게 티켓을 팔라고 제안한다. 당신은 얼마까지 줄 수 있는가?

아마 당신은 사려는 가격보다 팔려는 가격을 훨씬 높게 요구할 것이다. 이는 사람들 대부분 마찬가지이다. 똑같은 티켓이지만, 남의 것을 살 때 기대하는 가격과 내 것을 팔 때 기대하는 가격은 다르다.

소유 효과의 힘은 강력하다. 이 효과 때문에 빨리 처분해야 하는 것을 처분하지 못하거나 너무 늦게 처분하게 되는 일이 생긴다. 집을 팔아야 하는데 어느 정도 이상은 받아야지 하는 마음 때문에 어려움을 겪는 일, 아끼는 그림을 파는데 가격을 과하게 책정해 거래가 어려워지는 일 등이 대표적인 예이다. 소유 효과가 주식 거래에서도 영향력을 발휘할까? 앞에서 말했듯이 소유 효과는 오래 간직했던 중고품에 특히 강하게 나타나고 상품권 같은 추상적인 물건에 대해서는 잘 나타나지 않는다. 따라서 자신이 보유한 주식을 구체적인 물건으로 생각하느냐, 추상적인 물건으로 생각하느냐에 따라 달라진다. 내가 보유한 회사의 주식을 '내 기업'으로 여기면 소유 효과는 아주 위험할 수 있다. 나는 '캄프스 제과'라는 업체에 투자했다가 소유 효과를 극복하지 못하고 큰돈을 날렸다.

하이너 캄프스Heiner Kamps는 자수성가한 백만장자이다. 그는 독일의 손꼽히는 제과 명장이자 제과점 체인을 눈부시게 성장시킨 유능한 기업인이었다. 나는 캄프스 제과의 성장이 계속될 것으로 판단하고 주식에 투자했다. 투자를 시작한 지 6개월 후부터 주가가 급등하면서 나는 캄프스 제과를 '내 회사'로 생각하게 되었다. 기고만장해진 나는 캄프스 제과를 어떻게 발굴했고 지금까지 얼마를 벌었는지 주변 사람들에게 떠벌렸다. 지금 생각하면 얼굴이 화끈거린다.

그런데 오래 지나지 않아 캄프스 제과의 주가가 폭락하기 시작했다. 그때 팔았어야 했다. 하지만 당시 캄프스 제과는 '내 회사'나 마찬가지였다. 내 회사 주식을 어떻게 팔 수 있단 말인가. 결국 시기를 놓치고 말았다. 게다가 내 투자 감각은 살아 있다며 주변 사람들에게 자랑을 하고 다녔는데 이제 와서 실패했다고 말하는 것도 있을 수 없는 일이었다. 투자는 엄청난 손실로 끝을 맺었다. 나는 중요한 교훈을 얻었지만 수업료가 너무 비쌌다.

캄프스 제과 사태의 원인은 역시 소유 효과다. 사물에 개인적인 감정을 이입할수록 헤어지기가 어렵다. 전문가들의 말에 따르면 자연 친화나 생태계 보존 등을 강조하는 소위 윤리적 기업에 투자한 사람들은 전망이 밝지 않아도 장기적인 포지션을 유지하는 경향이 있다고 한다. 이는 감정과 관련이 있고, 사람들은 감정에 약하다. 감정은 소유 효과의 친척인 '고집의 오류'에서 중요한 역할을 담당한다. 레몬 맛 콜라를 마셔 보면 무슨 뜻인지 이해가 갈 것이다.

## 2
## 모두가 칭찬한 코카콜라 신제품이 실패한 이유
### 현상 유지 편향

　1980년대 초 코카콜라는 라이벌 기업 펩시콜라가 급격하게 성장하자 위기감에 사로잡혔다. 대규모 블라인드 테스트에서 펩시콜라가 승리하면서 위기감은 극에 달했다. 상표를 떼고 마시면 코카콜라보다 펩시콜라가 더 맛있다는 것이었다. 코카콜라는 위기를 극복하기 위해 막대한 돈을 들여 신제품 '뉴코크'를 개발했다. 뉴코크는 출시 전 블라인드 테스트에서 펩시콜라를 압도했다. 자신감을 얻은 코카콜라는 뉴코크를 출시하고 시장의 반응을 기다렸다.

　그런데 기대와는 달리 뉴코크에 대한 소비자들의 반응은 싸늘했다. 매출이 급격히 떨어지자 더 이상 버틸 수 없었던 코카콜라는 예전 제품에 '코크 클래식'이라는 이름을 붙여 내놓았다. 뉴코크는 소리 없이 사라졌다.

　코카콜라 소비자들만 예전 것에 집착하는 것은 아니다. 인간에게는 원래 기존 질서에서 벗어나는 것을 꺼리는 경향이 있다. 코카콜라의 실패는 아무것도 바꾸지 않으려는 사람들의 성향을 보여 주는 사례 가운데 하나

일 뿐이다.

다음에 나오는 두 가지 상황을 보면 어떤 느낌이 드는가?

A | 몇 년째 차를 운전하여 매일 같은 길로 출근한다. 그런데 사고를 내고 말았다. 너무 익숙해서 방심한 사이에 벌어진 일이다.

B | 몇 년째 차를 운전하여 매일 같은 길로 출근한다. 그런데 매일 같은 길로 다니는 게 지겹다는 생각이 들어 다른 길을 선택했다. 그런데 그만 사고를 내고 말았다.

두 상황 중 어느 쪽이 더 속상하겠는가? 아마도 두 번째 상황이 아닐까? '늘 다니던 길로 갔다면 괜찮았을 텐데 왜 안 가던 길로 가서 이런 사고를 당했을까'라는 생각이 들면 정말 괴롭다.

전통 경제학 관점에서는 사고가 왜 났는지는 전혀 중요하지 않다. 사고는 그저 사고일 뿐이다. 그러나 사람들은 '늘 가던 길로 갔더라면 사고가 나지 않았을 텐데'라고 생각한다. 나쁜 결과를 가져온 행동을 그렇지 않았을 경우와 비교하며 자책하고 후회한다. 물론 늘 가던 길로 갔어도 사고가 났을 수는 있다. 어떤 행동의 효용성은 행동의 결과뿐 아니라 그 행동을 하지 않았을 때의 결과까지 고려해 판단된다. 어떤 선택을 할 때는 나중에 그 선택을 후회할 수도 있다는 생각을 같이 한다. 당연히 후회할 일을 만들지 않기 위해서다. 이런 후회가 두려워 아무 선택도 하지 않는 경우도 있다. 주가나 집값이 곤두박질치고 있는데도 멀뚱히 보고만 있다가 손해를 보는 경우가 많다. 다음 글에서 주식에 투자한 두 사람의 상황을 비교해 보자.

톰은 갖고 있던 X 기업의 주식을 팔고 Y 기업의 주식을 샀다. 그런데 구입한 직후 Y 주식의 가격이 급락했다. 제리는 Y 주식을 갖고 있는데 X 주식으로 갈아탈까 잠시 고민하다가 그냥 Y 주식을 갖고 있기로 했다. 그런데 곧 Y 주식의 가격이 급락했다.

누구의 속이 더 쓰릴까? 대부분은 톰이라고 답한다. 톰은 무엇인가를 실행하여 돈을 잃었다. 제리는 아무것도 하지 않았고 역시 돈을 잃었다. 하지만 톰처럼 적극적으로 행동하지는 않았다. 사람들은 아무것도 하지 않았을 때의 실패보다 능동적으로 움직여서 발생했을 때의 실패에 더 큰 고통을 느낀다. 아무것도 하지 않은 것 역시 행동으로 봐야 하지만 말이다.

이런 태도는 후회를 두려워하는 마음과 결합해 합리적인 판단을 방해한다. 후회하기가 싫어서 아무것도 하지 않는 쪽을 선택하게 된다. 어차피 아무것도 하지 않았으니 후회할 것도 없다. 그뿐 아니라 아무것도 하지 않았을 때의 결과를 예측하는 것이 더 쉽다. 무엇인가를 했을 때는 고려해야 할 변수가 많아서 아무래도 결과를 예측하기가 어렵다.

그런데 아무것도 하지 않는 것을 편안하게 여길 수만은 없는 상황이 있다. 이런 태도 때문에 자식들의 생명이 위협을 받을 수도 있다. 한 실험에서 다음과 같은 상황을 제시하고 어떤 선택을 내릴 것인지 물었다.

신종 전염병이 유행한다. 이 전염병은 1만 명 중 10명의 생명을 앗아 갈 수 있다고 한다. 예방 접종 백신이 있다. 그런데 이 백신의 부작용으로 1만 명 중 6명이 목숨을 잃는다고 한다. 당신이라면 아이에게 예방 접종을 시키겠는가?

통계로 보면 아이에게 예방 접종을 맞혀야 한다. 그래야 1만 명 중 10명이 죽는 전염병에 걸릴 위험을 낮추고 아이의 생명이 안전해진다. 그러나 대부분의 참가자들은 예방 접종으로 목숨을 잃을 위험이 1만 명 중 5.5명 이하일 때만 예방 접종을 시키겠다고 답했다.

여러 연구와 실험들이 같은 결과를 보여 준다. 아무것도 하지 않았을 때 생긴 부정적인 결과는 어떤 행동을 했을 때 생긴 부정적인 결과만큼 나쁘게 평가하지 않는다. 똑같은 결과를 두고 아무것도 하지 않았던 것보다 뭔가를 했던 것을 더 안 좋게 생각한다. 예방 접종 때문에 아이에게 문제가 생기면, 예방 접종이라는 행위가 표적이 된다. 반면 예방 접종을 하지 않아서 아이에게 문제가 생기면, 예방 접종을 하지 않은 것 외에 책임을 돌릴 수 있는 다른 표적을 찾는다. 능동적인 행동의 결과에 더 큰 책임을 느낀다. 그래서 손발을 꽁꽁 묶어 둔다. 하지만 아무것도 하지 않는 것이 오히려 더 심각한 결과를 불러올 수 있고, 그에 대한 책임에서 자유로울 수는 없다.

기존의 질서가 유지되기를 바라는 성향 때문에 다음과 같은 함정에 빠지기도 한다. 마지막 예를 보자.

당신은 금융 전문가다. 친척으로부터 상당한 액수의 현금을 유산으로 받았다. 당신은 이 돈을 어디에 투자할지 고민 중이다. 다음 중 어디에 투자하겠는가?

1│ 모험적인 A 기업의 주식.
2│ 안정적인 B 기업의 주식.

3 | 국가 채권.

4 | 자치 단체 채권.

   이 질문을 받은 사람들이 어디에 투자했는지는 사실 중요하지 않다. 그러나 상황을 약간 바꾸면 아주 흥미로워진다. 유산으로 받은 것이 무엇이냐에 따라 사람들의 선택이 달라졌다. 유산으로 현금이 아니라 A 기업의 주식을 받았다고 하면 대부분 A 기업 주식에 투자하겠다고 답했다. B 기업의 주식을 받았다고 하면 B 기업의 주식에 투자하겠다고 했다. 3번과 4번도 마찬가지였다. 유산으로 받았던 것에 계속 투자했다. 반면, 현금으로 받았을 때는 다양한 답이 나왔다.

   이처럼 사람들은 특별한 이익이 없다면 현재의 행동을 잘 바꾸지 않는다. 이를 '현상 유지 편향Status Quo Bias' 또는 '고집의 오류'라고 한다. 쉽게 말해 '그냥 하던 대로 할래!'라는 식의 태도이다. 앞에서 소개한 질문지에서 친척이 물려준 유산은 '현재 상태'이고, 사람들은 현재 상태를 그대로 유지하는 선택을 했다.

   현상 유지 편향은 능동적인 선택을 했을 때 발생할 결과가 두려워서, 혹은 소유한 물건에 애착을 느끼는 소유 효과 때문에 나타난다. 앞에서 보았듯이 주식에 투자했을 경우 현재의 포트폴리오를 '현재 상태'로 이해하고 현상 유지 편향을 보인다. 이 때문에 큰 피해를 볼 수도 있다. 누가 봐도 팔아야 할 주식을 그냥 가지고 있는다.

   그러나 이것이 전부가 아니다. 현상 유지 편향은 기존의 습관을 계속 유지하게 만든다. 퇴직 연금에 가입한 미국의 직장인들은 매년 연금을 어디에 투자할지 선택한다. 이때 채권이나 부동산과 같은 안정적인 투자를 선택할 수 있고 주식처럼 조금은 모험적인 투자를 선택할 수도 있다. 투자 이론으로 볼 때 이것은 아주 좋은 기회이다. 나이가 젊다면 초기에는 공격적으로 주식에 투자하다 나이가 들면 안정적인 곳에 투자하는 것이 좋다. 거의 모든 투자 이론에서 추천하는 방법이다. 그러나 실제로 이런 방식으로 투자하는 사람은 거의 없다. 70퍼센트가 넘는 사람들은 처음에 선택한 투자 방식을 바꾸지 않는다. 현상 유지 편향의 강력함 때문에 모두가 인정하는 전통적인 투자 이론도 힘을 잃었고, 퇴직 연금 제도의 안정성과 보장성도 무시당했다.

투자 이론에 무지한 사람이 많아서 이런 결과가 나왔을 것이라는 분석도 있다. 이는 설득력이 없다. 나이가 들어서 투자를 시작하는 사람들은 안전성을 무엇보다 중요시한다. 자산 대부분을 안전한 상품에 투자한다. 투자 이론은 몰라도 나이가 들수록 안전한 곳에 투자해야 한다는 걸 알고 있다는 증거다. 또 투자 방식을 전환하는 데 들어가는 비용 때문에 현재 상태를 유지하는 것이라고 주장하는 이들도 있다. 그러나 친척의 유산 실험에서 답을 고르는 데, 혹은 퇴직 연금에서 투자 방식을 바꾸는 데 드는 비용은 단 한 푼도 없다.

현상 유지 편향의 영향으로 기존의 상태에 머무르려다가 비싼 대가를 치를 수 있다. 더 좋은 대안을 찾지 않고 원래 하던 대로만 하기 때문이다. 이자율이 높은 은행이 있더라도 은행을 바꾸지 않고, 더 큰 혜택을 받을 수 있는데도 통신사를 바꾸지 않고, 읽지도 않는 잡지의 정기 구독을 끊지 않는다. 더 나은 직장을 찾지 않고 다니던 직장을 계속 다닌다. 블라인드 테스트에서는 새로운 콜라가 더 맛있다고 해 놓고서 옛날 콜라를 마신다. 더 싸고 살기 편한 동네가 있는데도 살던 동네에 계속 산다. 손해를 보면서도 투자를 중단하지 않는다. 특히 투자의 경우 앞에서 설명한 여러 효과와 복합적으로 작용하면서 더욱 큰 손실을 입는다.

현상 유지 편향을 잘 아는 은행들은 미끼 상품을 만들어 새로운 고객을 끌어들인다. 신규 고객만을 대상으로 높은 우대 금리를 제공하는 것이 그런 경우인데 여기에는 함정이 있다. 우대 금리를 6개월이나 그 이하의 짧은 기간에만 적용시키는 것이다. 그 후에는 일반적인 수준으로 떨어진다. 그런데 일단 거래를 튼 사람들은 현상 유지 편향 때문에 거래를 중단하지 않는다. 은행의 목표도 바로 이것이다.

현상 유지 편향의 영향력은 여기에서 그치지 않는다. 이제 가전제품을 한번 볼까?

평소에 제품의 사용 설명서를 꼼꼼히 읽는 편인가? 전자 양초 설명서에는 이런 내용이 적혀 있다.

'최신 크리스마스 전자 양초 GWK9091를 구입해 주셔서 감사합니다. 이 전자 양초는 포근하고 안락한 크리스마스 분위기를 연출할 수 있고 크리스마스가 끝난 후에도 세련된 식탁 분위기를 위해 사용할 수 있습니다. 배터리 수명이 길어 오래갑니다.'

문서 작성 소프트웨어의 설명서를 자세히 읽어 본 적 있는가?

'문서의 인쇄 양식을 인쇄 양식 견본의 인쇄 양식과 연결함으로써 서식 견본의 양식을 활성화할 수 있습니다. 문서의 인쇄 양식을 서식 견본의 양식과 연결하면, 문서의 인쇄 양식 이름이 서식 견본에 있는 같은 이름의 인

쇄 양식으로 대체됩니다. 문서의 인쇄 양식 견본에 포함되지 않은 모든 인쇄 양식이 여기에 추가됩니다.'

일반인들이 잘 사용하지 않는 기계에도 작동법을 세세하게 알려 주는 설명서가 있다.

'황동 밸브를 열기 위치로 돌리십시오. 소리가 날 때까지 기다리십시오. 안전을 위해서는 소리가 난 후에도 내부 공기를 더 빼야 합니다. 공기가 충분히 빠지면 밸브를 닫기 위치로 돌려놓으십시오.'

사실 몇몇 기기에 딸린 사용 설명서를 읽어 보는 것보다 직접 기기를 작동해 보는 것이 더 나을 때도 있다. 물론 공장에서 맞춰 놓은 기본 설정 대신 사용 설명서를 꼼꼼히 읽고 자신이 편한 방식대로 최적화시키는 것이 좋다. 그렇지만 많은 사람이 현상 유지 편향 때문에 그렇게 하지 않는다. 사람들은 기본 설정을 '현재 상태'로 이해하기 때문에 그것을 유지하고자 한다. 현상 유지 편향은 DVD 플레이어나 디지털카메라를 사용할 때뿐 아니라 돈 관리 습관에도 나타난다. 자동차 보험을 예로 들어 보자.

자동차 보험에 들고자 한다. 자동차 종합 보험과 운전자 보험을 합친 상품이 있다. 원한다면 운전자 보험을 빼고 보험료를 낮출 수 있다. 이런 경우 운전자 보험을 포함하겠는가, 아니면 제외하겠는가?

괜찮은 상품 같다. 그렇다면 이것은 어떠한가?

자동차 보험에 들고자 한다. 자동차 종합 보험인데 운전자 보험은 포함되지 않는다. 원한다면 운전자 보험을 추가하고 보험료를 더 내면 된다. 이런 경우 운전자 보험을 포함하겠는가, 아니면 제외하겠는가?

대부분의 사람들은 각각의 상황에서 처음 제시된 조건을 현재 상태로 이해하기 때문에 첫 번째 상황에서는 운전자 보험을 포함시키고 두 번째 상황에서는 운전자 보험을 제외시켰다. 이는 미국의 뉴저지 주와 펜실베이니아 주에서 실제로 일어난 일이다. 뉴저지 주는 자동차 보험 가입을 의무화하면서 운전자 보험이 포함되지 않은 저렴한 보험을 기본으로 하고 원하는 사람만 운전자 보험을 추가할 수 있게 했다. 펜실베이니아 주는 운전자 보험이 포함된 비싼 보험을 기본으로 하고 원하는 사람만 운전자 보험을 뺄 수 있게 했다. 그러자 뉴저지 시민들은 운전자 보험을 추가하지 않았고 펜실베이니아 시민들은 운전자 보험을 빼지 않았다. 이를 통해 사람들은 최초의 설정에서 벗어나는 것을 좋아하지 않는다는 결과를 얻었다.

보험사들은 사람들의 이런 습관을 이용한다. 그들은 상품 가입을 권유할 때 "저희 회사에서 과거부터 꾸준히 잘 나가는 상품입니다", "고객님의 할아버지 때부터 거래를 해 왔습니다"라는 말을 사용한다. 그 상품이 수십 년 전부터 판매되고 있음을 강조하는 것이다. 이런 말을 들으면 왠지 신뢰가 간다. 이처럼 상대방이 무언가를 유지하도록 만들고 싶다면 현재 상태, 표준, 기본 등의 뜻을 지닌 단어로 설득하면 된다. 남들이 다 한다는데 이를 의심할 사람은 별로 없다.

뉴저지 주와 펜실베이니아 주의 사례에서 볼 수 있듯이 보험사들은 통합형 상품을 광고한다. 온갖 특약을 포함시키고 그것이 기본 조건인 것처럼 소개한다. 따라서 보험료를 낮추려면 불필요한 특약 사항을 빼 달라고 요구해야 한다. 물론 '최초 설정'에 머물고자 하는 심리 때문에 망설이는 마음이 들지도 모른다. DVD 플레이어나 디지털카메라 같은 기기의 기본 설정을 바꾸지 않는 것처럼, 아무리 돈을 아낄 수 있다고 해도 불필요한 특약 사항을 빼지 않는다.

반대로 현상 유지 편향을 긍정적으로 이용할 수 있는 방법도 있다. 현상 유지 편향을 이용하면 노후 대비 적금 가입자를 늘릴 수 있다. 개인적으로 자유롭게 가입하는 것이 아니라 월급에서 자동으로 공제하는 것이다. 자동 공제를 원하지 않는 사람은 거부 의사를 밝히면 된다. 현상 유지 편향에 따라, 직장인들은 능동적으로 거부 의사를 밝히기보다는 기본 설정인 자동 공제를 받아들이기 때문에 노후 대비 적금 가입자가 쉽게 늘 것이다. 이런 식으로 현상 유지 편향을 긍정적으로 활용할 수 있다. 그런데 바로 이때에도 우리가 똑똑한 결정을 내리는 것을 방해하는 훼방꾼이 등장한다. 바로 다양성이다.

돈 되는 곳에 투자하려고 알아보다 보면 너무 많은 상품이 있다는 데 놀란다. 부동산, 주식, 채권 같은 전통적인 투자는 물론이고 파생 상품, 펀드, 금이나 원자재처럼 무수히 많은 투자 대상이 있다. 어디에 투자할지 결정했다고 끝이 아니다. 투자 범주를 선택하고 나면 개별 종목을 선택해야 한다. 독일 사람들이 가입할 수 있는 펀드만 해도 6000개가 넘는다(한국의 경우 2012년 7월 기준 1만여 개의 펀드 상품이 있다).

여러 가지 상품을 보면 투자 기회가 많은 것처럼 보인다. 그런데 실제로는 선택의 폭이 넓으면 결정하기가 더 어렵다. 어느 것을 고를지 고민하다가 투자 시기를 놓칠 수도 있다. 잼을 판매하는 실험을 통해 이를 확인할 수 있다. 슈퍼마켓 앞에 가판대를 설치하고 다양한 종류의 잼을 팔았다. 고객들에게 1달러(1100원)짜리 상품권을 나누어 준 다음 잼을 사게 했다. 1시간 간격으로 잼의 가짓수를 바꾸었다. 처음 1시간 동안에는 24종의 잼을 팔았고 그다음 1시간 동안에는 6종을 팔았다.

24종을 팔 때는 겨우 3퍼센트만이 잼을 구매했지만 6종을 팔 때는 30퍼센트가 잼을 구매했다. 선택의 폭이 넓을수록 고객들은 적게 샀다. 이와 마찬가지로 다양한 펀드 상품은 사람들의 결정을 방해한다. 결국 좋은 상품을 선택하는 대신 자유 입출금 통장이나 예금 통장을 선택하고 쥐꼬리만 한 이자를 얻는 데 만족하게 된다.

시간 요소가 추가되면 결정은 더욱 어려워진다. 이자가 없거나 거의 없는 계좌에 오래 잠들어 있는 돈일수록 해당 계좌에 머무를 확률이 높다. 이미 오래 잠들어 있었다면 며칠 더 있는 것은 별것 아니기 때문이다. 무언가 결단을 내려야 할 일이 생기지 않으면 그 상태 그대로 계속 유지된다. 아무 일도 하지 않는다면 아무 일도 생기지 않는다. 그렇지만 시험 전날 벼락치기를 해 본 사람은 알 것이다. 아무것도 하지 않은 것이 얼마나 후회스러운지를.

## 4 왜 후회만 하고 행동은 바꾸지 않는 걸까?
### 사후 가정 사고

한 설문 조사에서 사람들에게 인생에서 후회되는 일이 무엇인지 물어보았다. 이런 조사에서는 늘 '학교 다닐 때 공부를 열심히 했더라면……' 이 상위권을 차지한다.

이처럼 사람들은 한 행동보다 하지 않은 행동에 대해 더 크게 후회한다. 흥미로운 점은 단기간에는 자신이 한 행동을 후회하지만 장기간에는 하지 않은 행동을 더 후회한다는 사실이다. 당신도 그런가? 잘 모르겠다면 다음 글을 읽어 보자.

짐과 데이브는 같은 대학교에 다닌다. 둘은 다니는 학교가 마음에 들지 않아 다른 대학교로 옮길까 고민했다. 짐은 그냥 다니기로 했고, 데이브는 학교를 옮겼다. 그렇지만 둘 다 자신의 선택에 만족하지 않았다. 짐은 여전히 지금 학교가 마음에 들지 않았고, 데이브 역시 옮긴 학교가 생각했던 것과 달라 불만이 많았다.

사람들에게 짐과 데이브 중에서 누가 자신의 결정을 더 후회할 것 같은지 물었다. 대부분의 사람들은 처음에는 데이브가 더 후회하겠지만 인생의 말년에 가서는 짐이 더 후회할 것이라고 답했다. 이처럼 우리는 시간이 지날수록 하지 않은 일에 대해 더 후회한다. 이를 응용하면 결정을 방해하는 요소를 없앨 수 있다. 20~30대에 노후를 위해 투자하지 않은 사람은 단기적으로는 좋을지 몰라도 말년에 가서는 후회할 가능성이 크다. 그러나 하지 않은 걸 후회해 봐야 소용없다.

올바른 결정을 내리기 위해서는 '사후 가정 사고$^{Counterfactual\ Thinking}$' 습관을 들여야 한다. 사후 가정 사고는 이미 일어난 사실과는 다른 행동이나 결과를 상상하는 것을 말한다. 예를 들어 장기적인 관점에서 아무것도 하지 않았을 때 나타날 결과를 상상하는 것이다. '10년, 20년 후에는 어떻게 생각할까?'라는 상상을 하면 평생 후회하며 사는 것보다 무언가 하는 것이 더 나음을 깨닫게 된다. 한두 번의 투자 실패로 낙담하는 대신 시도하지 않았을 때 일어날 후회를 상상하는 것이다. 이것은 부정적인 일을 처리하는 데 도움이 된다.

두 번째는 '기회비용$^{Opportunity\ Cost}$'을 따져 보는 것이다. 기회비용은 여러 가지 가능성 중 하나를 선택했을 때 그 선택으로 포기해야 하는 것을 가치로 매긴 비용을 말한다. 이자가 없는 자유 입출금 통장에 1만 유로(1460만 원)를 넣어 둔 채 투자를 망설이고 있다고 가정해 보자. 1년 동안 1만 유로(1460만 원)를 통장에 두고 썩히는 것은 이자율을 3퍼센트만 잡아도 다른 예금에 투자했을 때 받을 수 있는 300유로(43만 6000원)를 잃는 것과 마찬가지이다. 잃어버리는 수익이 높을수록 그리고 주저하는 기간이 길수록 기회비용(주저하느라 놓친 수익)은 더욱 커진다. 예를 들어 나의 고향시 의회 의원들은 300만 유로(44억 원)짜리 부지를 사서 3년 동안 그냥 놀렸다. 시민들이 그것을 지적하자 이렇게 답했다.

"그렇다고 손해 보는 건 아니잖습니까?"

아니다. 큰 손해를 보고 있다. 이자율을 3퍼센트만 잡아도 300만 유로에 3년이면 약 28만 유로(4억 원)다. 시의원들은 28만 유로(4억 원)를 버린 것이다. 주식 투자나 부동산 매매를 주저하는 사람은 그만큼 많은 돈을 잃는 셈이다. 자유 입출금 통장에 돈을 넣어 두는 것은 다른 곳에 투자해서 벌 수 있는 수익만큼 손해를 보는 것이기 때문이다.

문제는 기회비용을 실제 지출에 들어가는 비용과는 별개로 생각한다는 것이다. 자기 주머니에서 돈을 꺼내 쓸 때는 지출의 고통을 느낀다. 그러나 기회비용을 포기할 때는 아무것도 느끼지 못한다. 이런 무감각 때문에 좋은 거래를 포기하고 큰돈을 잃는다. 그러므로 의식적으로 기회비용을 실제 지출한 비용으로 또는 손실로 바꾸어 생각해야 한다.

다음과 같은 방법을 사용하면 기회비용이 주는 느낌을 체감할 수 있을 것이다. 당장 돼지 저금통을 사서 저금통에 돈을 넣을 때마다 이 돈을 다른 곳에 투자했을 때 얻을 수 있는 수익을 계산해 보라. 수익의 차이를 계산해 몇 달 후에 얼마가 모일지 확인해 보라. 그러면 그동안 얼마나 손해를 보았는지 체감할 수 있을 것이다.

기회비용을 체감하면 시간 낭비로 손실을 입는 것을 줄일 수 있다. 집안 대청소 계획을 세웠지만 결국 계획대로 실행하지 못한 경우를 떠올려 보라. 청소를 시간이 날 때마다 조금씩 하면 쉬운데 완벽한 계획을 세우느라 미루게 됨으로써 대청소는커녕 시작도 못한 경험이 있을 것이다. 확실한 계획을 세우기 전에는 행동하지 않는 사람들은 계획 자체가 독이 될 수 있음을 알아야 한다. 그러니 완벽한 계획을 세우느라 시간을 낭비하지 말고 작은 일이라도 일단 해 보라. 기회비용 측면에서 보면 아무거나 하는 것이 아무것도 안 하는 것보다 낫다.

결정하는 데 머뭇거리는 것을 극복하는 다른 전략은 '초심으로 돌아가기'이다. 보유한 주식을 파는 것이 망설여진다면 '처음으로 이 종목을 추천 받았다면 이 주식을 샀을까?'라고 스스로에게 물어보라. 처음부터 다시 시작하는 상상을 하면 적어도 소유 효과에서 벗어날 수 있다. 소유하지 않았다면 사지 않을 주식을 계속 가지고 있을 까닭이 없지 않은가!

양면을 모두 보는 것도 도움이 된다. 먼저, 팔 것인지 보유할 것인지 선택한다. 그런 다음에는 어느 쪽을 선택하지 않을 것인지 생각한다. 이렇게 하면 결정에 따른 위험을 적절히 평가하고 합리적인 결정을 내릴 수 있다.

직접적인 전략은 아니지만 매주 한 가지씩 새로운 것을 시도하는 습관을 가져 보라. 예를 들어, 여가 시간에 새로운 커피숍에 가거나 새로운 음식을 먹어 보거나, 한 번도 가 보지 않은 상점에 가는 것이다. 이를 반복하다 보면 인생이 달라지는 걸 느낄 수 있다. 스스로 변화를 체험한 사람일수록 변화가 필요한 순간에 유연하게 대처할 가능성이 크다.

변화가 무조건 좋은 것은 아니다. 이 모든 것은 정신적인 측면에서의 전략일 뿐 언제나 성공한다는 보장도 없다. 변화의 대가가 너무 비싸거나 위험할 수 있기 때문에 사람들은 자신을 보호하기 위해 현상 유지 편향을 갖는다. 무조건 바꾸라는 의미가 아니라 가만히 있음으로써 손해를 볼 수 있다는 사실을 알아야 한다는 뜻이다.

이런 연습들이 현상 유지 편향 자체를 없애 주지는 않을 것이다. 그렇다면 이런 방법을 이용하면 된다. 예를 들어 적금 계좌를 개설하고 매달 얼마간 자동 이체를 해 놓은 후 잊어버린다. 처음에는 신경이 쓰이겠지만 20~30년 후에는 행복한 결말을 맞이할 것이다(독일의 정기 적금은 기한이 정해져 있지 않아 해지하고 싶을 때 신청하면 3개월 후에 총액을 인출할 수 있는데, 기간이 길수록 이자율이 높다).

주식에 투자할 때는 손절매 주문을 이용한다. 이렇게 해 놓으면 매순간 주가 변동에 신경을 곤두세우지 않아도 돼 불투명한 전망 속에서 마냥 구경만 하고 있는 걸 방지해 준다. 일단 설정해 놓으면 현상 유지 편향 때문에 쉽게 해지하지 못한다.

이 챕터에서는 아무것도 선택하지 못함으로써 입을 수 있는 손해에 대해 다루었다. 그렇지만 너무 자주 선택을 바꾸고 결정된 사항을 번복하는 경우에도 손해를 본다. 심지어 개인적인 손해를 넘어 지역 사회를 파멸로 이끄는 경우도 있다. 캘리포니아 주 오렌지카운티에서는 도대체 무슨 일이 있었던 걸까?

**CHAPTER 8**

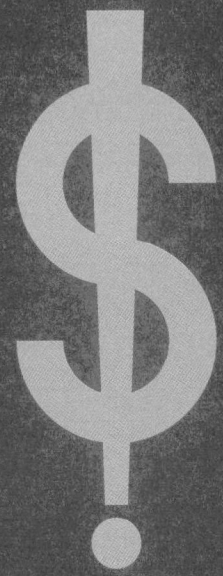

평범한 사람들은 자신의
능력을 과대평가한다

## 1
## 시장을 이길 수 있다고 믿은 사람들의 몰락

로버트 시트론Robert Citron은 미국 캘리포니아 주의 오렌지카운티에서 태어나고 자라 그곳 재무부에서 일했다. 특별히 뛰어난 능력이 있거나 이렇다 할 경력이 있는 것은 아니지만 열심히 일하면서 사람들에게 인정받은 덕분에 오렌지카운티 재무 담당 최고 책임자가 되었다. 오렌지카운티의 돈을 투자하고 늘리는 일을 맡게 된 것이다. 사람들은 처음에 그를 못 미더워했으나 그가 책임자가 된 후 시의 재정 상태가 좋아지자 그를 신뢰하게 되었다.

문제의 씨앗은 1980년대 말에 뿌려졌다. 미국 달러화 이자율이 급격히 떨어지면서 오렌지카운티의 수익률 역시 곤두박질쳤다. 로버트 시트론은 이런 상황을 타개하기 위해 고군분투했다. 그러던 중 투자 은행의 파생 상품에 손을 대게 되었다. 파생 상품의 특징 중 하나가 레버리지 효과(지렛대 효과)가 크다는 것이다. 이는 차입금 등 다른 사람의 자본을 지렛대로 삼아 자기 자본 이익률을 높이는 효과를 말한다. 파생 상품은 경기 변화에 굉장히 민감하게 반응한다. 즉 수익을 크게 낼 수 있는 반면, 손실도 크게 입을 수 있다는 말이다. 처음에는 낮은 금리가 유지되는 덕분에 오렌지카운티는 큰 수익을 얻었다. 이에 고무되어 로버트 시트론은 투자액을 늘렸고, 오렌지카운티 금고에 있는 70억 달러(7조 7000억 원)의 세 배인 200억 달러(22조 원)를 운용했다.

1994년 미국 중앙은행이 금리를 높이기 시작했다. 이때 파생 상품의 지렛대 효과가 작용하면서 오렌지카운티는 17억 달러(1조 9000억 원)의 엄청난 손실을 내고 파산하게 되었다. 로버트 시트론과 그의 투자 방식에 동조한 관련자들이 줄줄이 기소되었다.

이와 비슷한 사례로 1996년 일본 스미토모 상사의 트레이더 하마나카 야스오가 잘못된 투자로 약 27억 달러(3조 원)를 날린 사건을 들 수 있다. 그는 런던 금속 거래소에서 회사 몰래 엄청난 양의 구리를 매집했다. 미국의 1년 구리 소비량과 맞먹는 250만 톤을 사들여 구리 값을 조작하려고 했다. 이는 전 세계 구리 소비량의 5퍼센트에 달하는 양이다. 처음에는 톤당 1800달러(200만 원) 하던 구리가 3200달러(350만 원)까지 올랐다. 그러나 시세 조종이 끝나자 구리 값은 톤당 2000달러(220만 원) 이하로 곤두박질쳤다. 하마나카 야스오는 기소되어 7년 형을 선고 받았다.

파산의 대명사는 역시 닉 리슨이다. 앞에서 이미 보았듯이, 그는 과감한 투자와 거짓 회계로 233년 전통의 영국 베어링스 은행을 파산으로 이끌었다. 회사에 7억 5000만 달러(8300억 원)의 손실을 끼친 파생 상품 투자인인 존 루스낙John Rusnak, 2008년 프랑스의 거대 투자 은행 소시에테 제너럴Société Générale에 49억 유로(7조 원)의 손실을 입힌 제롬 케르비엘Jerome Kerviel 등 금융 시장을 파탄으로 몰고 간 역사적인 인물은 이 밖에도 수없이 많다.

　그렇지만 사람들은 역사에서 교훈을 얻지 못하는 듯하다. 파국으로 가는 패턴도 대부분 비슷하다. 한 남자(정말로 모두 남자다)가 성공을 거두고 스타가 된 후 더 큰 성공을 위해 과감하게 투자액을 늘린다. 그의 상사들과 감시 체계는 당장의 수익에 매료되어 모든 것이 잘될 거라는 낙관으로 일관한다. 그리고 개인뿐 아니라 그가 속한 조직 전체가 파국을 맞는다.

　이 챕터에서는 자신을 과대평가하고 실수에서 아무것도 배우지 못하는 사람들, 그들의 광기가 낳은 결과, 그리고 우연적인 요소마저 지배할 수 있다고 믿는 사람들에 대해 다룰 것이다.

## 2
## 평범한 사람들은 자신의 능력을 과대평가한다
### 통제의 환상

　당신에게 미래를 예측할 수 있는 능력이 있다고 믿는가? 먼저 카드 게임에 참여하는 상황을 가정해 보자. 규칙은 단순하다. 두 사람이 카드 더미에서 각각 한 장씩을 뽑는데 더 높은 숫자를 뽑은 사람이 이긴다. 단 카드를 뽑기 전에 먼저 돈을 걸어야 한다. 이럴 경우 자신이 아무리 재주가 좋다 한들 게임에서 이긴다는 보장을 할 수 없다. 그저 허세를 부려 상대방을 불안하게 하거나 카드 한 장을 뽑는 게 다일 것이다.

　그러나 사람들은 무의식중에 자신이 게임에서 이길 수 있다고 믿는다. 하버드 대학교 심리학과 교수이자 베스트셀러 《마음의 시계》 저자인 엘렌 랭어Ellen Langer는 이를 확인하기 위해 한 가지 실험을 했다. 먼저 실험 참가자들에게 카드 게임을 시켰다. 그들의 상대는 그녀가 투입한 배우들로, 절반은 똑똑하고 매력적이고 유머러스한 사람처럼 보이게 연기했고, 나머지는 어수룩하게 보이도록 연기했다. 그리고 실험 참가자들이 카드 게임에 거는 돈의 액수를 관찰했다.

그 결과 참가자들은 똑똑하고 사교적인 사람을 연기한 배우와 게임을 할 때는 돈을 신중하게 조금씩 걸었다. 그러나 어수룩한 모습을 연기한 배우와 게임을 할 때는 판돈을 키웠다. 상대가 아인슈타인이든 바보든 혹은 침팬지든 게임 결과와 아무런 상관이 없는데도 사람들은 다른 반응을 보였다. 자신이 상대방보다 한 수 위라고 느끼는 순간 모험심이 커졌다. 사람들은 자신을 과대평가할수록 경솔한 태도를 보인다. 참고로 사기꾼들은 이런 심리를 이용한다.

심리학에서는 이런 심리를 '통제의 환상Illusion of Control'이라고 한다. 통제의 환상은 사람들이 자신을 통제할 수 있거나 외부 환경을 자신의 의지대로 바꿀 수 있다고 믿는 심리적 상태를 말한다. 즉 사람들은 조수석에 앉았으면서도 조종석에 앉았다고 믿고 모든 걸 통제할 수 있다고 착각하는 것이다.

또 다른 실험은 사람들의 이런 심리를 잘 보여 준다. 실험 참가자들에게 동전 던지기를 해서 그림이 있는 면이 나오는지 숫자가 있는 면이 나오는지 맞혀야 한다고 알려 주었다. 진행자는 참가자들이 맞히면 고개를 끄덕이고 틀리면 가로젓기로 했다. 그런데 정답과 상관없이 참가자들이 틀린 답을 말해도 고개를 끄덕였다. 실험 후 참가자들에게 자신의 예측 능력이 어느 정도 되는지 0에서 10까지 숫자로 점수를 매기게 했다. 그러자 그들은 평균 5.4에 표시를 했다. 동전을 던지고 난 후 결과와 상관없이 자신들의 능력이 중간 이상이라고 여긴 것이다.

게다가 참가자들의 약 40퍼센트는 연습을 통해 예측 능력을 향상시킬 수 있다고 여겼으며, 약 25퍼센트는 동전을 던지는 동안 딴생각을 하면 예측 능력이 낮아진다고 생각했다. 집중하면 예측 능력이 향상된다고 여기는 것이다. 기초적인 확률 계산을 할 줄 알고 합리적으로 생각하는 사람이라면 0에 표시해야 마땅하지만, 실험에서 알 수 있듯이 사람들은 동전을 던졌을 때 나올 결과를 예측할 수 있다고 믿었다.

동전 실험에서 확인한 통제의 환상이 주식 투자 영역에서 우리 행동에 어떤 영향을 미치는지 예측할 수 있다. 그동안의 투자가 성공한 것은 우연적인 요소(증권 시장에 작용하는 우연의 힘은 챕터 2에서 살펴보았다) 때문일 수도 있는데 우리는 주가를 예측할 수 있다고 믿는다. 우연히 주가가 폭등했다고 가정해 보자. 이런 경우에도 우리는 주가를 예측할 수 있다고 믿는다. 우연히 예측한 것이 맞아서 수익을 올렸을 수도 있다.

그러나 이런 우연치 않은 수익을 얻을 경우 우리는 더욱더 자신의 능력을 과신하게 된다. 실험 진행자의 작은 속임수에 참가자들이 자신의 예측 능력을 과대평가한 것처럼 주가를 예측할 수 있는 대단한 능력을 가졌다고 착각하는 것이다. 동전 던지기 결과, 룰렛 숫자, 주식 시세 등을 예언할 수 있다고 믿고 과도한 낙관주의에 빠져 위험한 투자를 감행한다.

우연히 투자에 실패하는 경우도 있기 때문에 과도한 낙관주의에 빠졌다가도 다시 원래대로 돌아오지 않을까 생각할지도 모른다. 그러나 우연히 투자에 실패해도 과도한 낙관주의는 사라지지 않는다. 이를 확인하기 위해 엘렌 랭어는 다시 동전 던지기 실험을 했다. 이번에는 맞혔을 때도 고개를 가로저어 참가자들이 거의 답을 맞히지 못한 것처럼 했다. 그런데 참가자들은 실패 원인을 나쁜 운으로 돌렸다.

이처럼 상황을 무조건 자기 자신에게 유리하게 평가하는 사고방식 때문에 발생하는 심리적 오류를 '자기 위주 편향Self-Serving Bias'이라고 한다. 자기 위주 편향은 인간의 생존 본능과 관련이 있다. 인간에게는 주변 상황을 자신에게 유리한 쪽으로 해석하고 상대방에게는 불리한 쪽으로 생각해 심리적으로 안정을 얻으려는 본능이 있다. 그렇지만 '성공은 나의 능력 덕분이고 실패는 외부 상황이나 운이 나빠서 혹은 우연 때문이다'라는 생각은 실패에서 아무것도 배우지 못하게 한다. 실패 원인을 능력 부족으로 보지 않고 우연으로 보기 때문이다.

한 가지 사례만 더 살펴보자. 동전 던지기 대신 주사위를 던져 나온 숫자를 맞히는 실험을 했다. 참가자들은 주사위가 던져지기 전에는 돈을 많이 걸었고, 주사위가 이미 던져진 상태에서 그 결과를 모를 때는 돈을 적게 걸었다. 그들은 이미 던져진 주사위의 결과는 바꿀 수 없다고 생각했지만, 던지기 전의 주사위는 바꿀 수 있다고 믿었다.

복권을 나누어 준 실험에서도 같은 결과가 나왔다. 참가자들을 두 집단으로 나누어 A 집단에게는 무작위로 주었고, B 집단에게는 직접 고르게 했다. 그런 다음 복권을 다시 팔라고 하자, 직접 고른 사람들은 자신이 가진 복권 값을 높게 불렀다. 당첨 가능성이 높은 복권을 골랐다고 믿은 것이다.

문제는 실험에서는 우연적 요소를 쉽게 인지할 수 있지만 현실에서는 무척 어렵다는 사실이다. 우리는 동전 던지기 게임에서 어떤 면이 나올지 자기 능력으로 조종할 수 없다는 사실을 잘 안다. 하지만 증권 시장에서는 '내 능력으로 성공적인 투자를 할 수 있지 않을까?'라고 쉽게 생각한다. 주변을 통제할 수 있다고 착각하기 때문에 적극적으로 투자하고 쉽게 거래하며 손해를 본다. 세상에 우연이란 없으며, 성실함과 영리함 그리고 전문 지식이 있으면 실패하지 않는다고 믿는다. 오토바이를 타고 시속 220킬로미터로 고속 도로를 달리는 것이 취미인 친구가 했던 말이 생각난다.

"통제가 되니까 그렇게 달릴 수 있는 거야!"

하지만 공동묘지에는 모든 걸 통제할 수 있다고 믿은 사람으로 가득하다! 그들은 닉 리슨, 로버트 시트론 등 처참하게 망한 사람들 이야기가 자기 이야기가 될지도 모른다고 생각했을까? 아마 아닐 것이다. 앞에서 제시한 카드 게임 실험을 떠올려 보라. 사람들은 어수룩한 연기를 하는 사람이 앉자마자 자신이 한 수 위라고 느끼고 돈을 많이 걸었다.

증권 시장에서 대박을 터트렸다며 자랑하는 동료들을 보면 기분이 이상하다. 내 주변 사람들은 하루 8시간씩 일하는 평범한 노동자로, 금융과 무관한 직업을 가졌고, 금융 상품 관련 교육도 받은 적이 없으며, 투자 회사에서 일하는 전문가들과 친분도 없다. 그런데 하루 종일 증권에만 몰두하는 전문가들보다 투자를 잘한다고 자랑한다. 자기 위주 편향과 통제의 환상이 만들어 낸 일상의 풍경이다.

우리는 자기 능력에 대해 과도하게 낙관적이며, 모든 것을 통제할 수 있고, 어디서든 중간 이상은 된다고 믿는다. 그리고 남들처럼 실패하는 일은 없을 거라 생각한다. 그렇지만 평균을 이해하면 이것이 착각임을 알 수 있다.

미국에서는 두 쌍 중 한 쌍이 이혼을 한다. 결혼을 준비하는 수많은 예비부부도 이런 사실을 알지만 자기와는 상관없는 일이라고 생각한다. 통계상 이혼율이 50퍼센트이므로 두 쌍 중 한 쌍은 예측을 잘못한 것이 틀림없다. 자동차 운전에서도 마찬가지 결과가 나왔다. 운전자들에게 설문조사를 했는데, 운전자의 약 80퍼센트가 자기 운전 실력을 평균 이상으로 생각했다. 펀드 매니저들 역시 마찬가지다. 클라인보르트 벤슨 투자 은행이 펀드 매니저들을 대상으로 설문 조사를 했는데, 응답자의 74퍼센트가 자신의 일 처리 능력이 중상위권에 속한다고 평가했다.

한 펀드 매니저가 말했다.

"다들 자기가 남들보다 잘한다고 우기는 거 알아요. 하지만 나는 진짜예요!"

나머지 26퍼센트는 중위권에 속한다고 답했다. 스스로 하위권에 속한다고 답한 펀드 매니저는 1~2명에 불과했다. 과반수 이상의 펀드 매니저들은 자신의 능력이 중상위권에 속한다고 평가했고, 나머지는 중위권에 속한다고 말했다. 하위권에 속한다고 응답한 사람은 거의 없었다. 수학적으로 말이 안 되는 이야기이다.

이는 많은 사람이 과도한 낙관주의에 빠져 자신의 능력을 과대평가한다는 뜻이다. 이런 과도한 낙관주의를 검증한 실험이 있었다. 실험 참가자들에게 수학 문제를 풀게 한 다음 점수를 알려 주지 않고 스스로 몇 점이나 받았을지 예상해 보라고 했다. 참가자 대부분이 실제보다 많이 맞혔다고 답했다. 자신의 능력을 과대평가한 것이다. 거의 대부분이 정답을 적었다고 확신했지만, 실제로는 70~80퍼센트만이 정답을 맞혔다.

변호사, 의사, 전문 투자자 그리고 기업인들을 대상으로 한 설문 조사에서도 자신의 결정이 옳다고 여기는 과대평가 현상이 나타났다. 각 분야의 전문가들에게 그들 분야의 전문 지식을 묻는 문제를 풀게 한 후 점수를 예상해 보게 했다. 그들 역시 실제 알고 있는 것보다 더 많이 알고 있다고 믿으면서 자신의 능력을 과대평가했다. 이처럼 인간은 자신의 예측과 진단의 정확성을 과대평가한다. 그리고 틀린 답을 말했을 때조차 정답에 근접했지만 아깝게 틀렸다고 생각한다.

다음 질문에 답해 보라.

"여성으로서 유일하게 독일의 독립 선언에 서명한 사람의 이름은 무엇인가?"

"날 수 있는 유일한 파충류의 이름은?"

대부분의 사람들이 생각이 날 듯 말 듯 하다고 대답했다. 하지만 영원히 생각이 나지 않을 것이다. 독립 선언에 서명한 여성도, 날 수 있는 파충류도 없기 때문이다.

대학생들을 대상으로 한 설문 조사에서도 과도한 낙관주의를 확인했다. 학생들은 자기가 동기들보다 연봉이 높은 직장에 취직할 확률은 40퍼센트 더 높고, 마흔 살 전에 심장 마비에 걸릴 확률은 다른 학생들보다 38퍼센트 더 낮다고 대답했다. 좋은 일은 평균 이상으로 자주 생기고, 나쁜 일은 평균 이하로 발생할 거라 믿었다. 이처럼 사람들은 자신이 원하는 대로 세상을 바라보려고 한다.

이제 증권 시장으로 갈 준비가 끝났다. 우리는 자신의 능력이 보통 이상이라고 여긴다. 나쁜 일은 내가 아니라 다른 사람에게 일어난다고 믿는다. 모든 것을 통제하고 있다고 생각한다. 일이 잘못되면 그것은 내 잘못이 아니다. 이런 심리로 주식 투자에 뛰어든다면 어떻게 될까?

## 3
## 왜 돈 관리는 여자가 맡아야 한다고 하는 걸까?

'통설'은 과학적으로 증명되지는 않았지만 세상에 널리 알려지거나 일반적으로 인정되고 있는 이야기를 뜻한다. 남자들이 여자들보다 자신감이 높다는 통설이 대표적인 예이다. 개인차가 있지만 보통 남자들은 기기를 구매했을 때 사용 설명서를 잘 읽지 않고 길을 찾을 때도 다른 사람에게 잘 묻지 않는다. 또한 뭐든지 할 줄 알고 언제나 남들보다 많이 안다고 생각한다. 한 연구에 따르면, 남자들은 남자들이 주로 하는 일에서 특히 자신감을 보였고 금융에 관해서도 자신들이 여자들보다 한 수 위라고 생각했다.

한 설문 조사에서 남녀 응답자들에게 앞으로 12개월 동안 어느 정도의 투자 수익을 기대하는지 물었다. 대부분의 응답자들은 시장 평균 수익보다 높은 수익을 올릴 것이라고 기대했다. 하지만 투자자 대부분이 시장 평균 수익보다 높은 수익을 올리는 것은 수학적으로 불가능한 일이다. 흥미로운 점은 시장 평균 수익보다 높은 수익을 올릴 것이라고 기대한 대부분의 응답자들이 주로 남자들이었다는 사실이다.

터랜스 오딘 교수는 미국 재무학회가 발간하는, 재무 경제 분야 최고의 학술지 《저널 오브 파이낸스 Journal of Finance》를 통해 이렇게 경고했다.

"주식 거래는 여러분의 복지를 위협합니다."

그는 주식을 자주 사고팔수록 손실은 더욱 커진다고 주장했다. 그는 주식을 사고파는 일을 뜸하게 하는 이른바 '만기 보유 전략 Buy And Hold Strategy'을 사용하는 가정과 쉴 새 없이 주식을 사고파는 이른바 '치고 빠지기 전략'을 구사하는 가정을 비교했다. 그 결과 치고 빠지기 전략을 구사한 가정은 1년 사이에 포트폴리오의 약 75퍼센트를 바꾸어 놓은 것으로 나타났다. 뉴욕 증권 시장의 교체 빈도가 1년에 약 50퍼센트인 것을 감안하면 꽤 높은 수치이다. 또한 거래 빈도와 무관하게 모든 가정의 순수익이 비슷했다. 그러나 치고 빠지는 비용, 커미션, 수수료, 기타 비용들을 고려하자 수익 차이가 명확히 드러났다. 만기 보유 전략을 구사한 가정은 매년 18.5퍼센트의 수익을 올린 반면, 주식 거래를 활발하게 한 가정은 평균 11.4퍼센트의 수익을 올렸다. 이들의 총수익을 낮춘 주범은 거래 비용이었다. 특히 가장 활발하게 주식 거래를 한 가정은 5.5퍼센트의 수익밖에 올리지 못했다. 거래가 잦으면 주머니가 빈다는 증권 시장의 통설이 학술적으로 증명된 것이다.

수익이 더 적은데도 쉴 새 없이 거래를 하는 이유는 '통제의 환상'에 따른 과도한 낙관주의 때문이다. 여기에 남녀의 작은 차이까지 고려하면 문제는 더욱 심각해진다.

터랜스 오딘은 조사 과정에서 남녀를 구별해 투자 성공 여부를 분석했다. 남자들은 '잘난 척' 때문에 증권 시장에서 나쁜 성적을 거두었다. 설문 조사에서 여자들은 전체 시장의 평균 수익보다 약 2퍼센트 높은 수익을 기대한다고 답한 반면, 남자들은 약 3퍼센트 높은 수익을 확신했다. 남자들이 여자들보다 자신감이 높다는 통설은 적어도 증권 시장에서는 들어맞는다.

터랜스 오딘은 추가적으로 디스카운트 증권사 고객 3만 7000여 가정의 증권 계좌 거래 내역을 남녀 가정으로 나누어 조사했다. 조사 결과 평균적으로 여자들이 남자들보다 높은 수익률을 기록했다. 자세히 살펴보면 남자들이 여자들보다 더 자주 주식을 사고팔았다. 여자들은 1년에 포트폴리오의 약 절반을 바꾼 반면, 남자들은 4분의 3 이상을 바꾸었다. 이미 보았듯이 잦은 거래는 거래시 드는 비용 때문에 총수익을 감소시키는 효과를 낳는다. 남자들은 여자들보다 더 많이 거래하기 때문에 여자들보다 낮은 수익을 얻었다.

남자들에 대한 또 다른 통설로 '남자들은 여자들보다 모험을 즐긴다'라는 말이 있다. 증권 시장에만 한정 지어 말하자면 이 통설도 대체로 맞는다. 한 은행에서 자사 고객들을 분석한 결과 남자들이 투자한 금액 중 약 10분의 1이 리스크가 큰 상품에 들어 있었다. 반면 여자들은 투자 금액의 약 3분의 1을 안정적이고 투명한 펀드나 채권에 투자했다. 남자들은 이런 안정적인 상품에 약 20퍼센트만 투자하고 나머지 80퍼센트는 주식, 옵션, 양도성 예금 증서 등에 투자했다.

남녀 차이는 기대하는 수익 목표에서도 드러난다. 2009년 전 세계 증권 시장에서 남자들은 평균 27.4퍼센트의 수익을 목표로 했다. 반면 여자들은 평균 22.3퍼센트의 수익을 목표로 삼았다. 남자들은 모험적인 투자 태도 덕분에 활황일 때 여자들보다 수익을 더 올릴지도 모른다. 그러나 주가가 하락세에 있으면 조심성 덕분에 여자들이 남자들보다 확실히 많은 수익을 올린다고 한다. 투자에 관한 한 남자들이 한 수 위라는 말은 수정되어야 한다.

쾰른 대학교의 재정 연구 센터가 미국의 증권사들을 분석한 결과도 마찬가지였다. 미국의 여성 펀드 매니저는 남성 펀드 매니저보다 덜 공격적인 전략을 따랐다. 또한 적극적으로 포트폴리오를 자주 바꾸는 남자들보다 모험적인 상품을 덜 선호했다. 투자에서의 성별 차이가 전문가들에게서도 똑같이 나타난 것이다.

이런 차이를 생물학적으로 설명할 수 있는데, 연구에 따르면 남성 호르몬인 테스토스테론이 모험심에 영향을 준다고 한다. 여자라도 테스토스테론 수치가 높으면 모험을 즐기는 경향을 보인다.

투자 목적 또한 투자 방식의 차이를 만드는 것 같다. 한 설문 조사에 따르면 여자들의 투자 목적은 남자들과 달리 재정적 독립인 경우가 많아서 장기적인 계획을 세운다고 한다. 그 결과 빨리 성공하려고 서두르지 않고 치고 빠지는 전략을 멀리한다.

이 모든 것을 고려할 때, 투자 전략을 결정하는 것은 성별이 아니라 개인적인 투자 목적과 생활 환경이라 할 수 있다. 그렇다면 왜 금융 시장에서 활약하는 여성은 별로 없을까?

## 4
## 전 세계 금융계에 남자가 더 많은 이유

1943년 5월은 뉴욕 증권 시장에서 기념할 만한 달이었다. 헬렌 핸젤린 Helen Hanzelin이라는 열여덟 살 된 여성이 신성한 금융계에 발을 들여놓은 것이다. 증권 시장이 문을 연 후 150년 만에 처음 있는 일이었다. 《타임Time》은 이 사건을 보도하며 이렇게 적었다.

'지난주부터 주식 거래가 약간 더 흥미로워졌다.'

오늘날 이런 기사가 났다면 성차별적 표현이니 정치적으로 올바르지 않다느니 하며 논란이 되었을 것이다. 헬렌 핸젤린을 채용한 회사는 논란을 예방하기 위해 그녀의 복장에 특별히 신경을 썼다.

헬렌 핸젤린이 증권 시장에 들어올 수 있었던 이유는 제2차 세계 대전 때문이었다. 남자들이 전쟁터로 나가면서 부족한 노동력을 여자들이 메우게 되었는데 증권 시장도 그중 하나였다. 다른 여자들도 월스트리트로 입성했으나 전쟁이 끝나 남자들이 돌아오면서 입지가 좁아졌다. 여자들은 그 후에도 증권 시장에서 계속 일을 했지만 거래 현장에 등장한 것은 그로부터 20년 후였다.

시대가 변했다고 하지만 완전히 변한 것은 아니다. 독일의 100대 은행에서 여성 리더는 418명 중 11명, 62개 거대 보험사에서 여성 리더는 403명 중 11명뿐이다. 프랑크푸르트의 금융계나 수백만 고객의 돈을 관리하는 펀드 회사 사무실에 가면 이상하리만치 여자들을 찾아보기 힘들다.

여러 연구 결과에 따르면, 여자들이 모험을 삼가고 포트폴리오를 안정적으로 유지하기 때문에 위기가 닥치면 남자들보다 더 많은 성공을 거둔다고 한다. 그런데 증권 시장에 여자가 별로 없다니 놀라울 따름이다. 그 이유에 대해서는 간단하게 답하기가 어렵다. 아마 여러 요소가 복합되어 있을 것이다.

그래도 이유를 살펴보자면 첫 번째로 과도한 낙관주의를 들 수 있다. 트레이더나 펀드 매니저는 고객의 돈을 투자해서 고객들에게 수익을 안겨 주는 직업이다. 따라서 트레이더나 펀드 매니저로서의 능력에 자신 있는 사람들이 유력한 후보가 된다. 자신만만한 사람은 기꺼이 투자자로 활동할 것이고, 신중하고 겸손한 사람은 뒤로 물러나 있을 것이다. 남자들이 여자들보다 자신감이 높다는 통설을 인정하면, 증권 시장에 여자들이 적은 까닭을 이해할 수 있을 것이다.

두 번째는 '증권 시장에서 누가 더 오래 살아남을까'라는 질문과 관련이 있다. 아무래도 증권 시장에서 오래 살아남는 사람은 투자에 성공한 사람들일 것이다. 이때 성공한 사람들은 자신의 능력을 과대평가하는 경향이 있다. 앞에서 설명한 '자기 위주 편향'을 생각하면 이해가 쉬울 것이다. 자기 위주 편향에 빠지면 잘된 일에 대해서는 자신이 잘나서이고 일이 잘 풀리지 않으면 운이 좋지 않거나 주위 환경이 좋지 않기 때문이라고 여긴다. 몇 차례 투자에서 성공을 거두면 이들의 자신감은 하늘을 찌르고 자신의 능력을 과신하게 된다. 그러나 이들은 모험적인 투자를 자주 감행하고 거래 횟수가 잦아지면서 결국 큰 손해를 보고 시장에서 사라지게 된다. 증권 시장에서 잘나가는 남자들이 많은 반면, 빈털터리가 되는 남자들도 심심치 않게 볼 수 있는 이유가 바로 이 때문이다.

실제로 증권 시장에서 큰 성공을 거둔 사람들은 온라인으로 옮겨 전보다 더 자주 거래를 한다. 그동안의 성공을 자신의 능력 덕분이라 여기고 더 많이 더 모험적으로 더 자주 거래를 한다. 실제로 IT 버블 당시에 교사나 기술자 등 수많은 사람이 직장을 버리고 전업 투자자가 되어 돈을 벌고자 했다.

주식 시장이 가져다줄 것으로 예상되는 큰 행운에 현혹되어 호텔리어의 아들, 공장 후계자, MBA 전공자, 주부 등이 주식 시장에서 하루를 보낸다는 기사를 수많은 매체에서 보도했다. 이들이 주로 했던 거래는 '데이 트레이딩Day Trading'으로, 초단기간 내에 주가나 거래량 등의 기술적 지표를 이용해 시세 차익을 얻는 매매 기법이다. 이들은 정보와 컴퓨터 그리고 주식 관련 소프트웨어가 마련된 증권 거래소에 모여 돈을 벌기 위한 게임을 했다.

그러나 이들의 투자는 기대만큼 성공하지 못했다. 미국의 한 브로커를 상대로 낸 소송에서 밝혀진 바에 따르면, 그가 관리하던 데이 트레이딩 계좌 68개 중 67개의 잔고가 바닥난 상태였다. 북미 증권 행정관 협회NASAA의 연구를 보면, 데이 트레이더들의 성과가 예상과 달리 그다지 성공적이지 않았음을 확인할 수 있다. 데이 트레이더라고 해서 꼭 그날 사서 그날 파는 것은 아니다. 가격이 오른 주식은 단기간에, 늦어도 사흘 안에 판다. 하지만 가격이 떨어진 주식은 손실 회피 심리로 인해 쓴 결말을 맛볼 때까지 그대로 보유한다.

일반적으로 데이 트레이더는 넉 달 동안 거래를 하는데, 그 기간에 원래 가지고 있던 금액의 절반 이상을 거래 비용으로 날린다. 거래 비용이 비싸서가 아니라 너무 자주 거래하기 때문이다. 통계적으로 데이 트레이더는 한 해에 평균 278회를 거래하고 약 70퍼센트가 1년 안에 투자 금액 전부를 잃는다.

그렇지만 데이 트레이딩이 나쁜 것만은 아니다. 적어도 브로커 사무실을 운영하는 사람들은 고객에게 데이 트레이딩 일자리를 팔아 거래 수수료를 받고, 데이 트레이딩을 가르치는 대가로 비싼 수강료를 받아 수익을 올린다. 데이 트레이딩에 실패한 고객은 차라리 저렴한 수수료를 내고 전문가에게 돈을 맡기는 것이 낫다.

데이 트레이딩에 실패한 어느 여성 데이 트레이더가 아주 멋진 말을 했다.

"가장 큰 문제는 아무것도 모르는 초보가 대박만 꿈꾸며 섣불리 발을 들여놓는 것이다. 투자를 하다 보면 손실을 보는 경우도 당연히 생긴다. 그런데 손실을 보았을 경우 모든 것이 잘못되었다고 탓한다. 자기 자신만 빼고."

결국 그녀는 데이 트레이더의 길을 버리고 데이 트레이딩 회사를 설립했다. 그래도 그녀는 자신의 실패에서 뭔가를 배웠다.

'실패는 성공의 어머니'라는 말이 있듯이 실수에서 배울 수만 있다면 과도한 낙관주의는 사실 큰 문제가 아닐 수 있다. 몇 차례 모험적인 투자에서 실패한 후 그것을 발판으로 삼아 다시 성공하면 된다! 그러나 사람들은 실수를 통해 배우기는커녕 실수를 했다는 사실조차 인정하지 못한다. 다소 극단적이기는 하지만 실제로 과거의 실수에서 교훈을 배우는 일이 얼마나 어려운 것인지 제2차 세계 대전 시기에 있었던 일이 그것을 증명한다.

## 5
## 결말을 알고 나면 모든 것이 당연해 보인다
### 사후 확신 편향

　1941년 12월 7일 아침 6시 10분, 일본군 전투기 183대가 진주만에 주둔한 미군 기지를 기습 공격했다. 이 공격은 미국의 심장을 찌른 일격이었다. 이 사건으로 그때까지 제3자의 입장을 고수하던 미국이 공식 참전하게 되었다. 이 공격의 핵심은 기습이었다. 미국 입장에서는 마른하늘에 날벼락을 맞은 것이었다. 이 공격은 아무도 예상하지 못했던 것으로 알려져 있다. 하지만 과연 그럴까?

　일본의 기습 공격이 있기 몇 달 전 미국 통신병은 호놀룰루에 있는 일본군의 작전 계획을 빼냈다. 진주만을 다섯 구역으로 나누어 각 구역에 있는 미국 군함들을 조사해 보고하라는 명령이었다. 또한 기습 공격 몇 달 전 미국은 일본의 통신 신호를 감지하지 못해 일본 함대를 시야에서 놓쳤다. 그리고 일본군이 통신 암호를 한 달에 두 번씩이나 바꾸었다는 보고가 올라왔다. 그 전에는 통신 암호를 6개월에 한 번씩 바꾸고 있었다. 나중에 이는 일본이 대대적인 공격을 준비하고 있다는 징후로 지목되었다. 이 밖에도 일본군은 각종 군사 기밀 자료를 모두 없애라는 명령을 내렸고, 진주만 기습 전날 미군 고위층은 일본 대사관 직원들이 대량의 자료를 허겁지겁 불태웠다는 보고도 받았다. 하지만 지휘관들은 보고 내용을 5분 동안 살펴보고는 저녁을 먹으러 갔다.

이런 정황에서 진주만 기습을 예측하지 못한 것은 바보 같은 일이었을까? 모든 징후가 명백했지만 공격을 예측하는 일은 어려웠을 것이다. 다음 글을 읽고 생각해 보자.

유로화 강세로 독일의 주가가 떨어졌다. 이유는? 유로가 강하면 독일 기업의 수출 상품 가격이 상승하고, 판매량이 감소한다. 시장은 기업들의 매출 감소를 예상하고, 주가는 하락한다.

제시된 글은 앞뒤가 맞고 타당한 내용이다. 그러므로 유로 가치가 상승한다는 정보를 듣자마자 주식을 팔아야 할 것 같다. 그렇다면 다음 글을 읽고 생각해 보자.

유로화 강세로 독일의 주가가 올랐다. 이유는? 유로가 강하면 독일 기업의 수입 상품 가격이 하락한다. 특히 독일 경제의 원료인 원유가 싸져 독일 상품이 더 저렴해진다. 그 결과 국내 소비 및 내수 시장이 활성화되면서 기업들의 매출 상승이 예상되고 주가도 날개를 단 듯 상승한다.

처음 상황과 마찬가지로 이것도 타당하게 들린다. 그러므로 유로 가치가 상승한다는 정보를 듣자마자 주식을 사야 할 것이다.

이것을 심리학에서는 '사후 확신 편향Hindsight Bias'이라고 한다. 사건 전에는 알 수 없던 징조나 단서 같은 것을 사건 이후 쉽게 알 수 있는데 이것이 판단에 오류를 일으키는 것을 말한다. 실제로 어떤 사건의 결말을 안 다음에 돌아보면 그런 결말이 당연해 보인다. 성격이 다른 옆집 부부가 이혼을 했을 경우에는 두 사람 성격이 너무 안 맞아 이혼하는 게 당연하다고 말하고, 그들이 금실이 좋을 경우에는 성격이 다를수록 서로에게 끌리는 법이라고 이야기하는 식이다.

증권 시장에서도 이런 편향이 나타난다. '주가가 떨어질 때 주식을 샀고 현재 손실을 보고 있다고? 그럴 줄 알았어. 떨어지는 칼은 잡지 말라고 했잖아', '주가가 떨어질 때 주식을 샀고 현재 수익을 올리고 있다고? 그럴 줄 알았어. 포화가 울리면 주식을 사라고 했잖아' 등이 대표적인 예이다.

사후 확신 편향을 고려하면 진주만 공격은 예상할 수 없었을 것이다. 사실 진주만을 다섯 구역으로 나누라는 명령은 특별한 지시가 아니었다. 일본군은 비슷한 명령을 다른 항구에도 내렸다. 일본 함대의 통신 신호가 사라진 것도 함대가 본국 가까이 있었기 때문이다. 그럴 경우 약한 송신호로 통신하면 미국 통신병이 알아채지 못하는 경우가 종종 있었다. 또한 일본의 공격을 예상했더라도 진주만 말고 주변에 잠재적인 목표가 무수히 많았다.

어떤 상황이나 문제를 사후에 판단해야 하는 사람은 문제의 결말을 알기 때문에 유리하다. 그래서 어떤 사건의 결말을 아는 사람은 그런 결말을 예상할 수 있는 가능성을 과대평가한다. 결국 사건의 결말에 대한 지식이 판단력을 흐려 놓는다.

간단한 실험으로 사후 확신 편향을 확인할 수 있다. 먼저 실험 참가자들에게 1919년 미국에서 금주법이 시행되었다는 것을 알려 주었다. 그다음 '당시 미국에서는 금주법을 고상한 실험Noble Experiment이라고 불렀다'라는 문장을 주고, 이 문장의 내용이 사실이라면 그 확률이 어느 정도라고 생각하는지 물었다. 참가자들은 70퍼센트라고 답했다. 얼마 후 그 문장의 내용이 사실이라는 것을 확인해 주고, 처음에 본인들이 몇 퍼센트의 확률로 예측했는지 물었다. 그러자 참가자들은 90퍼센트라고 답했다고 기억했다.

이번에는 '당시 미국에서는 금주법을 고상한 실험이라고 부르지 않았다'로 결과를 바꿔서 알려 주었다. 그러자 참가자들은 그 문장이 맞을 확률이 60퍼센트라고 답했다고 기억했다. 다른 실험에서도 마찬가지였다. 사람들은 사건의 결말을 알게 되면 그런 결말을 미리 예상했다고 답했다.

나는 다른 방식으로 이런 편향을 확인했다.

1814~1816년에 영국과 히말라야 산맥에 사는 구르카 족이 치른 구르카 전쟁이 어떻게 끝났는지 사람들에게 물었다.

질문을 하기 전 사람들을 5개 그룹으로 나누고 구르카 전쟁에 관한 자료를 주었다. 그런 다음 전쟁의 결말을 그룹마다 다르게 알려 주었다. 첫 번째 그룹에게는 영국의 승리, 두 번째 그룹에게는 구르카 족의 승리, 세 번째 그룹에게는 평화 협정 없이 무승부, 네 번째 그룹에게는 평화 협정으로 무승부, 다섯 번째 그룹에게는 결말을 알려 주지 않았다.

전쟁의 결말을 모르는 다섯 번째 그룹보다 나머지 네 그룹이 본인들에게 주어졌던 전쟁의 결말이 확실하다고 장담했다. 결말의 가능성을 확실히 높게 평가한 것이다. 구르카 족이 이겼다고 들은 집단이 아무 정보도 받지 못한 집단보다 구르카 족이 승리했다는 정보가 확실히 맞다고 장담했다. 영국이 이겼다고 들은 집단이 아무 정보도 받지 못한 집단보다 영국의 승리를 장담했다. 전쟁의 결말에 대해 들은 내용이 실제 그 내용이 맞는지 예측하는 데 영향을 미친 것이다.

전쟁의 결말을 아는 사람들은 정보를 대하는 태도도 확연히 달랐다. 영국이 승리했다고 아는 그룹은 영국이 구르카 족의 반격을 받은 후 각성해 전투에 임했다는 정보를 중요하게 여겼다. 반면 구르카 족이 승리했다고 아는 그룹은 이 정보를 중요하게 여기지 않았다. 사건의 결말을 알면, 결말과 관련된 요소에만 주의를 기울이게 되어 결말이 더욱 당연해 보인다. 결국 '어차피 그렇게 될 수밖에 없었다!'라는 식으로 결론이 나게 마련이다. 사후 확신 편향은 간단히 말해서 '내 그럴 줄 알았지!'라고 판단하는 것이다.

사후 확신 편향은 불편한 부작용을 낳는다. 어떤 사건의 결말을 아는 사람은 모두가 그 결말을 예상할 수 있다고 생각한다. 영국과 구르카 족의 갈등 결말을 아는 사람은 이런 결말을 예상하지 못할 사람이 없다고 여긴다. 설령 결말을 모르더라도 '영국이 구르카 족의 반격을 받은 후 각성해 전투에 임했다'라는 정보를 그냥 지나칠 수 없을 거라고 믿었다.

사후 확신 편향이 어떻게 생기는지에 대해서는 논란이 많다. 한 이론에 따르면, 새로운 정보가 옛날 기억의 흔적을 덮어 버리기 때문이라고 한다. 사건의 결말을 알려 주는 새로운 정보를 접하면 뇌는 전체 과정을 다시 구성하게 된다. 그래서 자신이 예측한 확률을 잊게 된다. 이처럼 사후 확신 편향은 매우 강력한 오류이기 때문에 새로운 정보를 무시하라는 충고만으로는 극복할 수 없다.

그러나 다른 연구들에 따르면 새 정보를 접해도 뇌는 옛 정보를 잠깐 잊을 뿐 완전히 잊어버리지는 않는다고 한다. 옛 정보는 새 정보와 함께 기억 속에 머물러 있다가 옛 정보를 되살리도록 자극하면 사후 확신 편향이 줄어든다고 한다. 앞에서 소개한 사례에서 실험 참가자들에게 원래 예측했던 확률의 근거를 대 보라고 하거나 새로운 정보가 거짓임을 밝히라고 했을 때 사후 확신 편향이 줄어드는 모습을 볼 수 있었다. 따라서 사후 확신 편향을 극복하기 위해서는 옛 기억을 되살리도록 살짝 질문을 던지면 된다.

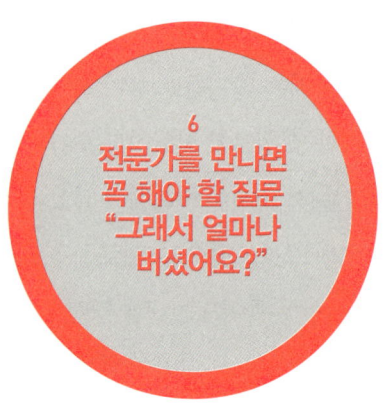

## 6
## 전문가를 만나면 꼭 해야 할 질문
## "그래서 얼마나 버셨어요?"

어떤 사건이나 상황의 결과를 받아들이기 어려울 때 사후 확신 편향이 드러난다. 만약 그 결과가 자신의 실수 때문이라고 해도 우리는 실수에서 배우려고 하지 않는다. 고집불통 혹은 벽창호라고 불리는 상태, 심리 치료사들 사이에서 상담 저항이라 불리는 상태가 된다.

사후 확신 편향은 사람들로 하여금 실수에서 무언가를 배우지 못하게 한다. 어떤 사건이 일어나는 것이 당연한 일처럼 보이면, 우리는 자신의 능력을 과대평가해 그런 사건을 예상하고 대비할 수 있다고 믿는다. 금융 위기가 닥쳐 주가가 하락할 것을 예상했거나 예상대로 주가가 올랐다고 생각되면 자신이 정확한 투자 시점을 찾아내는 날카로운 눈을 가졌다고 믿는 것이다.

사후 확신 편향이 보여 주는 것과 진실은 다르다. 하지만 우리는 사후 확신 편향에 빠져 결말을 미리 안 것처럼 착각하고 예정된 일이 생겼을 뿐이라고 믿는다. 그리하여 세상은 예측이 가능하고 인과 관계가 확실해 통제할 수 있는 것처럼 보인다. 주가가 떨어질(혹은 올라갈) 것을 미리 알았다면, 앞으로 성공하는 건 당연한 일이다! 망설일 필요도 없이 자신의 예측 능력을 믿고 안정적인 증권 시장에서 활약하면 된다. 그러나 애석하게도 사후 확신 편향은 착각일 뿐이다.

아주 간단한 질문 하나로 이런 착각에서 벗어날 수 있다. 전문가가 미국의 모기지론 사태가 일어날 것을 미리 알고 있었다고 말하면 나는 항상 반문한다.

"그래서 얼마나 버셨어요?"

증권 시장의 구루$^{Guru}$에 대해 알아보자. 구루란 원래 힌두교, 시크교, 탄트라 불교의 종교적 스승을 일컫는 말로, 일종의 숭배 대상이다. 흔히 전문적인 기술과 지식을 갖춘 훌륭한 사람에게 구루라는 이름을 붙여 준다. 증권 시장에도 구루가 있다. 구루는 정기적으로 언론에 등장해 주가를 예측하고 유명인이 된다. 뒤셀도르프 증권 시장은 '증권 구루'라는 말을 2006년 최고의 난센스로 선정했다. 구루란 원래 모든 걸 꿰뚫어 보는 예언자로서 깨달음을 주는 사람이다. 그런데 증권 시장의 구루는 모든 것을 꿰뚫어 보지도 못하고 깨달음도 주지 못하니 당연히 증권 시장과는 어울리지 않는 말이다.

그러나 증권 시장의 구루는 모든 걸 꿰뚫어 보고 시장에서 무슨 일이 있었는지, 왜 그 일이 벌어졌는지 다 안다고 주장한다. 그리고 사람들에게 증권 시장이 주는 불안감에서 벗어나게 해 줄 깨달음을 주겠다고 약속한다. 그들은 사람들에게 안정, 수익, 성공의 길을 알려 준다. 그러고는 사람들이 실수에서 배우지 못하게 할 뿐 아니라 재산에도 손해를 입힌다.

2009년 수많은 증권 시장의 구루가 언론에 나와 미국의 부동산 시장에 재앙이 닥칠 것을 이미 알고 있었다고 앞다투어 자랑했다. 수많은 경제학자도 위기를 예측했다고 홍보했다. 그러나 그들은 그 위기의 발생 시점과 시장에 미친 영향을 제대로 예측하지 못했다. 앞에서 말한 대로 간단한 질문을 던져 보자.

"그래서 얼마나 버셨어요?"

시장의 재앙을 미리 알고 있던 그들은 자신들의 지식으로 수익을 얼마나 올렸을까? 수많은 전문가가 먹고살기 위해 여전히 언론에 나와 전망을 밝히고 책을 내는 걸로 볼 때 많이 벌지는 못한 것 같다. 실제로는 자신들의 예측에 확신이 없었을 것이다. 그렇지 않다면 부동산 시장이 붕괴하기 전에 부동산을 팔았을 테고 여전히 수고스럽게 활동할 필요가 없었을 테니 말이다. 어떤 사람이 모든 걸 예상했다고 당당하게 말하면 그래서 얼마나 벌었느냐고 물어라. 그러면 논쟁은 끝날 것이다.

사후 확신 편향을 조금이라도 극복하고자 한다면 스스로에게 '그래서 나는 얼마를 벌었지?'라고 물어보라. 해당 종목이 오를 것을 알고 있었나? 그 주식을 얼마나 많이 샀고 그걸로 얼마를 벌었지? 전혀 못 벌었다고? 왜? 어째서 오를 것을 알고도 그 주식을 사지 않았을까? 과거의 나는, 6개월, 8개월 혹은 12개월 전에 투자자이던 나는 구매를 주저했다. 그러므로 나는 사후 확신 편향이 속삭이는 것만큼 주가 상승을 확신하지 않았음에 틀림없다. 사람들이 투자를 할 때 결국은 자신이 믿는 곳에 투자하기 마련이므로, 어떤 확신에 찬 예측이 들렸으면 그 확신으로 얼마를 벌었는지 물어야 한다. 자기가 추천한 곳에 돈을 투자하지 않는 사람은 구루가 아니라 장사꾼이다.

사후 확신 편향 때문에 우리는 모르는 것을 마치 알고 있는 것처럼 착각하고, 예언 능력과 전문 지식이 있다고 확신한다. 승자는 자신의 능력 덕분에 그런 결과를 얻었다고 믿고 패배자는 그런 결과에 자신의 책임이 없다고 믿는다. 그렇다면 어떻게 이런 유혹을 피할 수 있을까?

사후 확신 편향을 조심하라는 경고가 그다지 큰 효과를 내지 못한다는 사실이 여러 연구를 통해 밝혀졌다. 사건이 확인된 시나리오와 다르게 진행될 수 있는 근거를 의식적으로 찾아보라고 실험 참가자에게 권하자 사후 확신 편향이 다소 약화되었다. 따라서 스스로 투자자로서 투자 결정과 그 결과가 다르게 나올 수도 있었는지 정확히 물어야 한다. 완전히는 아니지만 합리적인 투자 결정을 내릴 때 약간 도움이 된다.

개인에게 닥친 상황이 사후 확신 편향에 더해지면 더 한심한 문제가 발생할 수 있다. 주식 거래에 관한 실험이 있었다. 참가자들에게 주식을 사게 한 다음, 3주 후 특정 주식을 산 참가자들에게 그들의 주식 가격이 불행하게도 폭락했다고 알려 주었다. 그리고 참가자들에게 그 주식의 주가 폭락을 예상할 수 있었느냐고 물었다. 그 주식을 산 참가자들은 거의 예상할 수 없었다고 대답한 반면, 그 주식을 사지 않은 참가자들은 주가 폭락을 예상할 수 있었다고 답했다.

이것은 자존감 때문이다. 해당 주식을 사지 않아 주가 폭락과 자존감이 연결되지 않은 사람들은 주가 폭락을 예상할 수 있었다고 답했다. 그러나 투자에 실패한 사람들은 주가 폭락을 예상할 수 없었다고 믿음으로써 자존감에 상처를 입지 않고 자신을 거울에 비추어 볼 수 있었다. 기억하는가? 잘되면 내 능력 덕분이고 잘못되면 상황이나 운이 나빠서, 혹은 우연의 결과 때문이다. 자존감을 보호하기 위해 자신에게 유리한 것만을 선택적으로 인식하는 것, 즉 자기 위주 편향이 다시 등장한다. 그래서 자존감을 위협하는 부정적인 사건은 예상이 불가능한 것으로 인식한다.

이는 올바른 진단이 아니다. 잘되면 자신의 능력 덕분이고 잘못되면 어쩔 수 없는 일로 여긴다. 뭔가를 잘했다는 진단은 기분을 좋게 한다. 그리고 사후 확신 편향이 우리를 조종해 무슨 일이 벌어질지 이미 알고 있었다고 느끼게 한다. 이 둘이 합쳐져 자신의 능력을 확신하는(아마도 잘못된 확신일 텐데) 투자자를 탄생시킨다. 우리는 중요한 질문에 도달했다. 이것을 막기 위해 무엇을 할 수 있을까? 기상학자와 브리지 카드 게이머들은 그 답을 알고 있다.

7
전문가들의
평균 적중률은
40%

추리 소설 셜록 홈스의 《빨간 머리 연맹The Red-Headed League》에 나오는 빨간 머리 연맹은 기이한 곳이다. 이 연맹은 빨간 머리카락을 가진 전당포 주인인 자베즈 윌슨에게 주당 4파운드(6800원)나 되는 돈을 주며, 일주일에 사흘만 사무실에 나와 백과사전을 베껴 쓰라고 한다. 배경이 되는 19세기 후반 영국 농부의 평균 소득이 주당 1파운드(1700원)였음을 생각하면 4파운드(6800원)는 엄청난 거액이었다.

윌슨은 기쁜 마음으로 일을 했다. 원래 하던 전당포 일을 잠시 접어 두고 사무실에 출근한 지 8주가 되던 어느 날, 빨간 머리 연맹은 해산을 했다. 졸지에 실업자가 되어 무슨 영문인지 어리둥절해하던 자베즈 윌슨은 셜록 홈스에게 사건을 의뢰했다.

셜록 홈스는 이 난해한 사건을 순식간에 해결했다. 빨간 머리 연맹은 자베즈 윌슨이 일하는 상점에서 그를 불러내기 위한 구실에 불과했다. 자베즈 윌슨이 자리를 비운 사이 상점 지하실에서 굴을 파 상점 옆에 붙은 은행을 털기 위해서였다. 기이했던 사건이 갑자기 단순한 사건으로 변하는 순간이었다.

셜록 홈스의 친구이자 조수인 왓슨 박사는 셜록 홈스의 예리함에 감탄하며 사건을 어떻게 풀었는지 묻는다. 셜록 홈스의 설명을 들은 그는 왜 자신은 알지 못했을까 속으로 생각한다. 설명을 듣고 나니 모든 것이 명확하고 너무나 간단했기 때문이다. 이처럼 이야기를 듣고 나면 다른 결말은 상상도 할 수 없게 되는 것이 사후 확신 편향이다.

과도한 낙관주의와 자기 위주 편향 그리고 사후 확신 편향이 합쳐지면 포트폴리오에는 재앙이 닥친다. 우리는 시장을 이길 수 있고, 올바른 주식을 고르는 능력이 있고, 언제 사고 언제 팔아야 할지 안다고 믿는다. 그리고 사후에 돌아보면 우리의 판단이 옳았던 것 같다.

흔히 전문가들은 이런 착각에 빠지지 않을 것이라고 생각한다. 그러나 일반인과 투자 전문가들을 대상으로 진행한 실험 결과는 그렇지 않음을 보여 준다.

실험 참가자들에게 주가를 예측해 달라고 하면서 그들의 예측이 맞을 확률을 적게 했다. 일반인과 전문가들 모두 전문가가 더 정확하게 예측할 것이라고 생각했다. 그러나 일반인과 전문가의 예측이 거의 비슷했다. 두 집단 모두 과도하게 낙관적이었고 그들의 예측은 정확하지 않았다. 전문가들은 40퍼센트 정도 정확히 진단했는데, 이는 동전 던지기로 예측하는 것보다 낮은 확률이었다.

과도한 낙관주의와 사후 확신 편향에서 자유로운 사람들이 있다. 바로 기상학자와 브리지 카드 게이머들이다. 이들의 공통점은 무엇일까?

첫째, 이들은 자신의 예측에 대한 즉각적인 피드백을 받는다. 예를 들어 기상학자는 월요일에 화요일 날씨를 예상한 뒤 다음 날 창문만 열어 봐도 예측이 맞는지 바로 확인할 수 있다. 브리지 카드 게임에서도 마찬가지다. 게임을 시작하기 전에 몇 점 이상을 올릴지 밝혀야 한다. 게임을 시작하고 몇 분 후면 미리 말한 점수를 올렸는지 바로 확인할 수 있다.

이처럼 직접 자주 받는 피드백이 과도한 낙관주의를 극복할 수 있는 방법이다. 매번 예측을 하고 그 결과를 확인하면 자신의 예측 능력을 현실적으로 볼 수 있다. 이런 학습 효과의 도움으로 우리는 자신의 능력을 현실적으로 가늠할 수 있게 된다.

두 번째 공통점은 둘 다 자신의 예측을 기록한다는 것이다. 브리지 카드 게임에서는 예상 점수를 알리는 카드를 책상에 올려놓아야 한다. 그리고 옆에 놓인 쪽지에 기록한다. 그래서 브리지 카드 게이머는 평계를 대거나 결과를 이미 알고 있었다고 우길 수가 없다. 예측에 대한 꼼꼼한 기록, 그것이 과도한 낙관주의를 극복하는 두 번째 방법이다.

이들처럼 가능한 한 정확히 예측하고 자주 기록하고 피드백을 받는다면 분명 배우는 것이 많을 것이다. 우리는 투자자, 분석가, 그리고 진단하는 사람으로서, 자신의 능력이 바라는 만큼 대단하지 않다는 것을 직접 확인하게 될 것이다.

투자 일기를 써라. 투자를 하기 전 왜 이런 결정을 했고 무엇을 기대하는지 기록하라. 결정에 찬성하는 주장과 반대하는 주장 역시 기록하라. 이 주장을 얼마나 믿고 중요하게 여기는지도 기록하라. 결정의 근거를 가능한 한 정확하고 자세히 기록하라. 그러면 당신은 투자 결정을 내릴 때 체계적으로 고민할 수 있다. 또한 근거가 명확하지 않은 투자 결정이 있다면 곰곰이 생각할 수밖에 없다. 간단한 문장으로도 기록할 수 없는 예측은 그저 육감에 불과하다.

투자 일기를 작성하면서 얻을 수 있는 진짜 효과는 장기간에 걸쳐 나타난다. 1년 뒤에 혹은 투자금을 회수할 때 일기장을 다시 한 번 살펴보라. 학습 효과는 확실하다. 자신의 능력을 현실적인 눈으로 보게 된다. 여기에는 사후 확신 편향이 판단력을 흐리게 할 요인이 없다.

투자 일기는 특히 증권 시장에서 투자 결정을 자주 내리는 사람들, 포트폴리오를 직접 관리하는 사람들에게 유용하다. 그렇다면 매일 증권 거래를 하지 않는 일반인들은 어떻게 해야 할까?

이런 투자자들은 다른 시각적인 수단을 이용해야 한다. 예를 들어 실수 나무를 그려 보는 것이다. 결정에서 생길 수 있는 모든 위험과 실수의 근원들을 나무 형태로 그리고 한눈에 파악하는 것이다. 인터넷 관련 종목에 투자하려 한다고 가정해 보자. 무엇이 잘못될 수 있는지, 이 기업이 갖고 있는 근본적인 위험이 무엇인지 따져 보는 것이다. 경기 침체, 새로운 경쟁자, 새로운 기술의 등장 등을 각각의 제목 아래 구체적으로 기록한다. 이 과정을 거치다 보면 투자를 하지 말아야 할 근거도 저절로 생긴다.

인간은 스스로 잘났다고 생각하는 경향이 있음을 기억하라. 경험이 가치가 없다는 의미는 아니다. 과도한 낙관주의를 의식하면 조금 더 신중하고 조심스럽게 하루를 보낼 것이다. 과도한 낙관주의로 인해 모험적인 투자를 감행하고 더 많은 수익을 올릴 수 있지만, 그것 또한 우연일 수 있음을 기억해야 한다. 이때도 투자 일기를 쓰고 실수 나무를 그리는 것이 좋다. 투자 일기와 실수 나무를 작성하는 것이 사후 확신 편향을 완전히 극복하게 해 주지는 않는다. 그러나 결정을 체계적으로 할 수 있게 하고 손해를 줄여 줄 것이다.

그렇다면 우리는 의사 결정을 어떻게 해야 할까? 무엇을 기반으로 의사 결정을 하는지 생각해 보자. 대부분 수집한 데이터를 바탕으로 의사 결정을 한다. 그런데 수집한 데이터 자체에 문제가 있다면 어떻게 해야 할까?

**CHAPTER 9**

부자들은
통계를 믿지 않는다

## 1 부자들은 통계를 믿지 않는다

통계와 관련된 명언으로 '나는 내가 직접 작성하지 않은 통계는 결코 믿지 않는다'라는 말이 있다. 통계 자료에 대한 불신을 강조할 때 즐겨 인용되는 이 명언은 윈스턴 처칠Winston Churchill의 말이다. 독일 통계청 직원인 베르너 바르케Werner Barke는 이 명언의 출처에 의문을 품고 진짜 윈스턴 처칠이 이 말을 했는지 확인해 보기로 했다.

먼저 윈스턴 처칠의 명언이 담긴 《현대 인용구 팔켄 대백과사전》을 펴낸 팔켄출판사에 "윈스턴 처칠의 어떤 작품에서 이 인용구를 발췌했는지 알 수 있을까요?"라고 물었다. 출판사가 한 대답은 실망스러웠다.

"통계에 관한 윈스턴 처칠의 인용구에 대한 귀하의 질문에 정확한 답을 드리지 못하는 점을 유감스럽게 생각합니다. 책을 엮은 사람은…… 수많은 신문과 잡지 그리고 여러 공공 기관의 정기 간행물을 분석했는데, 각 인용구의 출처를 일일이 기록해 두지 않았습니다."

출판사는 대신 〈쥐드도이체 차이퉁Süddeutsche Zeitung〉에서 발췌했을지도 모른다고 답했다. 하지만 〈쥐드도이체 차이퉁〉에서도 이렇다 할 만한 답변을 듣지 못했다. 그는 영국의 통계청과 〈타임스〉The Times 등에도 문의해 보았으나 역시 같은 대답을 들었다.

사실 윈스턴 처칠은 통계와 양적인 분석의 가치를 인식한 최초의 현대 지도자였다. 그의 작품들을 살펴보면 그가 수치, 자료, 검증 가능한 정보 등을 유난히 선호했음을 알 수 있다. 독일군의 통계처럼 통계가 쉽게 조작될 수 있다는 문제를 잘 알았지만, 그는 통계의 친구였고 통계를 존중한 지도자였다. 그렇다면 앞의 그 말은 어디에서 유래한 것일까? 통계를 전략적으로만 이용했으며 다음과 같은 지시를 내린 바로 그 사람이 유포한 것은 아니었을까?

"유언비어를 유포하려면 공공 기관, 보도 기관 그리고 기타 기관을 포섭할 것이 아니라 유언비어의 출처를 철저하게 숨겨야 한다."

이 말의 주인은 요제프 괴벨스Joseph Goebbels이다. 독일 제국의 국민 계몽 선전부 장관이던 그는 윈스턴 처칠을 통계 수치를 조작하는 거짓말쟁이로 선전하라고 독일 언론에 수차례 지시했다. 그럼에도 윈스턴 처칠의 명언은 통계 수치가 거짓말을 한다는 증거로 자주 사용되고 있다. 미국에서도 사람들은 통계 수치에 대한 불신을 드러낸다.

'거짓말, 새빨간 거짓말 그리고 통계.'

소설가 마크 트웨인Mark Twain은 이 표현을 대중적으로 만들었다. 마크 트웨인은 이 말을 영국 수상인 벤저민 디즈레일리Benjamin Disraeli가 했다고 밝혔지만 정작 그의 글에는 이런 인용구가 없었다.

통계의 거짓을 지적하는 인용구가 거짓인 것으로 드러났지만, 통계에 대한 불신은 여전히 사라지지 않았다. 통계를 믿을 수 없다면 투자를 결정할 때 무엇에 의지해야 할까? 객관적인 숫자 대신 그저 감을 믿고 결정을 내려야 할까? 사실 우리를 속이는 것은 숫자가 아니라 우리 자신이다. 통계 자료를 잘못 판단하거나 수치 자체를 무비판적으로 해석하고 성급하게 받아들이면서 실패하는 경우가 대부분이다.

펀드는 다수의 사람들로부터 자금을 모아 그 돈을 주식이나 채권 등에 투자한 뒤 그것에서 얻은 수익을 투자금 비율에 따라 배당하는 금융 상품이다. 돈을 운용하는 펀드 회사가 수익을 많이 낼수록 고객은 부자가 된다. 이 가운데 불린 돈의 일부는 펀드 회사의 몫이다. 당연히 펀드 회사의 수익이 좋을수록 더 많은 고객이 돈을 맡길 것이다. 투자자를 모으려는 펀드 회사들은 여러 통계 자료를 이용해 자신들의 실적을 최대한 좋아 보이도록 광고할 것이다. 이때 주의하지 않으면 교묘한 함정에 빠질 수 있다. 그러지 않기 위해 알아 두어야 할 몇 가지 규칙이 있다.

첫 번째 규칙은 해당 펀드가 투자한 종목의 주가 변동을 보여 주는 그래픽 차트를 확인하는 것이다. 광고에 등장하는 그래프는 여지없이 위로 향하고 있다. 그래프 작성 전문가는 일부러 가로축을 약간 기울여 상승이 더 가팔라 보이게 하고 선 끝에 화살표를 붙여 상승을 강조한다. 그러면 그래프가 역동적으로 보여 투자가 대단히 큰 성공을 거둔 것처럼 보인다.

두 번째는 차트에 비교 기준이 있는가를 따져 보는 것이다. '벤치마크Benchmark'라고 하는 비교 작업을 통해서 펀드의 수익률을 평가할 수 있다. '기준 수익률'로 펀드 매니저의 운용 능력을 알아보는 것이다. 벤치마크는 쉽게 말해 투자 성과를 비교하기 위한 방법이다. 이것만 따져도 광고에 쉽게 현혹되지 않을 것이다. 만약 어떤 회사가 '○○ 투자 회사의 클래식 펀드는 10퍼센트 수익을 올렸습니다'라고 광고했다고 가정하자. 언뜻 보면 아주 매력적으로 보인다. 그러나 경쟁사나 비교할 수 있는 시장의 수익이 제시되지 않았다면 의심해 보아야 한다. ○○ 투자 회사가 국가 채권 같은 보수적인 상품을 다룬다면 10퍼센트는 대단히 큰 수익이다. 그러나 위험도가 높은 테크놀로지 종목에 주로 투자하는 회사라면 10퍼센트는 보잘것없는 수익이다.

세 번째는 투자 기간을 확인하는 것이다. 광고 문구를 다시 한 번 살펴보자. 언제부터 언제까지 10퍼센트의 수익을 올렸는지 의문이 들 것이다. 투자 회사는 대체로 수익이 가장 높았던 시기의 차트를 광고에 싣는다. 예를 들어 ○○ 투자 회사의 상품이 1999년 100에서 출발해 2000년에 200으로 상승했다가 2003년에 20으로 떨어졌고 현재 60에 있다면, 다음 중 어떤 것이 거짓말인가?

'○○ 투자 회사는 당신의 돈을 세 배로 늘립니다.'

'○○ 투자 회사는 40퍼센트를 잃었습니다.'

우습게도 두 문구 모두 거짓말이 아니다. 최저점을 기준으로 보면 ○○ 투자 회사는 세 배의 수익을 올렸지만, 1999년이나 2000년에 돈을 맡긴 사람들은 엄청난 손실을 입었을 것이다. 펀드나 투자의 가치 변동은 장기간에 걸쳐 살펴볼 수 있을 때만 의미가 있다. 펀드 회사들은 자신들의 이익을 위해 언제나 성공적인 기간만 광고에 싣기 때문이다.

광고 문구를 다시 살펴보면 다른 의문이 생긴다. ○○ 투자 회사는 어째서 '테크놀로지 펀드'가 아니라 '클래식 펀드'를 광고했을까? 간단하다. 클래식 펀드는 수익을 올렸지만 테크놀로지 펀드에서는 그렇지 못했기 때문이다. 펀드 회사는 보통 수익이 좋은 펀드를 전면에 내세운다. 이 회사의 다른 펀드들은 형편없는 성적을 내고 있을지 모르지만 광고의 영향을 받은 사람들은 ○○ 투자 회사가 꽤 괜찮은 회사라고 생각한다. 이처럼 투자 회사를 판단할 때는 전체 실적을 봐야 한다. 우연의 결과일지 모를 성공적인 상품 하나만 보고 판단해서는 안 된다.

투자 회사는 통계가 지닌 맹점을 이용하는데 그중 하나가 '생존자 편향 Survivorship Bias'이다. 생존자 편향은 일상생활에서 성공을 실패보다 더 크게 인식함으로써 생기는 오류이다. ○○ 투자 회사가 다섯 가지 펀드를 제시하고 모두 실적이 좋다고 가정해 보자. 정말 괜찮은 회사라는 생각이 들 것이다. 그런데 지난 10년 동안 총 15개의 펀드를 관리하다 실패해서 10개를 접는 바람에 5개만 남은 것이라면? ○○ 투자 회사의 펀드와 고객들의 3분의 2가 쪽박을 찼다는 말이 된다. 이럴 경우 수익률이 좋다는 상품 5개는 그다지 성공적으로 보이지 않을 것이다.

'독일 펀드는 10년 동안 평균 5퍼센트를 달성한다.'

우리는 이 광고 문구에서, 얼마나 많은 펀드가 실적 악화로 정리됨으로써 통계에 나쁜 결과를 남겼는지 알 수 없다. 생존자 편향은 조사 기간에 따라 0.4퍼센트에서 1퍼센트까지 맘대로 만들어 낼 수 있고, 가장 크게 손실을 본 펀드를 제외시킴으로써 투자 회사의 가치를 높일 수 있게 할 수 있다.

증권 시장에서는 이런 일이 비일비재하다. 주가 지수만 봐도 그렇다. 성공한 큰 회사는 상장되고 망해 가는 회사는 상장 폐지된다. 다시 말해 주가 지수들은 성공적인 회사의 주가 변동만 집계하고 패배자 대열에 들어선 기업의 주가 변동은 통계에서 제외한다. 어느 회사가 '다우 지수 혹은 닥스 지수가 지난 20년간 이렇게 저렇게 높은 수익을 올렸다'라는 광고를 냈다면, 그것은 상장된 모든 주식이 그만큼 높은 수익을 올렸다는 말이 아니라는 사실을 알아야 한다. 또한 당신이 20년 전에 이 시장에 있는 주식을 샀더라면 오늘날 그만큼의 수익을 올렸을 거라는 말은 더더욱 아니다. 지금까지는 워밍업에 불과했다. 중요한 이야기는 다음부터다.

## 3
## 펀드를 고를 때 수익률은 무시하라
기저 효과

투자 광고나 투자 유치 홍보물에서 자주 악용되는 순위표를 살펴볼 때다. 순위표는 어떤 펀드가 수익률이 제일 좋은지 나타내는 아주 간단한 표이다. 최고의 펀드, 최고의 투자를 찾는 사람은 순위표 맨 위에 있는 것을 보면 된다. 정말로 순위표가 신뢰할 수 있는 자료라면 우리는 많은 비용과 시간을 아낄 수 있고, 전문가와 상담을 할 필요도 없다. 순위표만 보면 그걸로 끝이기 때문이다. 간단하고 빠르고 비용이 적게 들고 타당해 보인다. 펀드 회사 입장에서는 순위표를 믿고 투자한 사람들에게 비난을 들을까 걱정할 필요도 없다. 잘못되더라도 '2010년 최고의 펀드가 이듬해에 깡통이 될지 누가 알았나?', '그동안 아주 잘나갔는데 금방 곤두박질할 것이라고 생각이나 했겠어?'라는 식으로 핑계를 대면 그만이다.

파일럿 양성을 위한 비행 시뮬레이션 훈련을 관찰하다 보면 재미있는 현상을 발견할 수 있다. 양성 과정에서 훈련생들은 여러 차례 시뮬레이션 훈련을 하고 평가를 받는다. 그런데 시뮬레이션 과정에서 좋은 점수를 받은 훈련생은 다음번 시도에서 대체로 이전보다 안 좋은 결과를 낸다. 반면 형편없는 조종으로 경고를 받은 훈련생은 다음 훈련에서 더 나은 모습을 보인다. 교육학자들이 언짢게 생각할지 모르겠지만 칭찬은 독이 되고 비난이 약이 되는 것처럼 보인다.

사실 칭찬과 비난은 이 결과와 상관이 없다. 이런 상황이 발생하는 이유는 간단하다. 시뮬레이션은 실제 비행 중 고려해야 할 여러 가지 요소를 넣어서 설계되기 때문에 훈련 중 많은 변수가 발생한다. 그래서 성적이 좋아지기도 하고 나빠지기도 한다. 이번 훈련에서 좋은 성적을 얻어도 다음 훈련에서는 시뮬레이션 조건이 변하기 때문에 낮은 성적을 받을 수 있다. 반대로 낮은 성적을 받아도 조건이 변함에 따라 다음번에는 좋은 성적을 받을 수 있다. 여러 차례 시뮬레이션 훈련을 하고 점수를 매기면 결국 성적은 훈련생의 평균 실력에 근접하는 것을 관찰할 수 있다. 성적의 좋고 나쁨과 상관없이 결국 평균 실력으로 회귀하는 것이다. 이를 통계학에서는 '평균으로의 회귀Regression Toward The Mean'라고 하는데, 많은 자료를 토대로 결과를 예측할 때 그 결과 값이 평균에 가까워지려는 경향성을 말한다.

이를 염두에 두면 1위 펀드를 좋은 펀드라고 생각해서는 절대 안 된다. 오히려 그 반대일 수 있다. 다음 해에 그 펀드가 1위를 하지 않을 확률이 높기 때문이다. 평균으로의 회귀에 따라 다시 평균 실적으로 돌아갈 일만 남은 펀드일 수도 있다. 이 원리는 지난해에 평균 이상의 수익을 낸 다른 투자 상품에도 적용된다. 지난해의 뛰어난 실적은 우연적인 요소 때문일 수도 있다. 이렇게 보면 순위표의 승리자에게는 투자하지 않는 것이 논리적이다.

그렇다면 '평균으로의 회귀를 이용해 모험적으로 투자를 해도 되지 않을까?'라는 생각이 들 수도 있다. 현재 순위가 저조한 상품은 평균으로의 회귀에 의해 평균 수익으로 회귀할 것이므로 차라리 꼴등 상품에 투자하는 것이 나을 수 있다고 생각하는 것이다. 경제학자 베르너 드 본트Werner De Bondt와 리처드 탈러는 이를 확인하기 위한 실험을 했다. 그들은 두 가지 포트폴리오를 구성했다. 하나는 지난 3년간 상위 10퍼센트에 속하는 주식으로 구성했고, 다른 하나는 지난 3년간 하위 10퍼센트에 속하는 주식으로 구성했다. 60개월간 두 포트폴리오를 비교한 결과, 하위 10퍼센트로 구성된 포트폴리오는 30퍼센트 더 좋아졌고 최고 주식으로 구성된 포트폴리오는 10퍼센트 더 나빠졌다. 평균으로의 회귀가 주식 투자에도 나타난다는 사실이 증명되는 순간이었다.

어떤 펀드가 몇 년 동안 계속 순위표의 상위권에 있으면 좋은 펀드라고 보아도 될 것이다. 하지만 반드시 그런 것은 아니다. 3년 연속 상위권에 있는 것도 우연일 수 있다. 예를 들어 매년 동전을 던져서 그림이 나오면 상위 10퍼센트의 주식에, 숫자가 나오면 하위 10퍼센트의 주식에 투자를 하는 펀드 매니저가 있다고 하자. 그가 3년 연속 하위 10퍼센트의 주식에 투자할 확률은 12.5퍼센트다. 이럴 경우 앞에서 제시한 실험 결과에 따른다면 동전을 던져 투자한 그는, 이듬해에 오를 것만 기대하며 투자하는 다른 동료들의 수익률을 앞지를 것이다. 그리고 그는 펀드 매니저 순위표에서 1등을 할 것이다.

그러나 우리의 뇌는 3년 연속 순위표의 상위권에 머물고 있다는 사실에 큰 의미를 부여한다. '작은 수의 법칙Law of Small Numbers'이 작용하기 때문이다. 심리학에서 쓰는 용어로 수학에는 이런 법칙이 없다. 스위스의 수학자 자코브 베르누이Jakob Bernoulli가 발견한 '큰 수의 법칙Law of Great Numbers' 만 있을 뿐이다. 작은 수의 법칙을 설명하기 전에 큰 수의 법칙에 대해 잠깐 알아보자.

동전을 던졌을 때 그림 혹은 숫자가 나올 확률은 각각 50퍼센트이다. 그러나 동전을 여섯 번 던질 때 그림 세 번, 숫자 세 번이 나올 것이라고 기대하기는 어렵다. 열 번, 스무 번을 던져도 정확히 반반씩 그림과 숫자가 나올 것이라고 기대하기 어렵다. 그러나 동전을 많이 던지면 던질수록, 그림과 숫자가 나오는 횟수가 이론대로 거의 비슷하게 나올 것임은 기대할 수 있다. 동전을 만 번 정도 던지면 그림이나 숫자가 대략 오천 번씩 나올 것이라고 예상할 수 있다. 던지는 횟수, 즉 표본 크기가 커질수록 이론적으로 예측할 수 있는 결과에 가까워진다. 이것이 큰 수의 법칙이다.

그러나 사람들은 심리학에서 말하는 작은 수의 법칙이라고 하는 오류를 범한다. 동전을 여섯 번 던지고도 그림과 숫자가 반반씩 나오기를 기대한다. 표본 크기가 작아도 큰 수의 법칙이 적용되어 반반의 확률로 나오기를 기대하는 것이다. 숫자가 있는 면이 연속으로 다섯 번 나와도 우연이라고 여기지 않는다. 사람들이 생각하는 우연과 맞지 않기 때문이다(이에 대해서는 챕터 2에서 이미 다루었다).

따라서 어떤 펀드가 3년 연속 순위표의 상위권에 있으면, 사람들은 그것을 우연히 이루어진 것으로 보지 않는다. 표본 크기가 3년밖에 안 되는데도 3년 연속 상위권을 차지한 것이 우연일 리 없다고 생각하고 이 표본이 전체를 대표한다고 믿는다. 상위권에 머물거나 떨어질 확률을 반반으로 보면, 순위표의 상위권에 있는 펀드가 3년 연속 상위권에 있을 확률은 12.5퍼센트다. 통계에서 3년은 현실을 반영하기에는 너무 짧다. 우리는 큰 수의 법칙에 기대어 순위표에 너무 큰 의미를 둔다.

'기저 효과Base Effect' 또한 좋은 펀드를 고르는 것을 방해한다. 기저 효과는 어떠한 결과를 산출하는 과정에서 기준점과 비교 대상의 상대적 위치에 따라 결과가 왜곡되어 나타나는 현상을 말한다. 예를 들어 첫해에 한 펀드 매니저가 우연히 경쟁자들보다 월등한 실적을 냈다고 가정해 보자. 그다음 2년 동안 평균 수준의 실적을 냈더라도 첫해의 성공 덕분에 3년 내내 순위표 1위 자리에 머물 수 있다. 그리고 이를 이용해 광고를 만들 수 있다.

'○○ 투자 회사는 3년간 펀드 수익률 1위를 기록했다.'

사람들은 진실을 알지 못한 채 이런 광고에 영향을 받는다. 당신이라면 이 펀드 매니저에게 돈을 맡기겠는가? 이런 함정을 피하고 싶다면 누적 수익이 아니라 매년 수익을 살펴야 한다. '○○ 투자 회사는 3년간 수익률 1위를 기록했다'라는 문구를 믿기 전에 ○○ 투자 회사가 매년 몇 퍼센트의 수익률을 달성했는지를 먼저 살펴봐야 한다.

만약 투자 회사나 펀드 매니저가 자신들의 성과를 과장할 때 우리는 어떻게 해야 할까? 사과와 배를 비교하지 않겠다고 결심하라. 즉 인터넷 종목에 투자한 펀드와 국가 채권에 투자한 펀드를 비교해서는 안 된다. 당연한 이야기지만 각각의 펀드를 여러 펀드와 같이 비교하면 판단하기가 애매모호해진다. 예를 들어 사과 펀드와 배 펀드가 있다고 가정해 보자. 사과 펀드는 높은 수익률과 위험성으로 유명한 반면, 배 펀드는 안정적인 대신 수익률은 그다지 높지 않다. ○○ 투자 회사의 배 펀드 매니저는 순위표의 거의 꼴찌에 있다. 그리하여 사과 펀드 몇 개에도 투자를 한다. 그 결과 위험도가 약간 높긴 하지만 수익률이 좋아 배 펀드 매니저는 다른 동료들을 제치고 순위표의 선두에 서게 된다.

공정해 보이지 않는다. 하지만 실제 펀드 세계에서는 각각의 펀드가 쉽게 분리되지 않는다. 사과와 배 외에도 아주 많은 펀드가 있기 때문이다. 투자 범주에 따른 상품 분류는 종종 견해에 따라 달라질 여지가 많다. 그리고 투자 회사들은 자신의 펀드를 순위표의 상위권에 올려놓기를 원한다. 순위를 올리려면 올바른 상대만 고르면 된다. 순위표를 만드는 회사들이 투자 회사들의 이런 속임수를 막으려 아무리 애를 써도 처리하기가 쉽지 않다. 상품의 성격을 분류하기가 어려운 펀드가 꼭 있기 때문이다. 예를 들어 프랑크푸르트 근교에 있는 한 분석 기관이 매년 최고의 펀드에 주는 상을 보면 짐작이 된다. 최고의 펀드 상은 14개 범주로 나누어 각각 다섯 펀드씩 총 70개 펀드에 수여한다. 14개 범주는 아시아 태평양 및 일본, 독일, 이머징 마켓, 중유럽, 동유럽, 보존 분야, 윤리 분야, 북아메리카, 세계, 글로벌 변동 분산형 펀드, 유로 연금, 유로 연금 재단 투자 등급, 유럽 통화 연금, 세계 통화 연금 등이다.

또 다른 회사가 선정하는 펀드 상은 다음과 같은 범주로 분류된다.

대규모 채권, 소규모 채권, 대형주, 소형주, 혼합 자산, 총혼합 자산, 총대규모 채권 전환, 총소규모 채권 전환, 유럽 채권 전환, 글로벌 채권 이머징 마켓, 글로벌 유로 채권, 하이일드 유로 채권, 물가 연동 유로 채권, 단기 유로 채권, 유로존 채권, 유로 헤지 글로벌 채권, 영국 파운드 채권. 이것으로도 부족했는지 각 범주를 다시 3년, 5년, 10년으로 나누었다.

이 밖에도 금융계에서 수여되는 상은 많다. 최고의 펀드 하우스에게 주는 상, 개별 펀드 매니저에게 주는 상 등 쪽박을 차지 않는 이상 모두가 상을 받을 수 있다. 투자 회사가 아무 상도 받지 않는 것이 더 어렵다는 조롱이 있을 정도다.

이런 다양한 상은 두 가지 중요한 기능을 한다. 첫째, 시상식 때 금융 전문가들이 서로 만나 수다를 떨 수 있는 좋은 구실을 제공한다. 둘째, 수상 경력을 상품 홍보에 쓸 수 있다. '시베리아 동부 2차 주식 분야 4년 6개월 부문에서 대상!'처럼 광고에 쓰기 딱 좋은 문구를 만들어 준다. 셋째, 상을 수여하는 기관이 시상식을 통해 주머니를 채울 수 있다.

사람들은 펀드 판매 순위와 광고 문구에 쉽게 유혹되는 경향이 있다. 순위가 투자 회사와 상관없이 환경에 얼마나 많은 영향을 받는지 그리고 광고로 내세우는 순위표를 어떻게 평가할지 깊이 생각하지 않는다. 그 결과 투자자들은 주로 과거에 가장 높은 수익을 올린 펀드에 돈을 넣는다. 이는 직장 퇴직 연금을 어디에 투자할지를 결정할 때도 나타난다. 예를 들어 미국의 한 회사 직원들은 퇴직 연금을 투자할 때 자신들의 회사 주식이 과거에 비해 많이 올랐다면 우리 사주에 더 많이 투자했다. 성공적인 투자 방법이 그렇게 간단하다면 전문가, 주식 관련 책, 경제학 교수 등은 필요 없을 것이다. 그렇다면 차라리 증권 시장의 구루를 만나는 것이 나을지도 모른다.

'남아메리카의 여러 도시가 거대한 들쥐의 공격을 받고, 미국 대통령의 전용기가 납치된다.'

'8월 13일 금요일 인류는 멸망한다.'

몇몇 예언가의 예언이 맞았으면, 2010년에 이 모든 사건이 일어났어야 했다. 그러나 제3차 세계 대전은커녕 예언가들의 소소한 예언도 제대로 맞은 게 하나도 없었다.

예언 레퍼토리는 각종 재난, 전쟁, 지구 멸망 등을 끊임없이 내세운다. 제3차 세계 대전은 르네상스 시대에 활동한 예언가 노스트라다무스Nostradamus의 기록에서 찾은 것인데, 아무래도 번역을 잘못한 듯싶다. 마야 달력에 따르면 2012년에 지구가 멸망한다고 했는데, 2012년도 별일 없이 지나갔다.

증권 시장에서도 비슷한 레퍼토리의 예언이 끊임없이 반복된다. 예를 들어 어떤 점성술사는 2008년에 증권 시장이 안정될 것이고 닥스 지수가 연말까지 5~9퍼센트 오를 거라고 예언했다. 그러나 그해 닥스 지수는 전년 대비 약 40퍼센트 떨어졌다.

정확성은 예언가 혹은 증권 시장의 구루들에게 성공의 열쇠이다. 이들은 새로운 정보를 기존 정보의 선입견을 통해 받아들이고 해석하는 사람들의 심리를 이용한다. 간단한 실험을 통해 새로운 정보가 선입견과 연결되는 것을 확인할 수 있다. 대학생들에게 어떤 소녀를 보고 그녀의 읽기 능력을 예상해 달라고 부탁했다. 대학생들을 두 그룹으로 나누어 소녀에 관한 비디오를 보여 주었다. 이때 약간의 트릭을 써서 한 그룹에게는 소녀가 깔끔한 도시 근교에서 노는 모습을 보여 주었다. 소녀의 부모는 대졸 사무직 노동자로 묘사되었다. 반면 다른 그룹에게는 소녀가 지저분하고 복잡한 시내 뒷골목에서 노는 모습을 보여 주었다. 소녀의 부모는 고졸 단순직 노동자로 묘사되었다.

결과는 기대했던 것과 거의 일치했다. 대학생들은 깔끔한 도시 근교에 살고 사무직 부모를 둔 소녀의 읽기 능력을 높게 예상했고, 지저분한 시내에 살고 단순직 노동자 부모를 둔 소녀의 읽기 능력을 낮게 예상했다. 소녀는 같고 주변 정보만 바꿨는데도 말이다. 소녀가 좋은 가정에서 자라지 않았다는 정보 하나로 대학생들은 소녀의 읽기 능력을 낮게 예상했다. 가정 환경에 기초한 선입견이 실험을 통해 드러난 것이다.

추가 실험을 했다. 이번에는 대학생들에게 소녀가 책 읽는 모습을 인터뷰한 영상을 추가로 보여 주었다. 인터뷰를 보고 나면 두 그룹이 소녀의 읽기 능력을 객관적으로 예상할 수 있으리라고 기대했다. 그러나 인터뷰라는 추가 정보가 오히려 두 그룹의 선입견을 강화했다. 자신들의 판단과 일치하는 정보는 받아들이고 일치하지 않는 것은 받아들이지 않는 태도를 보이면서 처음의 판단을 강화시킨 것이다. 심리학에서는 이를 '확증 편향Confirmation Bias'이라고 한다.

이처럼 우리가 보고 인식하는 새로운 정보는 기존에 지닌 정보와 선입견의 영향을 받는다. 앞의 실험이 보여 주듯이, 선입견과 기존 정보 때문에 새로운 정보를 편파적으로 해석할 수 있다. 새로운 정보가 애매모호할수록 이런 현상은 강하게 나타나며, 경우에 따라서는 편파적 해석을 넘어 정반대로 해석하는 경우도 있다. 예를 들어 사형을 옹호하는 그룹과 반대하는 그룹에게 똑같이 사형 제도에 관한 글을 주면, 옹호자들이나 반대자들 모두 이 글이 자신의 의견을 뒷받침한다고 생각한다.

예언가들은 확증 편향이라는 심리의 허점을 즐겨 이용한다. 가능한 한 모호하고 두루뭉술한 표현으로 예언을 하면, 듣는 사람은 각자의 선입견, 편견, 기대의 틀 안에서 예언을 해석해 스스로 완성한다. 예를 들어 "당신은 재정에 관한 중요한 결정을 내리게 될 것입니다"라는 말을 하면 이 말을 들은 사람들은 새 직장, 새로운 집, 연봉 인상 등 무엇이든 생각나는 것을 끌어다가 모호한 표현의 예언을 다듬고 내용을 넣어 완성한 뒤 예언가의 능력에 감탄한다.

증권 시장에서도 같은 방식이 통한다. 애매모호할수록 그대로 이루어진다. 예를 들어 '주목할 만한 세계적 큰 사건들은 주로 유럽과 미국에서 일어날 것이다'와 같은 식이다. 어떤 식으로든 이루어질 명확한 예언이다!

증권 시장의 구루로서 경력을 쌓기 위한 첫 번째 방법은 가능한 한 모호하게 말하는 것이다. 주가가 적어도 5퍼센트 오를 것이라고 말하되 언제인지는 말하지 말고, 향후 3개월간 유로가 약세일 거라고 말하되 몇 퍼센트인지는 말하지 말라. 코에 걸면 코걸이, 귀에 걸면 귀걸이가 되는 표현을 써라. 정말로 주가가 오르고 유로가 약세로 돌아서면 고객들은 당신의 예측 능력에 감탄할 것이다. 하지만 예언과 마찬가지로 고객들이 예측에 대한 내용을 스스로 완성한 것에 불과하다.

두 번째 방법은 되도록 많은 예측을 하고 그중 맞힌 것만 사람들의 기억에 남도록 하면 된다. 챕터 2에서 명사수처럼 보이고 싶다면 벽에 대고 마구 총을 쏜 다음 총알 자국 주위에 과녁을 그리는 방법이 있다고 소개했다. 이와 같은 방식을 이용하면 훌륭한 분석가가 될 수 있다. 예측을 많이 할수록 들어맞는 예측의 숫자가 늘어난다. 그리고 고객들은 구루의 놀라운 능력에 감탄한다. 기관총으로 맘껏 퍼부은 다음(예측), 표적에 남은 자국(맞은 예측)은 훌륭한 예측 능력의 증거로 내세우고 표적을 벗어난 것들(빗나간 예측)은 눈에 띄지 않게 슬쩍 가린다. 간단하면서도 효과적이고 재미있는 방법이다.

세 번째 방법은 끈기이다. 어떤 예측을 제시하고 그 예측이 맞을 때까지 고수한다. 닥스 지수가 8000을 넘길 거라고 예상했다면 8000이 넘을 때까지 기다리면 된다. 언젠가는 닥스 지수가 8000을 넘을 것이다. 그런 다음 이미 몇 년 전에 예상했던 일이라고 자랑하면 된다.

"닥스 지수가 8000까지 상승할 것을 하노 벡은 벌써 몇 년 전에 알고 있었대!"

상상만 해도 기분 좋은 일이다. 아마 이 예측이 맞을 때까지 기다리는 동안 많은 투자 기회를 날리거나 많은 손해를 볼 것이다. 하지만 대단한 예측 능력의 소유자라는 평판에 비하면 그리 큰 손해가 아닐지도 모른다.

시장을 예측하는 데는 다양한 방식의 통계, 경제 이론, 그리고 신비주의에 가까운 기법까지 수많은 방법이 사용된다. 그러나 분석가로 살아남기 위해서는 되도록 안정적인 방법을 사용해야 하는데 가장 좋은 방법은 많은 사람이 사용하는 방법을 따르는 것이다. 그러면 적어도 일자리를 지킬 수 있다. 예측이 틀렸더라도 다른 사람 역시 틀렸다고 둘러댈 수 있기 때문이다.

증권 시장의 구루들에게 악의는 없다. 당연히 증권 시장의 구루들은 과학적인 진단을 하기 위해 통계를 이용한다. 이것이 잘못된 것은 아니다. 그러나 여기에도 확증 편향이 숨어 있다.

## 5
## 경제 뉴스를 읽기 전에 확인해야 할 것들
### 착각 상관

유럽에서는 황새가 오면 아기를 낳는다는 전설이 전해지고 있다. 실제로 통계학자 로버트 매슈스Robert Matthews는 황새와 출생률 사이에 관련이 있다고 생각하고 유럽 17개국의 황새 수와 해당 국가의 출생률을 비교했다. 분석 결과 황새가 많을수록 출생률이 높다는 사실을 확인할 수 있었다. 그가 작성한 통계는 황새와 출생률 사이에 연관이 있을 거라는 그의 주장을 뒷받침하는 명백한 증거가 되었다.

통계에서는 이런 연관성을 '상관관계Correlation'라고 한다. 두 가지 데이터의 변화를 비교해 어느 한쪽이 증가함에 따라 다른 한쪽이 증가하거나 감소할 때 두 데이터의 관계를 상관관계라고 한다. 첫 번째 변량(한 국가에 사는 황새 수)이 높고 두 번째 데이터(해당 국가의 출생률)가 높으면 상관관계가 있다고 이해하는 식이다. 상관관계가 없다면 황새 수는 많은데 해당 국가의 출생률은 낮은 사례가 많을 것이다.

상관관계의 정도를 가늠하는 기준으로 상관 계수Correlation Coefficient를 살펴보는데, 상관이 적을 경우 계수는 0에 가까워지며, 상관이 많을수록 1에 가까워진다. 로버트 매슈스가 조사한 결과에서 황새와 출생률의 상관관계는 0.62로 나왔다. 수치상으로 보면 황새와 출생률 사이에 연관이 있다는 뜻이다. 그러나 챕터 2에서 다룬 '우연'을 참고하면, 이런 상관관계는 힌덴부르크 오멘이나 슈퍼볼 지표처럼 순전히 우연처럼 생긴 것일 수 있다.

그리하여 로버트 매슈스는 우연적인 요소를 고려했다. 상관관계가 전혀 없다고 가정하고 이런 결과가 우연히 발생할 확률이 어느 정도인지 계산했다. 그 결과 황새와 출생률의 상관관계가 우연히 발생할 가능성은 0.8퍼센트로 나왔다. 즉 황새가 아이를 데려올 확률이 99.2퍼센트라는 결론이 나온 것이다.

하지만 상식적으로 황새가 아이를 데려오지 않는 것은 100퍼센트 확실하다. 그렇다면 어디서 오류가 생겼을까? 그럴듯하게 들리는 상관관계, 특히 사람들이 기대하는 것과 부합하는 상관관계를 접할 경우 사람들은 어떻게 반응할까?

실제로 확증 편향 때문에 사람들은 이런 터무니없는 상관관계를 의심 없이 믿게 된다. 실제 두 사건 사이에 아무 상관이 없는데도 상관이 있다고 여기는 것을 심리학에서는 '착각 상관Illusory Correlation'이라고 한다. 예를 들어 '날씨가 좋으면 거래자의 기분이 좋기 때문에 주가가 오른다'라는 가설을 세웠을 경우 사람들은 이 가설을 확인시켜 주는 정보만을 찾는다. 그리고 태양과 주가 사이의 잘못된 상관관계를 확고히 한다. 가설을 세우고 가설을 확인해 주는 정보만 선별적으로 찾음으로써, 통계적으로 보면 존재하지 않지만 적어도 사람들의 추측 안에는 존재하는, 두 사건 사이의 상관관계를 구성한다. 또한 착각 상관에서는 상관 계수가 과대평가된다.

　황새와 출생률의 관계는 통계를 보면 상관관계가 존재하는 것처럼 보이지만 사실은 상관관계가 없다고 어렵지 않게 확신할 수 있다. 문제는 통화, 주가, 경제 성장, 금리 혹은 국민 경제와 관련된 여러 변수 사이의 상관관계라면 판단하기가 어려워진다는 것이다. 모든 요소가 서로 연관이 있어 보이는데 그 연관성이 모호하게 느껴지면서 확증 편향이 등장한다. 다양한 대안들을 개방적으로 받아들이는 대신 사람들은 '날씨가 좋으면 기분이 좋아져 주식을 더 많이 산다'와 같은 가설을 쉽게 믿어 버린다. 발견된 상관관계를 다른 시각으로 보지 않고, 또 어떤 현상이 다른 가설과 얼마나 부합하는지 검사하지 않고 기존의 가설에 맞춰 좋을 대로 해석해 버린다. 사실 어떤 현상이 기존의 가설보다 다른 가설과 더 많이 일치할수록 기존 가설의 증거로는 부적합하다. 이것을 '허위 진단성 편향$^{Pseudo\ Diagnosticity\ Bias}$'이라 부르는데, 사람들은 어떤 현상이나 상관관계에 대한 다른 대안을 고려하지 않은 채 스스로 올바른 진단을 했다고 믿는다.

　앞에서 황새와 출생률의 관계를 분석한 결과에서 상관관계가 있는 것처럼 보이는 이유는 '잠재 변수$^{Latent\ Variable}$' 때문이다. 잠재 변수는 관측은 불가능하지만 다른 변수들의 관계를 설명하는 데 필요하다고 생각되는 변수를 말한다. 예를 들어 농지의 면적과 산업화 정도가 잠재 변수일 수 있다. 농지가 넓을수록 황새가 서식하기 좋은 공간이 많고 출생률이 높다. 산업화 정도가 높을수록 황새가 서식할 만한 공간은 적고 출생률은 낮다. 산업화가 진행될수록 사람들은 아이를 적게 낳는데, 통계적으로도 산업화와 출생률 사이에는 상관관계가 있다. 그 이유는 유아 사망률이 낮아졌기 때문일 수 있고 혹은 자본 시장과 연금 제도 덕분에 자식에게 기댈 필요가 적어졌기 때문일 수도 있다.

이처럼 착각 상관 때문에 확증 편향의 함정에 빠지지 않도록 조심해야 한다. 하나의 의견에만 빠지면, 다른 의견을 받아들이지 못해 잘못된 결정을 내릴 수 있다. 어느 일간지에 실린 다음 기사를 살펴보자.

지난 몇 달간의 금 가격 변동과 그와 동시에 발생한 미국 달러 약세를 보면, 둘 사이에 상관관계가 있음이 확실하다. 통계가 이를 뒷받침하고 있다. 〈글로벌 인사이트〉는 세계금위원회[WGC]의 의뢰로 2002년에서 2006년 사이의 자료들을 조사했는데 그 결과 미국 달러와 금 가격 변동 사이에 반비례 관계가 있음이 나타났다. 상관 계수는 -0.45이다.

기사 내용은 타당한 것처럼 보인다. 상관 계수 -0.45는 반비례 상관관계가 있다는 뜻으로, 미국 달러가 떨어지면 금값은 오른다는 말이 된다. 우리는 '달러가 떨어지면 금값이 오른다'는 명제를 만들고 이에 따라 투자를 하게 된다. 그러나 먼저 달러와 금값의 상관관계를 의심하고 확인해야 한다. 왜 그런 상관관계가 생겼으며, 5년간 자료가 해당 명제를 증명하기에 충분한 것인지, 2002년 전에는 어땠는지, 세계금위원회는 이런 조사에서 어떤 이익을 얻는지를 따져 보아야 한다. 다음은 세계금위원회가 밝히는 그들의 목표이다.

세계금위원회의 과제는 금 수요에 활기를 넣고 유지하는 것. …… 세계금위원회는 매년 금 상품의 약 60퍼센트를 생산하는 선구적인 금광 기업들이 만든 조직이다.

금 가격과 달러 가격이 반비례한다는 명제는 맞을 수도 있고 아닐 수도 있다. 5년은 견고한 명제를 세우기에는 짧은 기간이다. 마지막으로 가장 중요한 질문인 '해당 기간에 금에 투자한 사람들은 다른 투자자들과 비교해서 얼마를 벌었는가?'를 물어야 한다.

투자하거나 투자를 고민할 때는 비판적이고 유연하게 생각하려 애쓰고 확증 편향에 넘어가지 않도록 주의해야 한다. 기본적으로 인간은 자신의 의견을 옹호하는 주장에 무게를 두는 경향이 있다. 여러 연구를 통해 많은 사람이 이 사실을 알고 있다. 확증 편향의 함정에 빠지지 않으려면 확증 편향이 왜 생기는지, 대표적인 사례가 무엇인지 아는 것이 중요하다. 예를 들어 사람들은 금에 투자를 했으면 금 투자를 옹호하는 주장에만 주목하고 반대 주장은 평가 절하한다. 챕터 1에서 확인했듯이 독일의 보수 정당 지지자들은 진보 성향의 잡지인 《포어바르츠》를 잘 읽지 않는다. 보수적인 유권자들에게 새로운 정보와 관점을 볼 수 있게 해 주는 《포어바르츠》가 더 흥미로울 수 있는데도 말이다. 이런 심리를 염두에 두지 않으면 투자에서 큰 손해를 입을 수 있다.

확증 편향을 통해서 알 수 있듯이 사람들은 믿기 싫은 것을 믿는 것보다 믿고 싶은 것을 믿는 것을 더 편하게 여긴다. 불편한 일보다 편한 일을 잘 기억하고 불편한 설명보다 편한 설명을 좋아하는 것처럼 부정확한 자료로 원하는 해석을 만든다. 이 과정에서 주관적인 세계관과 개인적인 의견을 일치시킨다. 몇몇 정보를 왜곡해서라도 자신의 세계관을 고수한다.

그러므로 증권 시장 구루의 예측이나 자신의 선입견을 너무 믿지 않도록 주의해야 한다. 점성술사 빈프리트 노에Winfried Noè는 자신이 제공하는 정보에 이런 안내문을 덧붙였다.

'노에 아스트로$^{Noë Astro}$'에 소개된 정보들은 의학적, 심리학적, 정신 의학적, 권리, 세금, 재정, 경제 이론을 대체하는 데 적합하지 않다. 이곳의 조언을 따를지 말지는 전적으로 사용자에게 달려 있다. 모든 사용자와 조언자는 각자 자기 행동에 스스로 책임져야 한다. …… 기재된 정보들의 새로움, 정확성, 완전성 혹은 질을 보장하지 않는다.

애널리스트들도 점성술사들처럼 '본 서비스는 재미로 제공되는 것입니다'라는 문구를 밝혀야 한다.

그렇다면 증권 시장에서 나오는 진단과 예측을 무시하는 것이 나을까? 진단 모형들이 어떻게 설계되고 어떻게 쓰이는지 알아 둘 필요가 있다.

안드레아스 자우어Andreas Sauer는 산업 공학 박사이며 자산 관리 회사 쿠오니암Quoniam의 CEO로 재직 중이다. 겉으로는 통계, 자료, 공식 등의 자료에 파묻혀 사는 사람처럼 보이지 않지만 그는 정량적 분석Quantitative Analysis을 전문으로 하는 퀀츠 애널리스트Quant's Analyst이다. 정량적 분석이란 기업의 재무제표, 주가, 지표 등 증권 시장과 관련 있는 수많은 정보를 수집하고 통계를 이용해 자료들 사이의 상관관계를 분석하고 평가하는 것이다. 과거의 수많은 자료를 통해 미래에 대한 정확한 예측을 목표로 한다. 정량적 분석은 자본 시장이 어떠한 방식으로 작동하는지 논리적으로 분석하고 장기간에 걸친 변동 사항을 조사한다.

"이때 중요한 것은 시간입니다. 장기간의 데이터를 사용해야 우연적인 요소의 영향을 배제할 수 있습니다. 그리고 예측을 할 때는 오로지 경제적으로 타당한 상관관계만 고려해야 합니다."

안드레아스 자우어가 독일 남부 지방 억양으로 요점을 말했다. 정량적인 포트폴리오 관리는 챕터 1에서 소개한 펀드 매니저 행크처럼 가치 투자자들이 기본 분석에 이용하는 것과 같은 정보를 이용한다.

정량적 분석은 다음 과정을 거친다. 먼저, 되도록 많은 자료를 수집한다. 그리고 자료들을 정교하게 설계된 컴퓨터 프로그램에 입력한다. 평범한 수학 실력으로는 감당하기 어려운 몇몇 계산 단계를 거치면 투자할 만한 종목이 무엇인지 나온다. 수많은 수치를 다루고 계산을 하기 때문에 안드레아스 자우어 같은 사람들을 시장에서는 숫자를 씹어 먹는 사람이라는 뜻의 '넘버 크런처Number Cruncher'라고 부른다.

이런 식의 예측은 앞 유리가 가려져 있어 백미러를 보면서 운전을 하는 것과 같다. 말도 안 되는 소리처럼 들리겠지만, 앞을 볼 수 없다면 뒤라도 보면서 가야 할 길이 지나온 길과 비슷하게 진행되기를 바라는 수밖에 없기 때문이다.

프로그램에 어떤 자료를 넣느냐는 분석가의 취향과 확신에 달려 있다. 기업에 관한 기본 자료, 주가 변동, 환시세, 금리, 사회 복지, 경기 지표 등 모든 것이 어떤 식으로든 영향을 줄 수 있다. 정량적 분석은 바로 이런 것들의 상관관계를 알아내는 것이다. 정량적 분석은 경제적으로 타당하고 객관적으로 측정 가능하며 주가에 실질적인 영향을 미치는 요소, 즉 통계적으로 검증이 가능한 상관관계만 취급한다. 그렇게 함으로써 착각 상관을 배제한다. 또한 장기간에 걸쳐 효력이 확인된 상관관계에만 집중함으로써, 전문가들이 '타이밍(운 좋게 최적의 매매 시점을 맞춘)'이라고 부르는, 단기간의 성공을 제외한다. 이런 점에서 정량적 분석은 기술적 분석이나 점성술과 다르다.

"타이밍 결정은 어렵고 이해도 안 됩니다."

안드레아스 자우어는 말했다. 투자 결정은 객관적이어야 하고 명확한 평가 기준을 토대로 해야 한다. 투자를 하면서 오류를 저지르는 가장 큰 이유는 인간이 감정적이고 즉흥적이기 때문이다. 수학을 사용하면 주관적인 요소를 배제할 수 있다.

기술적 분석은 점성술보다는 믿을 만하지만 과거가 다시 반복되기를 희망해야 한다는 단점이 있다. 그렇지만 '구조적 단절Structural Break(세상은 단절된 것처럼 급격하게 변한다)'이라고 부르는 일이 늘 발생하기 때문에 한계에 부딪힐 수밖에 없다. 예를 들어 저금리일 때 주가가 오르는 현상이 여러 해에 걸쳐 나타났다고 가정해 보자. 그러면 기술적 분석은 금리가 오르면 주가가 떨어질 것이라고 진단한다. 그렇지만 전체적인 경제 기후가 바뀌어 과거의 상관관계는 없어지고 금리 인상이 오히려 주가 상승을 부추길 수도 있다. 9·11 테러나 2008년 금융 위기 같은 사건이 구조적 단절이다. 문제는 언제 구조적 단절이 일어나는지 알 수가 없다는 것이다. 금융 세계에 생긴 이런 균열이 예측 모델에 어떤 영향을 미치는지는 알기 어렵다.

정량적 분석이 정확하고 그 프로그램의 기반이 되는 이론이 확실해도 예상치 못한 사건을 예방하지는 못한다. 구조적 단절은 대부분 예기치 않은 형태로 나타나는 까닭에 처음부터 장기간의 변동을 예측하려고 하지 않는 모델도 있다. 이런 모델은 많은 자료를 모으고 복잡한 계산을 거쳐 주가 상승의 시작이나 끝을 알리는 신호를 찾아낸다. 그러나 정량적 분석과 달리 거래의 타당성을 분석하는 것이 아니라 그냥 통계적 상관관계가 있는지만을 살피고 단기간의 변동과 경향만을 좇는다. 이를 '트렌드 트래킹Trend Tracking'이라고 한다. 트렌드 트래킹의 목표는 주가의 전환점을 미리 알아내는 것이다. 예를 들어 이동평균선 같은 지표를 보고 투자를 할지 철수를 할지 결정하는 것이다.

챕터 2에서 소개한 증권 경제 점성가 우베 크라우스의 인터뷰를 참고하면, 이런 분석에 대해 의심이 들 것이다. 조금 박하게 표현하면 트렌드 트래킹은 점성술과 별 차이가 없다. 별자리를 살피는 대신 많은 자료를 수집해 어떤 식으로든 주가와 관련이 있어 보이는 자료를 뽑아내는 것뿐이다. 어쨌든 예측이 맞으면 그만이다. 사람들은 예측을 통해 수익을 얻을 수 있다면 그 이론적인 근거가 무엇인지는 따지지 않는다.

통계와 진단 기술의 세계로 떠났던 여행은 한 가지 질문으로 끝난다. 여기서 무엇을 배우는가? 류저에게 물어보자.

# 7
# 통계의 거짓말에
# 당하지 않는 법

'류저Luser'는 영어권 국가에서 주로 이용하는 인터넷 신조어로, 루저Loser와 유저User의 합성어이다. 전자 제품이나 컴퓨터 프로그램 등의 사용법을 몰라 당황해하는 사람들을 지칭하는 용어로, 전문가들에게는 악몽 같은 존재이다. 그들은 최신 노트북, 스마트폰, 각종 기기 등을 놓고도 쓰는 방법을 몰라 전문가들의 시간을 빼앗는다. 컴퓨터 전문가들이 서로 정보를 공유하는 daujones.com에 들어가 보면 류저들에게 시달린 사람들의 재미있는 경험담이 올라와 있다.

고객 : 새 인터넷을 깔아 줄 수 있어요? 내 컴퓨터에는 한 페이지밖에 없어서……

고객 : 아이맥iMac이 켜지지 않아요.
상담원 : 그러니까 전원 스위치를 눌렀는데, 작동이 안 된다고요?

**고객** : 전원 스위치요? 그런 거 없는데요!

**고객** : 컴퓨터가 고장 났어요.
**상담원** : 오류 보고서가 떴나요? 화면에 뭐가 뜨나요?
**고객** : 커피잔요(맥Mac의 화면 보호기).

**고객** : 컴퓨터가 내 비밀번호를 기억하지 못해요!

전자 제품 고객 센터에서 일하는 사람이라면 이런 경험담을 끝도 없이 얘기할 수 있다. 그리고 경험담 뒤에는 늘 같은 메시지가 담겨 있다.
'바보는 도구를 가졌어도 여전히 바보다.'
아무리 좋은 장비를 갖춰도 사용법을 모르면 여전히 바보라는 이야기이다. 통계학과 통계 모델은 좋은 도구이다. 이 도구를 잘 사용하는 사람은 많은 도움을 받지만 그렇지 못하면 아무런 도움도 못 받는다.
고성능 컴퓨터가 류저들에게 혼란만 주는 것처럼, 아무것도 모르는 사용자에게 통계학과 관련된 자료나 도표 같은 도구는 혼란만 준다. 고성능 컴퓨터는 사용법만 익히면 괜찮지만 자료를 잘못 사용해 투자에 실패하는 것은 비싼 대가를 치러야 한다.
보통 사람들은 그래프를 해석하는 데 익숙하지 않다. 눈은 이성보다 속임수에 약하기 때문에 역동적인 화살표, 직선으로 뻗은 축, 구미에 맞게 선택된 기간을 보면 혼란에 빠진다. 예를 들어 투자 회사들이 광고에 즐겨 쓰는 순위표의 상위권에 해당 회사의 상품이 소개되어 있으면 괜찮은 상품처럼 보인다.

이럴 경우 작은 수의 법칙을 떠올려야 한다. 적은 자료를 가지고 낸 통계는 현실을 적절하게 반영하지 못한다. 어떤 상품이 3년 내내 상위권에 있었다고 해서 그 상품이 좋은 것은 아니다. 이는 우연의 힘을 과소평가하고 자료를 과대평가하는 것이다. 대신 그 투자 회사는 왜 3년간의 실적만 제시하는지 또는 그 외 기간의 실적은 어떠했는지 비판적으로 생각해야 한다.

또한 이 상품과 비교할 만한 상품은 무엇이고, 투자 회사가 비교 대상을 적절히 선정했는지, 비교 대상이 된 상품들의 실적은 어떠한지, 그것들 중 실적 악화로 없어져서 통계에 잡히지 않는 상품은 없는지, 있다면 몇 개나 있는지 등을 따져야 한다. 투자 회사들이 통계를 이용해 고객을 낚으려 한다는 사실을 안다면, 자료와 수치들을 어느 정도는 직접 수집하고 확인해야겠다는 생각이 들 것이다. 그래서 유럽 의회는 이를 법으로 만들어 명시했다.

시장 보고를 포함해서 회사가 고객에게 혹은 잠재 고객에게 전달하는 모든 정보는…… 쉽고 명확해야 하며 혼란을 주어서는 안 된다.

그렇지만 객관적인 자료가 있더라도 우리 안에는 늘 확증 편향이 도사리고 있다. 따라서 어떤 상품 정보를 선입견에 따라 수집하고 선별하고 해석할 위험이 있다. 일단 어떤 상품이 마음에 들면 다른 정보들은 해당 상품을 더욱 돋보이게 하는 역할만 할 수도 있다. 그 결과 새로운 정보를 활용하지 못하고 한번 사로잡힌 의견을 바꾸지 못한다. 첫 번째 인상이 나머지를 결정하는 것이다.

광고는 이런 확증 편향을 이용한다. 광고의 역할은 정보를 주어 설득하거나 설명하는 것이 아니라 해당 상품에 대한 좋은 인상을 심어 주는 것이다. 첫인상만 심어 주면 나머지는 고객들이 알아서 판단하는 까닭에 많은 투자 회사가 유명인들을 광고 모델로 기용한다. 예를 들어 동독의 국민 배우인 만프레트 크룩Manfred Krug은 1998년 찍은 광고에서 도이체 텔레콤Deutsche Telekom을 믿어 보라고 선전했다. 그해 도이체 텔레콤 주식의 거래량만 보더라도 광고는 대성공이었다. 만프레트 크룩 외에도 수많은 유명인이 투자 회사의 광고 모델로 활동했다.

사실 광고 모델들은 주식에 대해 잘 알지 못한다. 실제로 독일을 대표하는 물류 전문 회사 도이체 포스트Deutsche Post AG의 광고 모델은 유럽에서 가장 인기 있는 토요일 TV쇼 '베텐, 다스?Wetten, dass?'의 진행자인 고트샬크Gottschalk 형제이다. 그들은 거리낌 없이 다음과 같이 말했다.

"사람들이 주식에 대해 아무것도 모른다고 저를 비판합니다. 아마 그들의 말이 맞을 겁니다."

사람들도 해당 모델들이 주식에 대해 많이 알 것이라고 생각하지 않는다. 그런데도 모델들이 광고에 나오고 많은 사람에게 큰 영향을 끼친다. 그 이유는 확증 편향과 관련이 있다.

고트샬크 형제가 가진 긍정적인 이미지가 광고하는 회사의 이미지와 겹쳐진다. 해당 회사의 주식을 살까 말까 고민할 때 상냥하고 재미있고 매력적인 연예인 모습이 떠오른다. 그것이 주식의 첫인상이 된다. 그다음 해당 종목에 대한 정보를 수집하면 긍정적인 이미지(주식에 대한 첫인상)가 정보 해석에 영향을 준다. 결국 사람들은 그 회사의 주식이 좋아서가 아니라, 상냥한 미소로 주식을 추천하고 돈을 챙겨 가는 그 배우들이 좋아서 주식을 산다.

새 자동차를 구매한다고 가정해 보자. 저마다 선호하는 특정 브랜드가 있을 것이다. 만약 다른 브랜드의 자동차를 구매하려고 해도 특정 브랜드에 대한 편애 때문에 어려울 것이다. 확증 편향 때문에 선입견에 맞춰 다른 브랜드의 자동차와 관련된 정보들을 해석한다. 그리하여 기존의 브랜드를 고수하며 더 많은 돈을 자동차 구매에 쓰게 된다. 실제로 마케팅 전문가들이 신규 자동차 판매 3000건을 분석한 결과 기존 브랜드의 자동차를 산 고객이 브랜드를 바꾼 사람보다 자동차를 사는 데 더 많은 돈을 썼다. 뷰익Buick과의 의리를 지킨 충직한 고객이 신규 고객보다 새 자동차를 구매하는 데 평균 1000달러(110만 원)를 더 썼다. 메르세데스 벤츠Mercedes Benz를 산 사람들은 무려 7500달러(830만 원)를 더 썼다. 이처럼 확증 편향은 특정 브랜드를 편애하게 함으로써 사람들로 하여금 돈을 더 쓰게 만든다.

확증 편향을 완전히 없애기란 불가능하다. 다만, 확증 편향에 빠질 수 있음을 안다면 함정에 빠지는 것을 줄일 수 있다. 간단한 훈련을 통해 확증 편향이 있음을 확인해 보자. 먼저 여러 가지 모양의 도형을 받은 다음 그 도형들의 공통점을 맞혀야 한다고 가정해 보자. 어떤 규칙과 특징으로 이 도형들을 하나로 묶을 수 있을까? 첫 번째 시도로 모든 도형이 붉은색 원을 가지고 있다는 가설을 세운다. 실제로 모든 도형에 붉은색 원이 있을 수 있다. 그러나 이 가설을 완전하게 검증하려면, 붉은색 원을 확인하는 것 외에 다른 것을 더 확인해야 한다. 파란색 원도 모두 가지고 있는지 확인해야 한다. 그렇지 않으면 도형의 공통점이 '붉은색 원'이 아니라 '원'이라는 사실을 발견하지 못한다. '붉은색 원'이 공통점이라는 가설을 세우는 즉시 다른 가능성은 찾지 않고 엉뚱한 공통점을 찾는 것에서 끝나게 된다. 고전적인 확증 편향이다.

 이런 실험은 확증 편향의 존재를 확인시켜 줄 뿐만 아니라 확증 편향을 극복할 수 있는 방법을 제시해 준다. 어떤 결정을 내리거나 가설을 세울 때 반드시 반대의 경우를 생각하는 습관을 들여야 한다. 예를 들어 앞에서 소개한 훈련에서 붉은색 원이 공통점이라는 확신이 들더라도 파란색 원이 있는지를 확인해 봐야 하는 것이다. 처음 생각이 맞더라도 '파란색 원은 공통점이 아니다'라는 정보 역시 정확한 판단에 필요한 귀중한 정보이기 때문이다.

 주식 투자를 할 때도 유명 배우가 선전하는 회사거나 주변 사람들로부터 추천을 받았기 때문에 긍정적으로 생각하는 건 아닌지 의심해 봐야 한다. 모든 정보가 해당 주식의 전망을 좋게 평가해도 그 주식에 대한 나쁜 평가가 무엇인지 일부러 찾아봐야 한다. 결코 쉽지는 않지만 자신의 의견과 반대되는 질문을 적극적으로 던져야 한다.

 확증 편향에서 벗어나는 것은 어쩌면 쉬운 일이다. 그것보다 훨씬 극복하기 어려운 일이 있기 때문이다. 자신의 약점에 맞서 싸우는 것이 바로 그것이다. 멋진 인생을 살았던 한 남자를 통해 이 약점과 어떻게 싸워야 할지 알아보자.

**CHAPTER 10**

단순하지만 확실한
부자들의 분산 투자법

1
풍요로운 노후를
원한다면
고위험 상품에
투자하라
시간적 비일관성

브라질 부호의 후손인 조르지 귀늘리Jorge Guinle는 막대한 유산 덕분에 돈을 물 쓰듯 쓰면서 살았다. 그는 흥청망청 살면서 당대의 유명한 여배우인 매릴린 먼로Marilyn Monroe, 리타 헤이워스Rita Hayworth, 제인 맨스필드Jayne Mansfield, 아니타 에크버그Anita Ekberg 등과 연애를 했다. 결국 전 재산을 탕진했고, 예전에는 자신의 소유였던 코파카바나 팰리스 호텔의 스위트룸에서 2004년 눈을 감기 전까지 20년간을 몹시 가난하게 보냈다.

"멋진 인생을 즐기는 비밀은 가진 돈을 한 푼도 남기지 않고 다 쓰고 죽는 것이다. 그러나 나는 아무래도 계산을 잘못한 것 같다."

그의 말대로 조르지 귀늘리는 계산을 잘못했다. 그러나 이는 조르지 귀늘리만의 문제가 아니다. 많은 독일인이 조르지 귀늘리처럼 계산을 잘하지 못한다. 독일의 상업 은행 유니언 인베스트먼트Union Investment에서 발간한 〈독일의 노후 대책 지도〉에는 연방주별로 예상 연금 수령액이 각각의 색으로 표시돼 있다. 넉넉한 연금 수령이 예상되는 지역은 파란색으로,

부족한 연금 수령으로 빈곤의 위협이 있는 지역은 빨간색으로 표시돼 있다. 지도를 살펴보면 베를린 동부 지역, 드레스덴, 메클렌부르크포어포메른에 사는 연금 생활자는 평균 820유로(120만 원)의 돈으로 생계를 꾸려야 한다. 남부 지역을 제외한 다른 지역은 동부보다 조금 낫거나 비슷한 상황이다. 빨간색이 집중되어 있는 북부와 동부 지역 사람들은 편안한 노후를 위해 필요한 금액보다 훨씬 적은 금액을 연금으로 받고 있다.

"국민 연금만으로는 독일 국민 대다수의 넉넉한 노후를 보장할 수 없다. 개인적으로 연금 보험을 들어 퇴직 당시 수입의 60퍼센트(넉넉한 노후의 기준)를 채울 수 있는 독일 노동자는 현재 56퍼센트이다."

〈독일의 노후 대책 지도〉를 작성한 프라이부르크 대학교 베른트 라펠휘센Bernd Raffelhüschen 교수의 말이다. 이 말은 독일 노동자의 44퍼센트가 궁핍한 노후를 보내게 된다는 뜻이다. 그들은 너무 적게 저축했다.

놀라운 일은 아니다. 많은 사람이 현재의 국민 연금이 많이 내고 적게 돌려받는 구조로 가고 있음을 잘 알고 있다. 독일의 전 노동 사회부 장관 노르베르트 블륌Norbert Blüm이 광고에서 선전한 '국민 연금은 안전하다'라는 문구는 오늘날 냉소적인 뉘앙스로 통용된다. 각자가 알아서 노후 대책을 세워야 한다는 것을 사람들은 잘 안다. 문제는 그렇게 하지 않는다는 것이다.

우리는 장기적으로는 올바른 선택을 하고자 하지만 단기적으로는 잘못된 선택을 한다. 노후를 위해 저축해야 하는 것을 잘 알지만 늘 나중으로 미룬다. 마치 금연이나 다이어트의 필요성을 느끼면서도 늘 다음으로 미루는 것처럼 단기적인 의지박약이나 유혹에 굴복해 장기적인 행복(넉넉한 노후, 건강)을 희생한다.

단기적으로 담배나 음식의 유혹에 넘어감으로써 자신의 장기적인 관심과 반대되는 행동을 한다. 우리는 건강을 생각하여 담배나 기름진 음식을 끊기로 결심한다. 그러나 결심을 실천하려는 순간 마음을 바꾼다. 건강하게 살기 위해 내년부터 단기적인 쾌락을 포기하기로 결심한다. 12월까지 이 결심은 유지되나 막상 1월이 되면 단기적인 쾌락을 선택한다. 사람들이 단기적으로 하는 행동과 장기적으로 소망하는 내용이 다른 것이다. 이처럼 현재 시점에서 결정한 미래의 선택이, 미래가 현시점이 되었을 때 다른 선택으로 바뀌는 것을 경제학에서는 '시간적 비일관성Time Inconsistency'이라고 한다.

우리가 장기적으로 소중히 여기는 것을 단기적으로는 소홀히 하는 이유는 시간을 상대적인 개념으로 생각하기 때문이다. 결국 어떤 행동을 하게 만드는 결정은 시간관념에 달려 있다. 금연 실천을 먼 훗날의 일로 생각하면 금연 결정을 쉽게 내린다. 그러나 당장 결정을 내려야 한다면 장기적인 이익에 반하는 결정(담배를 피운다)을 한다.

시간적 비일관성은 간단한 실험으로 확인할 수 있다. 먼저 사람들에게 30일 후에 100유로(14만 6000원)를 받을 것인지, 아니면 31일 후에 103유로(15만 원)를 받을 것인지 물었다. 그러자 대부분의 사람들이 하루를 더 기다리겠다고 답했다. 그러나 당장 100유로(14만 6000원)를 받을 것인지, 아니면 내일 103유로(15만 원)를 받을 것인지 물었을 때는 대부분의 사람들이 당장 100유로(14만 6000원)를 받겠다고 답했다.

우리의 저축 습관과 이 실험을 대비시켜 생각해 보자. 사람들 대부분은 노후를 위해 저축을 해야 한다고 생각한다. 그러나 저축을 시작할 시기는 아직 한참 남았다. 그래서 저축을 해야겠다는 결심은 쉽게 한다. 정작 저축을 해야 할 때가 되면 망설이거나 이런저런 핑계로 여윳돈을 써 버린다. 금연, 다이어트, 시험공부를 미루는 것처럼 노후 대비를 미룬다.

문제는 노후 대비를 미룰수록 문제는 더 심각해진다는 것이다. 간단한 계산으로 이를 확인할 수 있다. 인터넷에 접속해 아무 투자 계산기나 찾아서 월 저축액, 기간 그리고 이자율을 입력하면 모두 얼마를 모을 수 있는지 바로 알 수 있다.

예를 들어 매달 100유로(14만 6000원)씩 10년을 저축하면 이자 없이 1만 2000유로(1750만 원)가 된다. 이자율을 3퍼센트만 잡아도 1만 4000유로(2040만 원)가 된다. 이자 수익만 2000유로(290만 원)이다. 같은 금액을 30년 넘게 저축하면 이자 없이 3만 6000유로(5240만 원)이고 이자율을 3퍼센트로 잡으면 5만 8000유로(8450만 원)가 된다. 만약 이자율이 5퍼센트라면 거의 8만 2000유로(1억 2000만 원)가 된다. 빨리 그리고 꾸준히 저축할수록 더 많은 이자를 얻을 수 있다.

앞의 예에서 보았듯이 이자 수익이 노후 삶의 질을 결정한다. 이자 수익이 높으면 높을수록 노후가 편안하다. 또한 일찍 시작할수록 주식 투자처럼 수익률이 높은 투자를 결정하기 쉬우므로 되도록 일찍 노후 대비를 시작하는 것이 좋다. 주식 투자는 비록 위험성이 있긴 하지만 주가가 오르기를 기다릴 수 있는 시간이 넉넉한 사람은 해 볼 만하다. 스물다섯 살에 어떤 주식을 산다면, 예순다섯 살 되는 해에 그 주식은 처음보다 훨씬 높은 수익을 가져다줄 가능성이 크다. 역시 시간은 금이다.

문제는 실천이 어렵다는 것이다. 시간적 비일관성 때문에 일찍 저축을 시작하고 싶지만 막상 실천을 해야 하는 순간이 오면 결심은 온데간데없이 자취를 감춘다. 이것을 극복할 수 있는 방법은 없을까?

## 2
## 연금 상품을 해지하는 것이 특히 까다로운 이유
행동 장치

역사상 가장 유명한 뱃사람 중 한 사람으로 그리스 신화에 등장하는 영웅 오디세우스Odysseus를 들 수 있다. 오디세우스가 모험을 마치고 귀항하는 길에는 무수히 많은 위험이 도사리고 있었다. 그는 뱃길로 항해를 하던 중 세이렌이 사는 곳을 지나치게 되었다. 세이렌은 여성의 머리와 새의 몸을 가진 요정인데, 노래를 불러 지나가는 선원들의 이성을 빼앗고 배를 난파시키는 것으로 알려져 있다. 오디세우스는 이런 운명을 경고 받았다. 그래서 그는 부하들에게 귀를 밀랍으로 막고 자신을 돛대에 묶으라고 명령했다. 그리고 어떤 명령을 내리더라도 절대 자신을 풀어 주어서는 안 된다고 부하들에게 당부했다. 마침내 세이렌의 앞을 지나게 되었는데, 오디세우스는 노랫소리에 홀려서 부하들에게 자신을 묶은 끈을 풀라고 소리쳐 명령했다. 그러나 부하들은 아무것도 들을 수 없었기 때문에 계속 항해했고 덕분에 안전하게 항해를 마칠 수 있었다.

스스로 돛대에 몸을 묶은 덕분에 세이렌의 유혹을 이긴 오디세우스는 고대 그리스 사람들에게뿐만 아니라 오늘날 우리에게도 경제적인 측면에서 큰 교훈을 준다. 오디세우스가 세이렌의 유혹에 넘어갈 것을 대비해 자신의 몸을 배에 묶도록 한 행동을 심리학에서는 '행동 장치Commitment Device'라고 한다. 《괴짜 경제학》의 저자 스티븐 더브너Stephen Dubner와 스티븐 레빗Steven Levitt의 말에 따르면, 행동 장치는 원하는 결과를 얻기 위해 스스로 행동에 제약을 가하는 것을 말한다. 미래에 자신의 의지가 약해질 것을 알고 그에 대한 대책을 미리 마련하는 단순한 원리이지만 그 효과는 강력하다. 오디세우스는 세이렌의 노래를 이기지 못할 것을 알았기 때문에 그 노래를 듣기 전에 돛대에 몸을 묶어 노랫소리에 현혹되는 것을 막았다.

　노후 대책의 경우 저축을 시작하기가 어렵다는 걸 알기 때문에, 저축을 시작할 수밖에 없는 방법을 마련해야 한다. 과거 미국에서 큰 인기를 끌었던 크리스마스 저축 클럽Christmas Savings Club이 좋은 예다. 운영 방식은 다음과 같다. 11월(추수 감사절 무렵)에 계좌를 개설하고 매주 일정 금액을 저축하겠다고 약속한다. 이때 입금한 돈은 1년 이내에 찾을 수 없으며 크리스마스 직전에 돌려받을 수 있다. 1년 후 회원들은 크리스마스 직전에 돈을 돌려받아 크리스마스 선물을 산다. 이 상품의 특이한 점은 이자를 한 푼도 주지 않는다는 것이다. 경제적 관점으로 보면 선물을 위한 돈을 은행에 넣어 두면 적어도 이자를 받을 수 있기 때문에 이 상품은 살아남을 수 없다고 여겨졌다. 그러나 크리스마스 저축 클럽은 수년 동안 큰 인기를 끌었다. 이자를 주지 않는 대신 넣어 둔 돈을 인출해 다른 일에 써 버리는 일은 막을 수 있었기 때문이다. 행동 장치를 이용해 성공한 대표적인 사례이다.

행동 장치는 다이어트를 하는 사람이 과감하게 냉장고를 자물쇠로 잠그고 열쇠를 버리는 것과 같다. 많은 국가가 노후 대책에서도 행동 장치를 이용한다. '리스터 연금$^{Riester\ Pension}$'의 예를 보자. 리스터 연금은 2001년 독일에 도입된 연금 제도이다. 정부가 가입자에게 일정액의 보조금을 주거나 소득 공제 혜택을 주는 방식으로 연금 보험료의 일부를 지원하는 제도이다. 이 제도는 퇴직 후 연금 생활을 시작해야 비로소 돈을 받아서 쓸 수 있으며, 그 전에는 돈을 쓰지 못하게 되어 있다.

개인적으로 행동 장치를 활용하는 방법 중 하나는 집을 사는 것이다. 현대 재산 관리 이론으로 보면 이것은 어리석은 짓이다. 첫째, 전 재산을 한 가지 대상(집)에 넣어 두면 굉장히 위험할 수 있다. 주식에서 전 재산을 한 종목에 투자하는 것을 떠올리면 된다. 둘째, 집을 사 두면 재산의 유동성이 낮아진다. 당장 급하게 돈이 필요할 때 집을 팔아서 현금을 만들기가 대단히 어려우며, 일부만 현금화하는 것이 불가능하다. 그러나 집을 갑자기 팔기 어렵다는 단점은 절약 의지가 약한 사람들에게는 돈을 묶어 둘 수 있다는 장점이 된다. 돈을 집에 묶어 두면 더 이상 그 돈에 손을 대기가 어려워진다. 그 결과 노후를 위해 저축한 돈을 미리 써 버리지 못하게 막을 수 있다.

챕터 6에서 다룬 심적 회계를 이용하면 노후 대책에 필요한 저축 의지를 높일 수 있다. 자신의 재무 상태를 한눈에 파악하기 위해 인간은 마음속에 다양한 계정을 마련하는데, 이런 마음의 회계 장부를 이용하는 것이다. 교육, 자동차, 노후 대책 등 저축을 목적으로 한 계정을 만든다. 그런 다음 저축한 돈을 예정보다 미리 꺼내면 벌을 받도록 만들어 놓는다. 이렇게 저축 계정을 만들어 놓으면 저축 의지를 높이는 동시에 돈 낭비를 막을 수 있다.

다른 방법은 자동 이체를 적극 이용하는 것이다. 한 번만 큰맘을 먹고 용기를 내서 노후 대비 적금 계좌를 개설하고 자동 이체를 설정하면 된다. 정기적으로 매달 일정 금액이 자동으로 쌓이게 해 둔 다음 그 돈은 없다고 여기고 잊어버리는 것이다. 빨리 잊을수록 그 효과는 좋다. 그러면 자신도 모르게 든든한 노후 대비책을 마련하는 결과를 얻을 수 있다. 덧붙여 크리스마스와 같은 특정한 시기에 선물로 받은 돈이 자동으로 노후 대비 적금 계좌로 입금되게 해 놓으면 좋다. 이처럼 심적 회계를 잘 이용하면 저축 습관 개선에 도움이 되고 노후 대비도 든든하게 할 수 있다.

오늘보다 내일 더 많이 저축한다는 원칙을 세우는 것도 효과적이다. 리처드 탈러와 슐로모 베나치Shlomo Bernatzi가 이 원칙을 이용해 '내일 더 많이 저축하라Save More Tomorrow'라는 프로그램을 만들었다. 이 프로그램에 참여하는 노동자들은 미래의 임금 인상분을 퇴직 연금에 넣어야 한다. 심리적으로 미래의 임금 인상분을 당장 포기하는 것은 미래가 현재가 되었을 때 눈앞에 놓인 임금 인상분을 포기하는 것보다 더 쉽다. 약 78퍼센트의 노동자가 이 프로그램에 참여했고 그중 80퍼센트가 세 번째 임금 인상 후에도 계속 프로그램에 참여했다. 월급에서 저축되는 돈의 평균 비율이 28개월 만에 3.5퍼센트에서 11.6퍼센트로 올랐다. 이처럼 작은 트릭으로 큰 돈을 만들 수 있다.

프레이밍 효과와 현상 유지 편향을 응용하면 정부도 간단한 트릭으로 국민들로 하여금 노후 대책에 더 신경 쓰게 만들 수 있다. 프레이밍 효과로 인해 사람들은 '80퍼센트 무지방' 고기를 '20퍼센트 지방 함유' 고기보다 더 매력적으로 느낀다. 예를 들어 당신이 새로운 직장에 들어가 인사부에서 근로 계약과 관련된 구체적인 내용들을 하나씩 짚어 본다고 상상해 보자. 이때 직장 퇴직 연금은 어떻게 할 것인가를 결정해야 한다. 이때 당신에게 물어보는 방식은 두 가지이다. 첫째, "직장 퇴직 연금에 가입하시겠습니까?"라고 물어볼 수 있다. 이 질문은 퇴직 연금에 가입하지 않는 것이 표준이고, 가입을 원하면 가입 의사를 밝혀야 한다는 의미이다. 이를 전문 용어로 '선택적 가입Opt In' 방식이라고 한다. 두 번째는 "직장 퇴직 연금 가입을 거부하시겠습니까?"라고 물어보는 것이다. 이는 직장 퇴직 연금에 가입하는 것이 표준이고, 참여를 원치 않으면 거부 의사를 밝혀야 한다는 의미이다. 이것을 '선택적 이탈Opt Out' 방식이라고 한다.

경제적으로 보면 똑같은 선택이지만 현상 유지 편향이 작동하면서 사람들은 표준이라고 제시된 것을 선택하게 된다. 그러므로 직장 퇴직 연금 질문을 선택적 이탈 방식으로 물으면 직장 퇴직 연금 가입자 수는 늘어난다. 간단한 트릭으로 노후 대책을 마련하고 투자할 수 있지만 이것만으로는 부족하다. 투자를 하려면 제대로 해야 한다. 제대로 된 투자를 하려면 어떻게 해야 할까?

## 3
## 유대인들은 결코 모든 것을 걸지 않는다

조금은 낯 뜨거운 질문일 수 있겠지만 한 온라인 커뮤니티의 게시판에 다음과 같은 질문이 올라왔다.

'섹스를 하기 전 매번 자신의 하나밖에 없는 최고의 걸작에 주사를 맞을 사람?'

에로틱 박람회나 의학 세미나가 아닌 온라인 투자 커뮤니티 '월스트리트 온라인'에 올라온 이 질문은 미국 생명 공학 기업 세네텍 Senetek에 투자하는 것이 어떤지 묻는 것이었다. 세네텍은 성 기능 장애 치료제 인비콥 Invicorp을 생산하는 회사이다. 인비콥은 경쟁사 제품 비아그라와 달리 주사로 주입하는 약품이다. 세네텍의 주식이 투자자들에게 부를 안겨 주지 않은 걸 보면 투자자들은 섹스 전에 주사 맞는 것을 별로라고 여겼던 것 같다. 그럼에도 하이코 티에메 Heiko Thieme 는 세네텍 주식에 투자했다.

하이코 티에메는 뛰어난 언변을 소유한 강연자이자 〈프랑크푸르터 알게마이네 차이퉁〉에서 오랫동안 칼럼니스트로 활동한 능력 있는 금융 전문가이다. 하지만 명성과 달리 그는 독일 경제 잡지가 선정한 펀드 산업의 최고 실패자로 '불명예의 전당'에 올랐다. 그의 사무실에는 경제지 〈뮤추얼 펀즈Mutual Funds〉가 수여한 트로피 2개가 있다. 하나는 1995년 최악의 펀드 매니저 트로피이고, 다른 하나는 1997년 최고의 펀드 매니저 트로피이다. 최악의 상을 받았으면 부끄러운 마음이 들지도 모르지만 하이코 티에메는 당당하게 말했다.

"나는 과거를 부끄러워하지 않습니다."

하이코 티에메가 이런 극단적인 평가를 받게 된 이유는 그가 세네텍에 투자했기 때문일 것이다. 다수의 언론 매체 보도에 따르면 하이코 티에메는 단 두 종목에 투자했고 그중 하나가 세네텍이었다. 이것이 사실이라면, 최악과 최고의 펀드 매니저 상을 받은 이유가 설명이 된다. 돈을 한 회사 주식을 사는 데만 투자한 사람은 그 주식이 수익을 올리면 투자 성공률은 100퍼센트가 된다. 그러나 그 주식이 90퍼센트 떨어지면 재산의 90퍼센트를 잃게 된다. 이처럼 주식 하나에 승리자가 되기도 하고 패배자가 되기도 한다. 증권 시장에서 마주칠 수 있는 위험은 무엇을 상상하든 그 이상이다. 그런 위험을 어떻게 처리하고 대처해야 하는지에 대해 알아보자.

투자의 기본은 '모든 계란을 같은 바구니에 담지 말라'이다. 전문 용어로 말하면 자산을 '분산' 투자하는 것이다. 챕터 1에서 소개한 펀드 매니저 알렉산더를 예로 들 수 있다. 그는 고객에게 추천하는 종목에 자신도 함께 투자했다. 고객의 입장에서는 신뢰감을 쌓을 수 있는 행위이기 때문에 긍정적으로 보인다. 그러나 위험 관리 측면에서 보면 알렉산더는 터무니없는 실수를 저지른 것이다. 만약 투자한 종목에서 큰 손실을 입을 경우 그는 실적 하락뿐만 아니라 자신의 재산도 날리게 된다. 알렉산더는 금융 리스크 매니저들이 꺼리는 '집중화 위험Concentration Risk'에 빠진 것이다.

미국의 7대 기업 중 하나로 한때 잘나가던 에너지 회사 '엔론Enron'의 옛날 직원들은 집중 투자의 위험성을 몸소 겪었다. 엔론이 파산하기 직전 직원들 중 대다수가 노후 대책 기금의 대부분을 우리 사주 형태로 엔론에 투자했다. 분식 회계가 발각되면서 엔론이 몰락했을 때 직원들은 직장을 잃었고 그들의 주식도 휴지 조각이 되었다. 당연히 그들의 노후 대책도 공중으로 분해되었다.

이런 집중화 위험에서 벗어나는 간단한 방법은 돈을 쪼개서 투자하는 것이다. 그런데 돈을 어떻게 쪼개야 할까? 약 2000년 전 유대인들은 3분의 1은 주머니에, 3분의 1은 집에, 3분의 1은 가게에 투자한다는 규칙을 정해 놓고 살았다. 현대에 맞게 적용하면 3분의 1은 동산에, 3분의 1은 부동산에, 3분의 1은 주식에 투자하면 된다. 복잡한 자본 시장에서 무사히 이익을 얻는 방법치고는 너무나 간단해 보인다.

잘 분산한 포트폴리오의 비밀, 즉 위험을 최소화하는 동시에 수익은 최대화하는 투자 전략을 짜고 싶다면 '마코위츠 이론Markowitz Theory'을 참고하면 된다. 해리 마코위츠Harry Markowitz는 이 이론으로 현대 포트폴리오 이론의 아버지로 존경받게 되었다. 투자 이론에서 수많은 연구가 활성화되는 계기를 마련했고, 그 공으로 노벨 경제학상을 수상했다.

마코위츠 이론은 이렇다. 투자자들은 수익률을 극대화할 뿐만 아니라 개별 자산을 노련하게 조합함으로써 위험을 피하려는 노력을 한다. 이때 핵심은 다양한 개별 투자비의 비율을 적절하게 조합하는 것이다. 포트폴리오의 위험 요소를 파악하여 계량화하고 이를 바탕으로 분산 투자를 한다. 이때 고려해야 할 다른 자산들의 특성은 자산의 수익률들이 같이 움직이는 정도인 통계적 개념으로서의 상관관계이다. 상관관계에 대해서는 챕터 9에서 다루었다.

이때 상관관계가 낮은 자산들을 결합하면 최적의 포트폴리오를 얻을 수 있다. 예를 들어 위험이 일정하게 있지만 수익이 그 위험보다 높은 포트폴리오, 혹은 수익은 일정하되 다른 포트폴리오보다 위험이 낮은 포트폴리오 등을 얻을 수 있다.

마코위츠 이론을 바탕으로 설계한 포트폴리오는 복잡해 보인다. 물론 이것보다 쉽게 포트폴리오를 작성해 줄 수 있는 프로그램이 많다. 그러나 어느 것도 성질 급한 투자자나 초보 투자자를 위한 프로그램이 아니어서 아무리 간단한 것이라도 복잡하게 보인다. 그래서 보통 사람들은 복잡한 공식으로 효율적인 포트폴리오를 계산하기보다는 단순한 방식으로 투자한다. 해리 마코위츠가 했던 것처럼…….

해리 마코위츠는 현대 포트폴리오 이론의 선구자이지만 정작 본인은 장래에 닥칠지 모르는 근심을 최소화하기 위해 주식과 채권에 각각 절반씩 투자한다고 고백했다. 이 말은 해리 마코위츠가 '마코위츠 포트폴리오'대로 투자하지 않는다는 뜻이다. 투자론의 새 장을 쓴 거장이 정작 자신은 2000년 전 유대인의 투자 방식과 비슷한 방식을 고수하고 있다니? 금융계 종사자들은 자신들의 정신적 조상인 해리 마코위츠의 고백 앞에 당혹스러울 것이다.

해리 마코위츠처럼 모든 경우를 고려하지 않고 나름대로 편리한 기준으로 일부만을 고려해 문제를 해결하는 방식을 '휴리스틱'이라고 한다.

사람들은 효율적인 포트폴리오를 찾기 위해 복잡한 문제를 푸는 대신 단순한 방식으로 해결한다. 앞에서 제시한 예처럼 투자 가능한 모든 대상에 재산을 똑같이 나누어 투자한다. 그러므로 이것은 'n분의 1 휴리스틱'이다. 예를 들어 투자 대상이 셋이라면 복잡한 포트폴리오를 작성하는 대신 주먹구구식으로 세 곳에 똑같이 투자하는 것이다.

휴리스틱 중 모든 투자 대상에 동일 금액을 투자하는 방식을 '단순 분산 Naive Diversification'이라고 한다. 이런 단순 분산 투자 방식으로 해당 기업이 속한 국가의 복지 수준을 일정한 기준에 따라 점수를 매기고 이에 따라 투자 비중을 결정하는 방법이 있다. 예를 들어 기업 A는 A 국가에서 왔고 이 나라의 복지 수준은 100점이다. 기업 B는 B 국가에서 왔고 이 나라의 복지 수준은 200점이고, C 기업의 C 국가 복지 수준은 300점이다. 그러므로 전체 포트폴리오의 50퍼센트(600 중 300)를 C 회사 주식에 투자하고, 33퍼센트(600 중 200)를 B 회사 주식에, 16퍼센트(600 중 100)를 A 회사 주식에 투자한다. 또는 투자하고자 하는 기업의 시가 총액에 따라 배분하는 방식도 있다. 이는 종합 주가 지수만을 보고 투자하는 것과 마찬가지이다. 기업의 가치에 따라 상장 여부가 결정되는데 기업의 가치는 곧 주식의 가격이기 때문이다.

이런 단순 분산 투자 방식이 실제 투자에 쓸모가 있는지 의문이 들 것이다. 외견상 주식 투자 같은 복잡한 일을 해결하기에는 너무 단순해 보이기 때문이다. 이런 관점에서 보면 복잡한 모델은 현실을 반영하기 위해 치밀하게 설계되어 있으니 단순 분산 투자 방식은 신뢰가 가지 않을 수도 있다.

그렇지만 복잡한 포트폴리오를 이용한 최적의 분산 투자 방식이 단순 분산 투자 방식에 비해 월등히 낫다는 증거는 아직 발견되지 않았다. 지금까지의 여러 연구를 보면 단순 분산 투자 방식과 비교했을 때 복잡한 포트폴리오 최적화 방식은 이를 위해 만들어진 다양한 이론이나 여러 가지 실험, 투자된 비용에 비해 그다지 흡족할 만한 실적을 올리지 못했다. 실적을 올리려면 주가 변동 속에서 미래의 수익과 위험을 올바르게 예측해야 하는데 이는 불가능에 가깝다. 따라서 복잡한 포트폴리오를 이용한 투자 방식은 매력이 떨어진다. 반면 단순 분산 투자 방식은 비용이 덜 든다는 장점이 있다. 단순 분산 투자 방식에서는 복잡한 분산 투자 방식보다 투자 상품을 자주 바꿀 필요가 없기 때문이다. 그렇다고 포트폴리오 최적화 방식이 쓸모가 없다는 뜻은 아니다. 주먹구구식 투자보다 더 나은 투자 방식을 찾으려는 노력과 도전은 필요하다.

어쩌면 분산 방식은 그다지 중요하지 않을지도 모른다. 중요한 것은 분산 투자 그 자체이다. 하이코 티에메에게 분산에 대해 물어보자 그는 이렇게 답했다.

"주식 투자는 자산의 5퍼센트가 넘지 않아야 하고, 포트폴리오는 적어도 20개로 나뉘어 있어야 합니다. 또 돈을 한 분야에 넣지 말고 적어도 4개의 서로 다른 분야에 넣어야 합니다."

분산 투자에 관해서는 더 이상 무어라고 할 수 없을 정도로 완벽한 조언처럼 보인다. 그런데 이런 분산 투자 외에는 수익을 얻을 수 있는 방법이 없는 것일까? 있다면 어떤 것일까? 혈혈단신으로 행동한 덕분에 제2차 세계 대전의 한복판에서 살아남을 수 있었던 한 남자의 아들이 그 실마리를 제공해 준다.

## 4
## 15년 동안의 투자 성과가 단 10일 안에 결정된다

제2차 세계 대전 당시 브누아 망델브로<sup>Benoît Mandelbrot</sup>의 아버지는 수용소에 갇혀 있었다. 어느 날 저항군이 수용자들을 풀어 주며 독일군이 반격하기 전에 빨리 도망치라고 했다. 수용자들은 수용소를 빠져나와 넓은 들판으로 떼를 지어 달려갔다. 500미터쯤 달리다가 브누아 망델브로의 아버지는 떼를 지어 달리는 것이 어리석은 짓이라 여기고 홀로 울창한 숲으로 들어갔다. 그것은 큰 행운이었다. 독일 폭격기 한 대가 도망치는 사람들을 폭격해 몰살시켰기 때문이다. 홀로 숲으로 도망간 브누아 망델브로의 아버지만 목숨을 건졌다.

브누아 망델브로가 아버지를 회상하며 말했다.

"그분이 나의 아버지입니다. 아버지는 평생 독자적이었고 나도 마찬가지입니다."

실제로 브누아 망델브로는 독자적인 학문 영역을 만든 사람이다. '매버릭<sup>Maverick</sup>(낙인이 찍히지 않은 송아지, 무소속 정치가, 이단자, 무리에서 떨어진 사람을 의미한다)'이라 불러도 좋을 만큼 개성이 강했다. 그가 주장한 프랙털 기하학Fractal Theory은 혁명적이었다. 프랙털 기하학은 세계를 바꾸어 놓았고, 자본 시장의 메커니즘에 대해서도 많은 것을 알려 주었다.

프랙털이란 전체를 복사한 작은 형태가 여럿 모여 다시 전체를 구성하는 기하학적 형태로, 자신의 반복으로 자신을 구성하는 형태이다. 나무, 구름, 해안선 같은 자연 현상에서 프랙털을 발견할 수 있다. 예를 들어 나뭇가지는 나무의 축소판처럼 생겼다. 이른바 '망델브로 집합Mandelbrot Set'이라 불리는 프랙털 집합을 비롯해 프랙털의 여러 화려한 형태는 환각을 일으키는 형태의 아이콘으로 발전했다.

평생 주류 이론을 거슬러 헤엄친 브누아 망델브로의 연구 결과는 전통 금융 시장 이론들과 상충한다. 그의 이론에 따르면 자본 시장은 카오스, 무질서, 불안정, 통계 괴물들의 집합이다. 갑자기 예상 밖의 사건이 터지고 곧바로 주가가 폭락하는 혼돈의 세계이다.

사람들은 프랙털 기하학이 나오기 전에는 금융 세계가 일정한 패턴에 따라 변화한다고 믿었다. 증권 시장에 극단적인 시세 변동이 있긴 하지만 통계적 예외 사항에 가까우며, 위협적으로 보이지만 사실은 괴물 쇼에 불과하다고 여겼다. 동전 던지기에서 그림이 있는 면과 숫자가 있는 면이 나오는 횟수가 균형을 유지할 것이라 기대하듯이 대부분의 시세 변동은 우리가 정상 범위라고 느끼는 영역에서 움직일 것이라고 생각했다. 이처럼 전통 이론은 증권 시장의 변화가 장기적으로 유사한 통계적 경향을 보일 거라 믿는다.

그러나 브누아 망델브로는 자본 시장은 혼돈 그 자체로 주가 변동은 일정한 패턴을 따르지 않기 때문에 예상이 불가능하다고 주장했다. 그의 생각이 옳다면, 시장은 전통 이론이 예상하는 것보다 훨씬 더 위험하다. 시세 변동을 예측하는 일은 불가능하며 무의미한 것처럼 보인다.

브누아 망델브로의 이론에서 얻을 수 있는 첫 번째 교훈은 증권 시장은 사람들이 생각하는 것보다 훨씬 더 위험하다는 것이다. 과거 시황을 살펴보면 평균적인 가격 변동보다 열 배나 큰 변동이 꽤 많았다. 전통적인 관점에서 생각하는 정규 분포라면 이런 변동이 있을 확률은 수억 수천 수백만 분의 1이겠지만, 심지어 변동 폭이 스무 배 이상 되었던 1987년의 '검은 월요일' 같은 사건들도 있었다. IT 버블, 미국의 서브프라임 모기지론 사태, 유로존 재정 위기 등 전통적인 이론에서는 거의 등장할 수 없는 사건들이 10년 동안 세 번이나 일어났다. 사람들은 이런 사건들을 자본 시장의 일탈로 간주하고 진단 모델에서 제외시킨다. 하지만 브누아 망델브로는 이런 특별한 사건들이 시장에서 가장 중요한 변수라고 주장하며 이를 제외시키는 것은 큰 실수라고 지적했다.

구체적인 사건들을 통해 보다 명확히 배울 수 있으리라. 2005년 4월 18일로 가 보자.

2005년 4월 18일, 292미터 길이의 노르웨이 크루즈선 '노르위전 돈 Norwegian Dawn'은 지옥 같은 악몽을 경험했다. 뱃사람들 모험담에서 종종 들을 수 있는 괴물 파도 Rogue Wave의 희생자가 된 것이다. 갑자기 발생한 20~30미터의 괴물 파도는 8층 건물 높이의 함교 창을 부수고, 갑판을 침몰시켰으며, 많은 승객을 다치게 했다. 추측건대 여러 모험담에 등장하는 바다 괴물들도 이런 괴물 파도에서 유래했을 것이다.

오랫동안 사람들은 괴물 파도가 나타나는 현상은 아주 희귀해 1만 년에 한 번 올까 말까라고 생각했고, 물리학적으로 설명이 불가능하다고 주장하는 과학자도 많았다. 그렇지만 수많은 사례에서 알 수 있듯이 괴물 파도는 희귀한 현상이 아니라 현실이다. 따라서 선박 회사들은 이를 대비해 배를 설계해야 한다.

과학자들은 괴물 파도가 바닷물의 흐름과 반대로 부는 바람과 불규칙적인 파랑이 합쳐지면서 만들어지는 것임을 밝혀냈다. 불규칙한 작은 물결들이 다른 물결과 합쳐지면서 큰 파도가 되고 이 파도가 반대 방향에서 부는 바람과 마주치는 순간 괴물 파도가 된다는 것이다. 이처럼 괴물 파도는 프랙털 기하학으로 설명되며, 괴물 파도의 존재는 이 이론의 타당성을 증명한다. 자연에서 관찰할 수 있는 이상 현상은 일회적 일탈이 아니다. 우리의 직관이 추측하는 것보다 더 자주 발생한다. 괴물 파도처럼 극단적인 시세 변동도 증권 시장에서 자주 발생한다.

극단적인 시세 변동이 우리가 생각하는 것보다 자주 발생한다면, 우리도 괴물 파도에 대비하는 선박 회사들처럼 대비책을 마련해야 한다. 투자자는 포트폴리오를 짤 때 극단적인 시세 변동을 염두에 두어야 한다.

프랙털 기하학을 바탕으로 자본 시장의 시세 변동을 연구한 결과는 대비의 필요성을 상기시킨다. 1987년의 '검은 월요일' 사건은 정규 분포대로라면 7000년에 한 번 있어야 한다. 그러나 다우 지수에서 급격한 시세 변동은 전통적 이론의 정규 분포에서 예상하는 것보다 2000배 이상 발생했다. 포트폴리오를 작성할 때 괴물 파도 같은 극단적인 시장의 변동을 염두에 두지 않으면 미국의 서브프라임 모기지론 사태처럼 한순간에 자산이 공중분해가 될 수도 있다.

따라서 프랙털 기하학을 고려해 투자를 할 때는 어떤 사건이 발생해도 안전할 수 있도록 대책을 세워 두어야 한다. 자신이 투자하거나 투자를 하려고 하는 보험사, 자산 관리 회사, 은행 등이 급작스러운 시세 변동에도 버틸 수 있는지 점검해야 한다. 그리고 현재 위험 관리가 예상치 못한 괴물 파도에 견딜 수 있는지도 확인할 필요가 있다.

프랙털 기하학은 증권 시장을 어떻게 이해하면 좋을지 개인 투자자들에게 좋은 단서를 제공한다. 증권 시장의 시세 변동은 며칠 안에 집중적으로 나타난다. 이런 시세 변동이 예고 없이 수시로 나타나기 때문에 실제 자본 시장은 더욱 예상 불가능하고 거칠다. 어느 날 주가가 미친 듯이 상승했어도 다음 날 증권 시장이 진정되지 않을 확률은 높다.

예를 들어 증권 시장을 도로로, 지나가는 자동차들을 특이한 시세 변동으로 비유해 보자. 방금 자동차 한 대가 지나갔다고 해서 다른 차가 오지 않을 것이라고 생각하고 무작정 길을 건너는 사람은 없을 것이다. 그 자동차를 운전하는 사람이 느긋하게 운전하는 바람에 수많은 차가 뒤를 따라오는 경우도 있고, 신호등, 스쿨존 등의 교통 상황에 따라 차들이 불규칙하게 지나갈 수도 있기 때문이다.

또한 극단적인 시세 변동은 태풍과도 다르다. 일상에서는 태풍이 지나간 후 맑은 날씨가 올 것이라고 기대하지만, 증권 시장은 그렇지 않다. 극단적인 시세 변동은 그 다음 날에도 혹은 며칠 후까지도 지속될 가능성이 높다.

극단적인 시세 변동은 일정한 간격을 두고 발생하지 않고 특정 시기에 집중되는 경우가 많기 때문에 더 스펙터클 한 결과를 맞이할 수 있다. 따라서 투자의 올바른 시점을 판단하는 일이 증권 시장에서 매우 중요하다. 큰 사건이 터져서 증권 시장이 요동치는 날이 아주 오래 지속되지는 않는다. 이 말은 당신의 포트폴리오의 가치가 단 며칠 만에 결정된다는 이야기이다. 작은 시세 변동을 일으키는 사건은 상대적으로 자주 발생하고 큰 시세 변동을 일으키는 사건은 드물기 때문에 수익과 손해가 며칠 안에 결정되는 경우가 많다.

펀드 회사 '피델리티Fidelity'의 홈페이지 안내 문구를 보면 자본 시장의 진면목을 확인할 수 있다. 피델리티에 따르면 지난 15년 동안 독일 증권 시장에 투자했던 사람은 평균적으로 매년 약 7퍼센트의 수익을 올렸다고 한다. 그런데 이 기간 중 최적의 투자 시기로 평가되는 10일을 놓친 사람은 평균 1.7퍼센트 수익만 올렸고, 40일을 놓친 사람은 평균 8퍼센트 이상의 손실을 보았다. 전 세계의 증권 시장에서도 마찬가지이다. 15년 내내 투자한 사람은 매년 약 6퍼센트의 수익을 올렸고, 최적의 투자 시기로 평가받는 10일을 놓친 사람은 겨우 2퍼센트의 수익을 올렸으며, 40일을 놓친 사람은 4퍼센트 손실을 보았다.

이 문제를 푸는 방법은 두 가지밖에 없다. 첫째, 투자를 하면서 시장에서 빠져나와야 할 중요한 며칠을 예측할 수 있다고 스스로를 믿는 것이다. 행운을 빈다! 둘째, 장기적으로 투자하는 것이다. 그래서 언제가 될지 모르는 최적의 시기를 놓치지 않는 것이다. 장기 투자는 투자의 딜레마를 해결할 수 있는 가장 최선의 방법이다. 단 며칠 안에 증권 시장에서 떼돈을 벌 수 있다고 해도 그 '단 며칠'이 언제인지 모르면 아무 소용이 없기 때문이다.

브누아 망델브로로부터 우리는 무엇을 배울 수 있을까?

"내 평생의 좌우명에는 결코 언급하지 말아야 할 네 가지가 있다. 정치, 종교, 섹스 그리고 나의 포트폴리오."

포트폴리오를 어떻게 구성하느냐는 질문에 브누아 망델브로는 이렇게 대답했다. 어렵지만 적절한 포트폴리오 구성법을 알기 위해서는 그의 이론에서 유추하는 방법 외에는 없을 것이다. 여기에서는 다음 세 가지만 기억해도 충분할 것이다.

첫 번째는 장기적인 관점에서 투자하는 것이다. 오래 투자할수록 돈을 모을 시간이 많고 이자 효과를 크게 볼 수 있다. 위험하지만 수익률이 높은 상품에 투자할 여유가 있다. 더불어 장기 투자는 아무 일도 생기지 않는 날뿐 아니라 중요한 날에도 투자를 유지할 수 있게 해 준다. 단순 분산 투자 방식과 프랙털 기하학을 고려하면 포트폴리오를 분산하는 방식보다는 장기 투자가 더 중요한 요소이다. 시간은 금이다.

두 번째는 되도록 일찍 적금 계좌를 개설하되, 가능한 한 자동 이체로 설정하는 것이다. 그렇게 적금 계좌를 개설해 놓으면 그 뒤로는 신경 쓰지 않아도 자동으로 저축이 된다. 투자 결정을 번복하지 않고 포트폴리오나 저축을 자신의 연령대에 맞추려면 '라이프사이클 펀드Lifecycle Fund'나 '타깃 펀드Target Fund'에 투자하면 좋다. 이 상품들은 투자자 연령에 맞춰 최적의 포트폴리오를 자동으로 설계해 준다. 예를 들어 투자자가 젊고 저축할 시간이 아직 많다면 투자 초기에는 주식 비중을 높여 공격적인 투자를 하고, 세월이 흐를수록 목표 기간과 주가 변동에 따라 채권과 외환 투자 비중을 높인다. 이는 위험을 낮추고 수익률을 안정적으로 유지하게 해 준다. 이보다 더 좋은 장치는 없다.

셋째는 위험 분석을 사려 깊게 하는 것이다. 증권 시장에서 큰 폭의 주가 변동은 예상 외로 자주 발생한다. 이는 포트폴리오를 짤 때 보통의 시세 변동뿐만 아니라 괴물 파도와 같은 위기까지 염두에 두어야 한다는 뜻이다. 최근 10년간 발생한 경제 위기를 살펴보면 도움이 될 것이다.

지금까지 시장의 위험에서 자신을 보호하고 안전하게 돈을 관리할 수 있는 방법을 알아봤다. 그렇다면 상대방이 우리의 심리를 이용해 이익을 얻으려고 할 때 스스로를 보호할 수 있는 방법은 무엇인지 알아보자.

CHAPTER 11

돈을 벌기 위해 꼭 알아야 할
18가지 투자 원칙

### 1
### 당신의 무의식을 은밀하게 공략하는 뉴로마케팅

　한 마케팅 회사의 꼼수가 소비자 보호 단체를 화나게 하는 일이 있었다. 한 마케팅 에이전시가 '이성적인 소비자는 없다'고 주장하며 소비자들의 감성을 이용하면 실적을 획기적으로 올릴 수 있다고 했다. 그들은 자신들의 사업 파트너를 찾았고 독일 최대 은행인 스파르카세의 함부르크 지점이 미끼를 물었다. 스파르카세는 에이전시의 도움을 받아 센서스 개념을 도입했다. 고객의 무의식에 접근하고, 그들의 관심, 두려움, 감정을 분석해 은행의 실적을 올리는 데 이용하는 것이 목표였다. 스파르카세는 고객을 수호자, 기분파, 행동파, 모험가, 너그러운 사람, 성실한 사람, 쾌락주의자 등 일곱 가지 유형으로 분류했고, 유형에 따라 다르게 응대했다. 기분파 고객에게는 좋은 기분을 불러일으키는 부드러운 어휘를 사용하고, 반대로 수호자에게는 두려움을 일깨우는 말로, 행동파에게는 '최고의 고객' 같은 온갖 달콤한 말로 유혹했다.

　소비자 보호 단체는 은행이 소비자의 심리를 이용해 이익을 챙기려 한다며 '소비자의 뇌로 몰래 숨어드는 것은 혐오스러운 일'이라고 비판했다. 어느 언론사는 스파르카세 은행이 고객의 동의 없이 그들의 프로필을 심리적으로 이용해 경제적 이익을 챙기는 게 아닌지 의심스럽다고 썼다. 은행이 직원들에게 사적인 친분을 이용해 고객을 유치하라고 지시했다는 폭로만큼이나 놀라운 일이다.

언론은 은행의 센서스 프로그램을 '뉴로마케팅Neuromarketing'이라 규정하며 새롭고 놀라운 스캔들로 포장했다. 프로필에 따라 고객을 분류하고 뉴로마케팅으로 팔아먹는 아이디어 역시 새롭고 놀라운 스캔들이 되었다. 이제 이 신종 스캔들은 웃어넘길 수 없는 심각한 일이 되었다.

그러나 이런 소동을 비웃는 사람들이 있었다. 그들이 보기에 스파르카세의 뉴로마케팅은 아마추어 수준이었다. 스파르카세의 뉴로마케팅을 비웃는 사람들은 인간의 심리를 파악해 유형에 따라 다르게 대해야 한다는 것을 이미 오래전부터 알고 있었다. 그들은 금융 회사의 어느 누구보다 사람의 심리를 능숙하게 다루고 자신들에게 유리하게 이용했다. 바로 회색 시장에서 활약하는 전문가들이다.

회색 시장, 또는 '그레이 마켓Gray Market'은 '합법적 시장White Market'과 '암시장Black Market'의 중간에 있는 시장을 뜻한다. 이 시장은 성격이 온순한 사람들이 버틸 만한 곳이 아니다. 어느 '내부 고발자'의 폭로에 따르면, 실적이 안 좋은 직원을 향해 전화기를 내던지는 상사가 있는가 하면, 직원에게 주는 월급을 '사료'라고 하는 사장도 있다고 한다. 탁월한 실적을 올리면 포상 휴가로 두바이나 라스베이거스로 떠날 수도 있지만, 실적이 미미하면 잔인하게 해고된다. 직원들은 스트레스를 풀기 위해 커피, 술, 담배는 물론이고 심지어 마약에까지 손을 댄다. 그러나 한 가지 장점은 있다. 다른 직종과는 달리 직원들을 채용할 때 선입견을 갖지 않는다는 것이다. 오로지 이익을 낼 수 있느냐 없느냐만으로 사람을 판단한다.

그레이 마켓은 법규를 거의 지키지 않거나 아예 무시하는 투자를 한다. 독일 연방 재무부 소속의 금융 감독원은 금융 상품의 판매 가격만 감독할 뿐 상품의 내용 전체를 감독하지는 않는다. 이 시장에서 활동하는 판매자들은 의심스러운 상품을 소개하면서도 거리낌 없이 금융 감독원의 심사를 통과했다고 선전하며 고객들의 신뢰를 얻는다.

그레이 마켓에서 거래되는 상품은 비상장 주식, 다이아몬드, 폐쇄형 펀드, 채권 증서나 향익 주식(이익을 골고루 나누어 받는 주식), 사모 투자 펀드 PEF(소수의 투자자들로부터 자금을 모아 주식이나 채권 등에 운용하는 펀드), 은행 보증 등 아주 다양하다. 그레이 마켓에서 활동하는 사람들은 할 수만 있다면 달에 있는 땅도 판매할 것이다. 독일의 상품 평가 기관의 보고에 따르면, 그레이 마켓에서 사기를 당한 소액 투자자들의 피해액이 연간 300억 유로(44조 원)에 달한다고 한다. 피해자들은 주로 프리랜서, 변호사, 의사들이다. 하필이면 왜 프리랜서, 변호사, 의사가 많을까? 이들에게는 몇 가지 공통점이 있다. 우선 스트레스가 많고, 여가 시간이 별로 없고, 노후 대책을 개인적으로 세워야 한다. 무엇보다 수입이 많아서 세금 부담도 크다. 그레이 마켓 상어들 눈에 이들은 최고의 먹잇감인 셈이다.

이들은 이런 방식으로 접근한다. 먼저 '오프너$^{Opener}$'라 불리는 '개시자'가 사냥감을 몰기 시작한다. 손실 회피 심리로 사람들을 유혹하는 것이다. "세금을 얼마나 내십니까? 그것을 돌려받고 싶지 않으세요?"라는 질문을 던져서 세금을 불필요한 손해로 인식하게 한다. 일단 세금을 손실로 인식하게 되면 이를 피할 수 있다는 판매원의 말에 사람들은 귀를 쫑긋 세운다. 개시자들은 몇몇 유명인이 고객으로 혹은 조언자로 광고에 나왔음을 내세우며 자신의 말에 신뢰감을 심는다. 이때 사람들은 확증 편향에 빠져 유명인의 긍정적인 이미지를 상품과 연결시킨다.

적은 돈이라도 일단 투자를 했으면 이제 본격적인 사냥이 시작된다. '개시자'의 뒤를 이어 '로더$^{Loader}$'가 등장한다. 그의 과제는 고객의 돈을 최대한 많이 빼내 오는 것이다. 그는 지금까지의 수익을 언급하며 투자를 늘리면 더 큰 수익을 얻을 수 있다고 말한다. 더 늦기 전에 오늘 바로 기회를 잡아야 한다고 부추긴다. 이때 아무한테나 알려 주는 정보가 아니라는 말을 덧붙이며 고객을 자극한다. 고객이 머뭇거리면 로더는 현상 유지 편향을 이용한다. "이미 돈을 투자했는데, 이제 와서 바꾸거나 그만둬서야 되겠습니까?"라는 식으로 고객을 설득한다. 그러면 대체로 투자 철회 결정을 내리는 대신 돈을 더 투자하게 된다.

손실이 생기면 로더는 추가 매수로 손실을 상쇄하라고 충고한다. 그동안은 경기가 나빠서 손실을 봤지만 이제 점차 나아질 것이므로 추가로 투자하면 손해를 만회하는 것은 물론 처음보다 더 큰 이익을 볼 것이라고 안심시킨다. 이처럼 그레이 마켓 종사자들은 여러 가지 심리학적 지식을 이용해 사람들을 함정에 빠트린다. 손실 회피 심리, 현상 유지 편향으로 인해 손해를 본 사람들은 대체로 투자를 멈추지 않는다. 손실 상태에서 투자를 철회하는 것은 실수를 인정하는 것이기 때문이다. 마지막으로 '마음의 회계 장부'로 인해 자신의 재정 상태를 돌보지 않고 오로지 적자가 난 계좌만 보면서 이를 만회하기 위해 다양한 시도를 한다. 그리고 더 잘못된 상황에 빠지고 만다.

이런 피해를 입지 않으려면 방법은 딱 한 가지밖에 없다. 보통 그레이 마켓 상품을 판매하는 사람들은 '콜드 콜링Cold Calling' 방식으로 마케팅을 한다. 콜드 콜링은 잠재 고객에게 무작위로 전화를 걸어 상품을 판매하는 방법이다. 만약 전화를 받았다면 수화기를 내려놓아야 한다. 제대로 된 기업은 콜드 콜링으로 상품을 판매하지 않는다.

이미 걸려들어 투자를 한 사람은 챕터 3에서 다룬 매몰 비용의 오류를 떠올리면 도움이 될 것이다. 손해 본 것은 손해 본 것이다. 사기꾼에게 당했다는 사실을 인정하기란 쉽지 않다. 그러나 마음의 평화를 위해 계속 투자해서 더 많은 돈을 잃는 것보다는 낫다. 손실 주식을 팔 때는 약간의 세금 혜택이 있으니 그것을 위안 삼으면 고통이 조금은 줄 것이다.

이처럼 그레이 마켓의 사기꾼들은 금융 정보와 경제학, 심리학 등 이용할 수 있는 모든 것을 이용한다. 그들처럼 악랄하지는 않지만 제도권 금융 회사들 역시 마찬가지다. 그들은 우리보다 많이 알고, 더 빠르게 움직인다. 제대로 무장하지 않으면 그들에게 당할 수밖에 없다.

곳곳에 도사리고 있는 심리적 함정에 빠지지 않으려면 어떻게 해야 할까? 합리적으로 소비하고 안정적으로 투자하려면 어떻게 해야 할까? 재산을 늘리려면 어떻게 해야 할까?

지금까지 배운 내용을 바탕으로 부자가 되려는 사람들이 꼭 기억해야 할 내용을 정리해 보자.

### 1 | 워런 버핏이 월스트리트에 살지 않는 이유를 기억하라

투자의 귀재 워런 버핏은 오마하에 살고, 채권왕 빌 그로스는 뉴포트 비치에 산다. 두 사람 모두 세계 금융의 중심 월스트리트에서 멀리 떨어져 있다. 금융의 중심에서 멀리 떨어져 있는 것은 핸디캡이 아니다. 오히려 집단 광기에 불필요하게 휩쓸리지 않을 수 있다. 이들을 통해 시장에서 적당한 거리를 두는 것이 현명한 투자를 할 수 있는 방법임이 증명되었다. 또한 주가를 매일 확인하지 마라. 금융 전문 잡지를 매일 읽지 마라. 일상의 활력소가 될 약간의 모험과 짜릿함을 느끼려면 손해를 입어도 상관없을 정도의 금액만 투자하라. 이때 투자금은 실제 자산뿐만 아니라 심적 회계에 따른 마음의 회계 장부에서도 따로 분리된 계정이어야 한다.

그래야만 손해를 봐도 큰 고통을 느끼지 않을 수 있으며, 총자산에 위협이 되지 않는다.

### 2 | 투자 세계에 언제나 통하는 법칙은 없다

나는 몇 년 전 친구에게 받은 50센트(730원)짜리 커다란 은색 동전을 책상 위 눈에 잘 띄는 곳에 두었다. 그 동전은 '우연'이라는 요소가 어떻게 판단력을 흐리게 하는지 상기시킨다. 동전을 몇 번 던져 그림이 나온 횟수와 숫자가 나온 횟수를 기록해 보면 금방 어떤 패턴이나 규칙이 눈에 띨 것이다. 이것은 증권 시장에서 나타나는 패턴도 우연일 수 있다는 것을 알려 준다. 투자를 할 때 어떤 특정한 패턴이 눈에 들어온다면 그것을 믿기 전에 먼저 동전을 던져 그 결과를 기록해 보라. 그러면 그림만 연달아 다섯 번이 나오는 결과도 그다지 특별할 게 없다는 사실을 알게 되면서 금세 정신을 차릴 수 있을 것이다. 우연은 생각하는 것보다 자주 발생하고 매우 그럴듯한 모습으로 나타난다.

### 3 | 본전 생각을 버려라

동전 던지기 실험은 우리가 가진 손실 회피 심리를 인지하게 한다. 사람들은 동전을 던져 그림이 있는 면이 나오면 10유로(1만 4600원)를 받고 숫자가 있는 면이 나오면 10유로(1만 4600원)를 잃는 내기를 하지 않는다. 잃는 돈보다 얻는 돈이 두 배로 많아야 내기를 받아들인다. 이 실험을 떠올리기만 해도 손실 회피 심리로 인한 손해를 피할 수 있다. 손실 회피 심리를 인지하면 '그냥 버리면 손해'의 오류에서 벗어날 수 있으며 갖고 있는 돈까지 날려 버리는 일을 막을 수 있다. 주식 투자에서 손실을 보았고 그 손실을 메우기 위해 추가 매수를 했다가 더 큰 손실을 입은 적이 있는가? 그렇다면 아주 좋다! 그 당시 투자 실패를 기억나게 하는 자료를 액자에 걸어 두고 추가 매수를 고민할 때마다 액자를 보라. 이런 연습은 손실 회피 심리 때문에 수익을 낸 주식을 팔고 손실을 입은 주식을 사는 실수를 막아 줄 것이다. 가장 확실한 수단이 하나 있다. 거래 당시의 가격을 잊고 손절매 주문을 적극 활용하는 것이다. 그러면 손실 회피 심리로 인해 손해 보는 일이 줄어들게 된다.

### 4 | 푼돈의 무서움을 기억하라

소설 《모모》로 유명한 세계적인 동화 작가 미하일 엔데가 쓴 또 다른 동화 《짐 크노프 이야기》에 투르투르 씨라는 거인이 등장한다. 그는 '겉보기 거인'이다. 멀리 떨어져서 볼수록 몸집이 점점 더 커져 보이는 특성을 지니고 있다. 가까이에서 보면 평범한 체구지만 사람들은 그 사실을 모르고 그를 따돌린다. 일상에서 발생하는 소소한 지출과 추가적인 비용은 '겉보기 거인'과 비슷하다. 가까이에서 보면 소소하고 별것 아닌 듯싶지만 조금만 멀리 떨어져서 보면 소소한 지출이 모여 큰돈이 된다는 사실을 잘 알 수 있다. 따라서 투르투르 씨의 특성을 떠올리면, 비싼 물건을 산 후에 이것저것 잡다한 구성물들을 팔려고 하는 점원들의 꼼수에 당하지 않을 것이다. 그들은 한 번에 큰 목표를 달성하는 것이 아니라 항목을 잘게 쪼개서 저항감을 줄이는 방식으로 이익을 늘린다. 또한 손실은 관점에 달려 있고 모험을 거는 태도 또한 상황에 달려 있다는 사실을 기억하라. 손실을 본 사람은 단지 손실을 만회하기 위해 전 재산을 가망 없는 곳에 걸기도 한다.

### 5 | 손해를 인정하는 법을 익혀라

합법적인 테두리 안에서 세금을 적게 내는 길은 돈을 적게 버는 방법밖에 없다. 돈을 많이 벌면서 세금을 적게 낼 수는 없다. 소위 절세 상품은 단순히 세금을 내야 할 시기를 늦춘 상품이거나 돈 먹는 기계일 경우가 많다. 손실을 본 주식을 팔 때는 그 손실이 납부해야 할 세금을 줄여 준다는 점을 기억하라. 그러면 수익을 낸 주식을 파는 대신 손실을 본 주식을 파는 것이 훨씬 더 쉬울 것이다. 세금을 기억함으로써 처분 효과를 극복할 수 있다.

### 6 | 늘 처음을 생각하라

그동안의 일들은 다 잊고 처음부터 새로 시작하는 것이다. '오늘 처음 투자를 하는데 꼭 이 주식을 사야 하나?'라고 스스로에게 묻자. 이때 '아니'라는 대답이 나오면 해당 주식을 계속 보유할 까닭이 없다. 주식을 팔아야 할지, 아니면 계속 가지고 있어야 할지 고민이 될 때는, 처음으로 투자를 한다는 상상을 하면 도움이 된다. 초심으로 생각하면 현상 유지 편향과 콩코드 효과를 극복할 수 있다. 포트폴리오를 살피기 전에 초심으로 돌아가서 생각하라. 초심에서 다시 시작한다면 포트폴리오가 어떤 모습일지 기록하라. 그 기록과 현재의 포트폴리오를 비교하라. 그 차이에 깜짝 놀란다면 즉시 팔아야 한다.

### 7 | 말의 핵심을 파악하라

요기 베라를 생각하라. 왜 사람들이 피자를 네 조각이 아니라 여덟 조각으로 자르는지 늘 따지고 캐물어라. 반대의 경우를 생각하고 대안을 찾아

라. 의식적인 반대는 정박 효과에 맞서는 좋은 무기이다. 분석가, 상담원, 동료 혹은 본인의 감이 어떤 주식의 시세 목표를 200이라고 말하면, 역으로 이 주식이 20으로 떨어질 근거가 무엇인지 체계적으로 생각해 봐야 한다. 주식을 살 때는 파는 사람의 입장이 되어 봐야 한다. 그는 왜 팔까? 자신이 보기에도 그 이유가 타당한가?

### 8 | 돈을 쓰기 전에 며칠만 기다려라

연말 정산 세금 환급, 선물, 복권 당첨 등 기대하지 않은 공돈이 생기면 바로 쓰지 말고 적어도 일주일은 은행에 넣어 두어라. 그러면 이렇게 해서 모은 돈이 목돈이 될 수 있음을 확인하게 될 것이다. 또한 시간이 지나면 마음의 회계 장부에서 그 돈을 '공돈'이 아닌 다른 계정으로 처리하기 때문에 쉽게 지출하지 못하게 된다. 수입이 생기면 일단 어떻게 생긴 수입인지 잊어라. 수입 출처를 모르면 그 돈을 더욱 신중하게 지출하게 된다. 가능하면 목돈으로 만들어 두면 좋다. 목돈을 더 진지하게 생각하는 경향이 있기 때문이다. 너무 심하게 절약해서 사는 재미를 못 느끼겠다는 기분이 들면 은행에 계좌를 열고 공돈이 생길 때마다 이 계좌에 넣어 두었다가 목돈이 되면 약간의 사치를 누리는 것도 괜찮다. 아마 그 돈도 아까워하면서 쓰겠지만 사치의 즐거움은 배가 될 것이다. 자신의 자유 의지로 사치를 누리는 것이기 때문이다. 충동적으로 또는 다음 달 카드 값을 걱정하며 사치를 누리는 것보다 훨씬 보람찰 것이다.

### 9 | 포트폴리오 전체를 생각하라

지출과 수입을 일일이 살피고 관리하기는 매우 어렵다. 그러나 투자를 할 때는 지출과 수입을 일일이 살피고 관리하려는 노력을 해야 한다. 이때는 개별 투자 대상이 아니라 전체 포트폴리오를 살펴야 한다. 전체적인 포트폴리오의 균형을 맞추기 위해 모든 투자를 기록하고, 각각의 가치 변동과 위험을 추적하는 표를 마련해야 한다. 그리고 각 투자를 유형(주식, 채권, 파생 상품), 분야(자동차, 소비재), 국가, 통화로 분류한다. 작은 노력으로 색칠을 하고 몇몇 그래프를 첨가하면 포트폴리오의 전체 조망도가 완성된다. 이 조망도는 큰 나무만 보고 숲을 보지 못하는 실수를 막아 줄 것이다.

### 10 | 작은 변화를 자주 시도하라

작은 것이라도 매주 새로운 일을 시도하라. 예를 들어 하루 정도는 다른 길로 출퇴근을 해 보는 것도 괜찮다. 오래된 습관을 의심하라. 이런 시도는 일상에서 현상 유지 편향을 극복할 수 있게 도와줄 뿐만 아니라 포트폴리오를 구성할 때도 도움이 될 것이다. 말하자면, 전자 제품의 기본 설정을 바꾸는 것이다. 투자에 대해 생각할 때는 전자 제품 사용 설명서를 옆에 펼쳐 두어라. 결정을 내리지 못하고 아무것도 하지 않았을 경우 겪을 수 있는 위험을 상기시킬 것이다. '해도 후회, 안 해도 후회'라는 말이 있다. 그러나 인간은 단기적으로는 자신이 결정하고 행동한 것을 후회하지만, 장기적으로는 하지 않은 것을 후회한다.

### 11 | 아무것도 하지 않는 것도 비용이다

투자하기 전 참고할 만한 이자율 표를 구하라. 예를 들어 안전한 자유 입출금 통장의 이자율 표가 좋다. 그다음 투자할 상품을 비교해 계산을 하라. 해당 상품을 팔고 그 돈을 자유 입출금 통장에 넣으면 얼마를 벌 수 있는지 비교하는 것이다. 그 돈으로 아무것도 하지 않기로 결정했을 때 자유 입출금 통장의 이자율을 떠올려라. 그러면 아무것도 하지 않음으로써 어떤 대가를 치러야 하는지 한눈에 알 수 있다.

## 12 | 돈을 벌었을 때가 가장 위험한 때다

남들보다 자신이 똑똑하다는 기분이 들 때나 미래를 예측하고 최고의 투자를 할 수 있을 것이라는 생각이 들 때는 동전을 던진 후 그림인지 숫자인지 맞히는 실험을 떠올려라. 그러면 이 모든 것이 통제의 환상에서 비롯된 착각임을 금방 알게 된다. 과도한 낙관주의가 투자 과정에서 일으킬 위험을 상기하고 자신의 능력을 객관적으로 바라볼 수 있게 될 것이다.

## 13 | 투자를 기록하라

어떤 결정을 내릴 때마다 그것을 결정한 이유와 그 결정으로 기대하는 내용을 기록하라. 또한 그 결정을 반대하는 근거도 기록하라. 이때 결정의 근거를 되도록 자세하고 구체적으로 적어라. 두 견해에 대한 의견을 덧붙이고 어느 정도 동의하는지도 표시하라. 이렇게 투자 일기 쓰는 습관을 들이면 투자를 결정할 때 신중해질 수 있다. 또한 분석가, 진단가, 금융 전문가로서의 당신 능력을 솔직하게 피드백 할 수 있다. 한때 확신했던 내용을 투자 일기 형식의 글로 남겨 놓으면 사후 확신 편향에 빠지는 오류도 피할 수 있다.

## 14 | 늘 의심하라

현상 유지 편향에서 벗어나려면 모든 일에 항상 딴지를 걸어야 한다. 어떤 일을 하고자 한다면 그 일을 하면 안 되는 까닭도 찾아봐야 한다. 사사건건 딴지를 거는 사람을 만나는 것만큼 짜증 나는 일도 없다. 그러나 잘못된 의견을 계속 고집하지 못하게 막는 방법은 그것뿐이다. 신문사에서 일할 때 나는 기사를 넘기기 전에 항상 트집을 잡는 동료에게 기사를 보여 주었다. 그것은 화나고 자존심이 상하는 일이었다. 그러나 동료의 비판이 기사의 질을 높이는 데 도움이 되었으며, 결과적으로 가치 있는 일이 되었다. 당신과 의견이 다른 사람을 일부러 찾아서 그의 비판을 진지하게 들으려 노력하라. 경우에 따라서는 그 덕분에 큰돈을 아끼게 될 것이다. 불편한 진실도 말할 수 있는 친구가 좋은 친구다. 예스맨과 아첨꾼을 곁에 두기는 쉽다. 다만 돈을 잃을 뿐이다.

### 15 | 계좌에 이름을 붙여라

심적 회계를 현실에서 활용한 더스틴 호프먼의 사례를 떠올려 보라. 보유한 계좌에 일일이 이름을 붙이면 저축 의지를 강화할 수 있다. 교육, 자동차 구매, 노후 대책 등의 이름을 붙인 계좌의 돈은 쉽게 인출하지 못한다. 계좌를 분리해서 관리하면 성실하게 저축할 수 있다. 그러나 단점도 있다. 너무나 철저히 돈 관리를 하는 나머지 마이너스 통장의 높은 이자를 물면서도 이자가 적은 적금을 깨지 못하는 경우도 발생할 수 있다. 어쩌겠는가! 두 마리 토끼를 다 잡을 수는 없다.

### 16 | 금융 위기는 생각보다 자주 온다

금융 시장의 과거 기록을 살펴보면 괴물 파도처럼 갑작스러운 위기가 예상하는 것보다 훨씬 더 자주 있었다. 이를 염두에 두고 포트폴리오와 노후 대책을 계획해야 한다. 갑작스럽게 발생한 경제 위기에서 어느 정도의 위험까지 견딜 수 있는지 곰곰이 생각해 보라. 그 정도가 파악되었으면 손절매 주문 등을 이용해 대비책을 마련해 두어야 한다.

### 17 | 자동 이체 자동 주문을 활용하라

손절매 주문은 자동 항법 장치와 비슷하다. 노후 대책에서도 자동 항법 장치는 중요한 구실을 한다. 일단 적금 통장을 개설하고 자동 이체를 신청해 놓는다. 아주 적은 금액일지라도 꾸준히 저축하면 나중에 엄청난 금액으로 돌아오게 된다. 이처럼 자동 항법 장치는 긴 시간일수록 더 큰 효과를 발휘한다.

### 18 | 지금 당장 시작하라

투자는 일찍 시작할수록 좋다. 저축도 많이 할 수 있고 이자 수익도 많이 기대할 수 있다. 또한 위험하지만 수익률이 높은 상품에 투자할 수 있는 여유를 가질 수도 있다. 장기 투자는 아무 일도 생기지 않는 날뿐만 아니라 중요한 날에도 투자에 동참하도록 해 준다. 투자해야 할 중요한 며칠 혹은 증권 시장에서 멀리 떨어져 있어야 할 며칠을 미리 알아낼 수 있을 것 같은가? 그러면 앞의 2번 조언을 다시 읽어 보라.

## 20년 동안
## 경제 현장에서 깨달은 것들

2006년 9월 30일은 내가 〈프랑크푸르터 알게마이네 차이퉁〉에서 금융 전문 기자로 일한 마지막 날이었다. 그동안 나와 동고동락했던 책들과 각종 자료들을 이삿짐 박스에 넣고 다시는 오지 않을 것이라고 생각했던 대학교 강의실로 돌아가게 되었다.

나는 금융 시장 대신 학문의 길을 선택했지만, 이 책에서 많은 것을 가르쳐 준 행동 경제학 이론은 나와는 반대로 움직였다. 행동 경제학은 분필 가루 날리는 대학교 강의실에서 걸어 나와 금융 시장으로 점점 더 나아간 것이다. 많은 투자 회사가 행동 경제학 이론을 도입한다고 주장한다.

행동 경제학 이론은 전통 이론의 한계를 극복하고 영리하고 지적이고 매력적이며 직관적으로 우리에게 유용한 지식을 준다. 그러나 금융 시장은 지금까지 이 이론을 제대로 활용하지 못했다. 아마도 인간이라는 존재가 심리학이라는 잣대 하나만으로 파악하기에는 너무나 다양하고 예측 불가능하기 때문이리라. 이 책의 내용 역시 그렇게 이해해야만 한다. 모두가 과도한 낙관주의에 빠진 것은 아니다. 모두가 심리적인 오류를 저지르는 것도 아니다. 그러므로 행동 경제학이 주는 교훈은 어떤 사람들에게는 불필요한 것일 수도 있다.

따라서 이 책에서 말한 내용을 맹신하고 어디에나 적용하는 것 역시 경계해야 한다. 인간은 비합리적이고, 금융 시장은 광기로 가득한 정신 병원이며, 주식 투자자는 사리 분간을 못하는 사람이라는 생각이 사람들의 머릿속에 그리고 수많은 언론에 둥지를 틀었다. 그러나 이런 생각은 성급하고 위험한 결론이다. 어쩌면 이런 의견을 믿는 사람들이 오히려 더 심리학적 오류에 빠진 것일지도 모른다. 그들은 아무도 인정해 주지 않고 본인에게만 진리인 이론을 설명한다. 그러나 그들의 이론은 폐쇄적인 이론도, 개방적인 이론도 아니다. 그들이 절대적이라고 믿는 이론은 수많은 현상과 이를 설명하는 다른 이론들 사이에서 사라진다.

금융 시장은 카오스와 같아서 때때로 요동치고 그 메커니즘을 정확히 이해하기가 어렵다. 그렇다고 금융 시장에서 일하는 사람이 모두 멍청이라는 말은 아니다. 나는 은행가로, 투자가로, 금융 전문 기자로, 또 경제학과 교수로 20여 년 동안 경제 현장을 지키면서 불황과 호황, 주가 폭등과 폭락을 경험했고, 이런 각본 없는 드라마에서 주연과 조연을 맡았던 사람을 많이 만났다. 그들은 모두 똑똑했다. 대부분 좋은 교육을 받았고, 영리했으며, 예리한 감각을 지녔다. 또한 부도덕한 괴물도 결코 아니었다. 그들은 그냥 흥미진진한 직업을 가진 사람들이었을 뿐이다.

금융 시장도 그저 다양한 성격의 사람들이 모여 일하는 곳으로 이해해야 한다. 어떤 사람은 똑똑하고 어떤 사람은 덜 똑똑하며, 어떤 사람은 모험을 즐기고 어떤 사람은 모험을 피하며, 어떤 사람은 성급하고 어떤 사람은 느리다. 그러므로 이곳에서 일하는 사람들은 사리 분간을 못하고 항상 잘못 판단한다고 과장해서는 안 된다. 가끔 멍청한 일을 하기도 하지만 인간의 영리함, 기지, 창의성만큼은 항상 믿어도 된다. 이것이 바로 인간이 아직도 지구에 생존하는 이유이기 때문이다.

### 1 | 밴드웨건 효과 Band-Wagon Effect

밴드웨건Band-Wagon은 악단을 의미하는 '밴드'와 마차를 의미하는 '웨건'이 합쳐진 단어이다. 사람들의 관심을 끌기 위해 서커스나 퍼레이드 행렬의 맨 앞에 선 악단이 탄 마차를 뜻한다. 1848년 미국 서부 개척 시대에 활동한 광대 댄 레이스Dan Raice가 선거 운동을 할 때 악단을 태운 마차를 이용한 것에서 유래하였다. 레이스가 선거 운동을 하면서 악단을 태운 마차를 선두에 세우자 이를 본 사람들이 무슨 일인지 궁금해하며 모여들기 시작했다. 그리고 이를 본 또 다른 사람들이 몰려들면서 사람이 점점 늘어나게 되었다. 결국 레이스는 밴드웨건으로 선거에서 사람들의 관심을 끄는 데 성공한다.

이후 1950년에 미국의 경제학자 하비 라이벤스타인Harvey Leibenstein은 사람들이 밴드웨건을 보고 아무런 이유 없이 따라가는 심리처럼 '남이 사니까 나도 산다'와 같은 심리로 물건을 구매하는 경우가 있다는 사실을 발견했다. 이후 밴드웨건 효과는 어떤 상품에 대한 수요가 많아지고 그 상품이 유행이 되면 분위기 때문에 다른 사람들도 그 상품을 구매하게 되는 현상을 설명하는 용어로 사용되었다.

기업에서 상품 판매를 늘리기 위해서 밴드웨건 효과를 이용하는데, 홈쇼핑 광고에서 지금 주문이 폭주하고 있어서 나중에는 구할 수 없으니 서둘러 주문하라고 홍보하는 것이 대표적인 예다.

## 2 | 통제의 환상 Illusion of Control

스스로의 능력을 과대평가해 자신을 통제할 수 있다고 생각하는 태도나, 외부 환경을 자신이 원하는 방식으로 변화시킬 수 있다고 믿는 심리이다. 하버드 대학교 심리학과 교수 엘렌 랭어$^{Ellen\ Langer}$가 처음으로 사용했다. 사람들이 도박에 빠지는 이유, 복권 당첨은 벼락 맞을 확률보다 낮은데도 당첨을 꿈꾸며 복권을 사는 이유 등이 통제의 환상으로 설명된다. 자신의 상태를 객관적으로 보지 못하게 하여 오류를 저지르게 만드는 경향이 있지만, 사람들로 하여금 어떤 일에 도전하게 만드는 효과도 있다. 따라서 자신의 강점을 과대평가하는 우월감 환상$^{Illusory\ Superiority}$, 낙관주의적 편향 $^{Optimism\ Bias}$과 함께 긍정적인 환상으로 분류된다.

## 3 | 인지 부조화 Cognitive Dissonance

자신이 생각하는 것과 실제 상황이 일치하지 않는 경우를 말한다. 대다수의 사람은 자신의 생각과 실제 상황이 일치하기를 원한다. 따라서 이런 부조화가 생겼을 때 사람들은 이를 없애려고 노력한다. 어떤 사람이 주가가 오를 것으로 예상하고 자신 있게 투자를 했는데 예상과는 달리 주가가 하락한다. 자신의 판단과 현실이 일치하지 않아 인지 부조화를 겪는다.

이럴 경우 해결책은 두 가지이다. 첫 번째는 판단 실수를 인정하고 생각을 바꾸는 것이다. 두 번째는 실수를 인정하는 대신 즐겨 보던 주식 관련 방송을 보지 않거나 경제지를 끊는 등 정보를 차단하는 것이다. 많은 경우 두 번째 방식을 통해서 인지 부조화 문제를 해결한다. 주가가 떨어질 경우 경제지 판매량이 같이 떨어지는 이유도 이와 관련이 있다.

## 4 | 기술적 분석 Technical Analysis

과거 주가와 거래량의 흐름을 분석하여 거기서 일정한 패턴을 찾은 후 이를 가지고 미래의 주가를 예측하는 방법이다. 주가는 매일 변하지만 그 변화 속에서 규칙을 찾아내고 매매 시점을 안다면 수익을 올릴 수 있다는 가정에서 출발한 분석이다. 보통 주식 거래 차트를 이용하여 분석하기 때문에 '차트 분석'이라고도 한다. 컴퓨터 기술의 발달로 많은 사람이 이용하고 있다.

원리는 다음과 같다. 동전을 100회 던져 그 결과를 그래프로 그린다고 가정하자. 앞면이냐 뒷면이냐에 따라 다른 위치에 점을 찍은 뒤 100개의 점을 선으로 연결해 보면 지그재그 모양, 상승 경향, 하락 경향 또는 파도 모양 등 여러 규칙을 관찰할 수 있을 것이다. 어떤 패턴이 있다는 가정 아래 여기에 적합한 이론만 붙이면 그럴듯한 모형이 생긴다.

기술적 분석은 시장의 가격 외에는 가격이 왜 변화하는지 관심을 두지 않는다. 오직 과거의 경험과 데이터에만 의존하기 때문에 유효성이 이론적으로 뒷받침되지 않는 방법이다. 따라서 시장의 변화를 정확히 분석하지 못한다는 단점이 있다.

### 5 | 데이터 마이닝 Data Mining

사람에 따라 기호에 맞는 책이나 영화를 추천하는 웹 서비스, 신용 카드 사용 실적을 분석해 그에 따른 맞춤형 쿠폰을 보내는 서비스, 심지어 임신 여부를 알아낸 다음 그에 맞는 서비스를 제공하는 등 생각지도 못한 마케팅으로 사람들을 놀라게 하는 기업들의 사례가 많다.

이런 기업들은 주로 데이터 마이닝을 사용하는데, 데이터 마이닝은 수많은 데이터를 수집하고 그 가운데 알지 못했던 상관관계를 발견하여 거기서 새로운 정보를 얻어 의사 결정에 이용하는 것을 말한다. 주식에서도 수많은 정보를 분석하여 미래의 주가를 예측하는 데이터 마이닝을 이용하는데 대표적인 예가 차트 분석이다. 사람들은 차트 분석을 통해 다양한 모형을 만들고 주가 예측에 이용한다.

### 6 | 대표성 휴리스틱 Representativeness Heuristic

휴리스틱은 그리스 어의 '찾다', '발견하다'에서 유래한 말이다. 애매모호하거나 복잡한 상황에서 마주친 문제를 빨리 풀기 위해 경험과 상식으로 상황을 파악하는 것을 말한다. '신중하다', '꼼꼼하다', '질서와 구조를 중시한다'라는 표현을 보고 A라는 사람의 직업을 판단할 때 순간적으로 농부 대신 도서관 사서라고 떠올리는 것이 '대표성 휴리스틱'의 대표적인 예이다.

IT 버블 시기에 '바이오 테크놀로지' 분야가 뜨면서 바이오데이터$^{Biodata}$라는 회사의 주가도 급등하기 시작했다. 투자자들이 '바이오'라는 이름만 보고 바이오데이터라는 회사를 바이오 테크놀로지를 다루는 기업이라고 착각했던 것이다. 사실 바이오데이터는 암호 프로그램을 만드는 소프트웨어 회사였다. 이처럼 어떤 대상 A가 B라는 집단의 특성을 대표하는 것으로 보일 때 A는 B에 속한다고 생각하는 것이 대표성 휴리스틱이다.

### 7 | 도박사의 오류 Gambler's Fallacy

서로 관련이 없는 사건이 서로에게 영향을 미친다는 착각에서 나온 오류이다. 도박에 빠진 사람들이 게임을 하면서 연속으로 좋지 않은 결과가 나왔을 때 다음 게임은 무조건 좋은 결과가 나올 것이라고 믿는 특성 때문에 '도박사의 오류'라는 이름이 붙었다. 주식 시장에서의 '하락한 것은 상승한다'라는 믿음이 전형적인 도박사의 오류이다. 며칠 동안 주가가 떨어졌다고 해서 다음 날 주가가 오를 것이라는 보장은 없다. 이런 심리적 오류는 비전문가뿐만 아니라 펀드 매니저나 은행의 딜러 등 전문가들 사이에서도 자주 관찰된다.

### 8 | 대표성의 오류 Representative Bias

동전을 던졌을 때 그림 있는 면이 나오는 경우를 H, 숫자 있는 면이 나오면 T라고 하자. 동전을 여섯 번 던졌을 때 다음과 같이 세 가지가 나온다고 하자. 이때 어떤 경우가 실제로 가장 많이 나올지 생각해 보자.

1. HHHHHH
2. HHHTTT
3. THHTTH

이런 경우 사람들은 3번을 많이 고른다. 그러나 실제로 세 가지는 똑같은 확률로 발생한다. 이런 오류는 1번과 2번에서 '순서'라는 요소를 느끼기 때문이다. 동전을 던졌을 때 그림만 나오는 경우나 숫자만 나오는 경우를 특이하다는 이유로 잘 선택하지 않는다. 이를 '대표성의 오류'라고 한다.

펀드 투자자들이 새로 투자 대상을 찾을 때 이런 일이 자주 생긴다. 투자자들은 주로 최근에 성과가 좋은 펀드를 찾기 때문이다. 물론 평가 기간을 길게 놓고 비교했을 때 검증된 펀드들도 있다. 그러나 1년간 수익률이 미래의 수익률을 보장한다고 보기는 어렵다. 실제 조사에서도 과거 수익률이 미래 투자 수익률과 상관이 없는 것으로 나타났다. 데이 트레이딩을 하는 투자자들이 차트 분석을 맹신하는 것도 대표성의 오류의 일종이다.

### 9 | 시장 이례 현상 Financial Market Anomalies

주식 시장에서 뚜렷한 이유도 없이 1월의 주가 상승률이 다른 달에 비해 상대적으로 높게 나타날 때가 있다. 또한 일주일 동안 월요일의 수익률이 다른 요일에 비해 유난히 낮은 현상이 나타나는 경우가 있다. 이들을 각각 '1월 효과', '주말 효과'라고 한다. 이처럼 주식 시장에서 자주 관찰되지만 경제적인 이유로 설명하기 어려운 현상들을 '시장 이례 현상'이라고 한다.

'이례 현상'이라는 말에서 알 수 있듯이 많은 학자가 발생하는 원인에 대해 추측만 할 뿐 원인을 정확하게 짚어 내지는 못하고 있다. 예를 들어 기업들은 나쁜 소식이 있을 때 주가가 급락하는 것을 방지하기 위해 금요일 폐장 이후 소식을 발표한다. 이때 안 좋은 소식을 아는 투자자들은 월요일이 되어야만 주식을 팔 수 있기 때문에 월요일이 되면 대량으로 매도 물량이 나오고 이날의 주가 상승률이 낮아진다고 추측만 할 뿐이다. 1월 효과는 각종 정부 정책이 1월에 발표되고, 낙관적인 전망이 쏟아져서 투자 심리를 자극하기 때문에 나타난다고 한다.

## 10 | 기대 효용 이론 Expected Utility Theory

미래가 불확실한 상황에서 사람들은 어떤 선택을 하거나 행동을 할 때 실행이 가능한 대안들을 비교하여 결정한다. 이때 이익을 최대로 하고 손해를 최소화 하는 방향, 즉 기대 효용을 극대화할 수 있는 대안을 선택한다는 것이 '기대 효용 이론'이다.

그렇지만 사람들은 경제학에서 말하는 기대 효용 이론과 완전히 다르게 행동하는 모습을 자주 보인다. 미국의 자동차 보험 가입 사례를 예로 들어 보자.

자동차 종합 보험에 운전자 보험까지 합해진 상품이 있다. 원한다면 운전자 보험을 빼고 보험료를 낮출 수 있다. 이런 경우 운전자 보험을 포함하겠는가, 아니면 제외하겠는가?

괜찮은 상품 같다. 그렇다면 이것은 어떠한가?

자동차 종합 보험인데 운전자 보험은 포함되어 있지 않다. 원한다면 운전자 보험을 추가하고 보험료를 더 내면 된다. 이런 경우 운전자 보험을 포함하겠는가, 아니면 제외하겠는가?

미국 뉴저지와 펜실베이니아 주 시민들이 직접 경험한 사례이다. 대부분의 사람들은 첫 번째 상황에서는 운전자 보험을 포함시키고 두 번째 상황에서는 운전자 보험을 제외시켰다.

뉴저지 주는 자동차 보험 가입을 의무화하면서 운전자 보험이 포함되지 않은 저렴한 보험을 표준으로 하고 원하는 사람만 운전자 보험을 추가할 수 있게 했다. 펜실베이니아 주는 운전자 보험이 포함된 비싼 보험을 표준으로 하고 원하는 사람만 운전자 보험을 뺄 수 있게 했다. 그러자 뉴저지의 주민들은 운전자 보험을 추가하지 않았고 펜실베이니아 주민들은 운전자 보험을 빼지 않았다.

사실 두 질문 모두 같은 내용이다. 따라서 기대 효용 이론에 따르면 사람들은 같은 선택을 해야 하는데 그러지 않았다. 이처럼 기대 효용 이론으로는 이해할 수 없는 사람들의 판단 성향을 설명하기 위해 '전망 이론'이 등장하였다.

## 11 | 손실 회피 Loss Aversion

동전을 던져서 앞면이 나오면 1만 100원을 따고, 뒷면이 나오면 1만 원을 잃는다고 가정하자. 앞면과 뒷면이 나올 확률이 각각 50퍼센트이기 때문에 1000번을 던지면 500번은 앞면이 나와서 505만 원을 딴다. 반면 500번은 뒷면이 나와서 500만 원을 잃는다. 이 내기를 받아들이고 동전을 1000번 던지면 5만 원을 딸 수 있다. 기대 효용 이론에 따르면 사람들은 내기를 받아들여야 한다. 그러나 대부분의 사람들은 내기를 하지 않는다. 왜 사람들은 5만 원을 그냥 포기하는가?

사람들은 원래 손실을 피하려는 심리를 지니고 있다. 연구 결과, 사람들은 손실로 인해 받는 심리적 고통을 똑같은 정도의 이익을 얻었을 때 느끼는 기쁨보다 두 배 정도 크게 느낀다고 한다. 이를 '손실 회피' 심리라고 한다. 따라서 사람들을 내기에 끌어들이려면 앞면이 나왔을 때 대략 2만 원을 준다고 해야 한다. 이 개념을 이용하여 아모스 트버스키와 대니얼 카너먼은 기존의 경제학에서 설명할 수 없는 사람들의 행동을 설명하기 위하여 '전망 이론'을 발전시켰다.

## 12 | 전망 이론 Prospect Theory

트버스키와 카너먼이 사람들이 지닌 '손실 회피' 심리를 파악하고 발전시킨 이론이다. 이론에 따르면 사람들은 이익보다 손해에 더욱 민감하며, 이익과 손해는 특정한 기준을 두고 평가하고, 이익과 손해 모두 사람들이 느끼는 효용성에 따라 달라진다고 한다. 예를 들어 다음 상황에서 어떻게 판단할지 생각해 보자.

A와 B 회사의 주식을 똑같이 10만 원에 샀다. 그런데 며칠 후 A 회사 주식은 5만 원이 되었고, B 회사 주식은 15만 원이 되었다. 이번 달 전기 요금으로 5만 원을 내야 하는데 가진 현금이 하나도 없다. 그래서 둘 중 하나를 팔아야 한다.

이 상황에서 합리적인 투자자라면 주가와 상관없이 전망이 좋은 주식은 보유하고 그렇지 않은 주식을 팔아야 할 것이다. 그러나 대부분의 사람들은 B 회사 주식을 판다고 답한다. 실제로 주식 투자에서 사람들은 전망과는 별개로 원래 산 가격 보다 오른주식을 파는 걸 더 선호하며 원래 산 가격 이하로 떨어졌을 때에는 파는 것을 망설인다.

또한 전망 이론은 인간이 확률을 정확하게 따지기보다는 경험이나 감정에 비춰 어림짐작하는 방법에 의존하는 경우가 많다는 사실도 밝혀냈다. 예를 들어 테러, 비행기 사고, 지진과 같이 일어날 확률이 극히 낮은 사건이 발생할 가능성을 실제보다 높게 예상하고, 암이나 당뇨병 등의 질병에 걸릴 확률을 실제보다 낮게 예상한다고 한다. 당첨 확률이 거의 없는 복권을 사는 이유도 전망 이론으로 설명된다.

### 13 | 매몰 비용의 오류 Sunk Cost Fallacy

개인이 어떤 행동을 선택했을 때 그 결과가 만족스럽지 않아도 그동안 투자한 노력이 아까워 더욱더 많은 노력을 들이는 것을 말한다. 주가가 떨어지고 투자를 중단해야 하는 상황임에도 그동안 들어간 돈이 아까워 팔지 못하거나 심지어 추가 매수를 하는 것도 매몰 비용의 오류와 관련이 있다.

매몰 비용의 오류는 기업 경영에서도 나타난다. 연구에 따르면 다른 회사를 인수한 기업가보다 직접 회사를 세운 기업가가 자기 회사에 더 많이 투자하고 확장을 시도한다고 한다. 직접 회사를 세운 기업가는 회사에 큰 애착을 갖기 때문에 손실에 민감하게 반응하고 회사가 망하기 일보 직전이라도 쉽게 포기를 못하고 계속 투자하는 것이다.

### 14 | 콩코드 효과 Concorde Effect

1969년 영국과 프랑스는 세계에서 가장 빠른 초음속 여객기인 콩코드Concorde를 개발하기로 했다. 그런데 개발 과정에서 상업성이 없고 비용도 당초 예상보다 훨씬 많이 들 것이라는 전망이 나왔다. 하지만 사업을 추진하던 정치인들은 이미 많은 세금이 들어가서 포기할 경우 대중들에게 자신들의 이미지가 나빠질 것을 우려해 프로젝트를 중단하지 않았다. 결과는 예상대로였다. 콩코드는 막대한 적자를 남긴 채 2003년 운행이 중단되었다. 이미 들인 노력이 아까워 투자를 늘리다 손실을 키운 일종의 매몰 비용의 오류인 이런 현상을 '콩코드 효과 Concorde Effect'라고도 한다.

### 15 | 그림자 금융 Shadow Banking

중앙은행의 통제를 받지 않는 금융 기관이 주도하는 금융 시스템을 말한다. 전통적인 금융 시스템은 예금과 대출로 이익을 남기는데 그림자 금융은 각종 파생 상품을 다루어 고수익을 남긴다. 일반 투자자들로부터 모은 돈을 국제 주식 시장이나 외환, 원자재 시장에 투자해서 단기간의 고수익을 추구하는 상품인 헤지펀드가 대표적인 그림자 금융이다. 그림자 금융의 개념은 예전부터 존재했지만 용어는 영국《이코노미스트》가 2008년 9월 호에서 사용하기 시작했다. '그림자'라는 말에서 알 수 있듯이 보통의 은행 예금보다 투자 구조가 복잡해 손익이 투명하게 잘 드러나지 않는 까닭에 문제가 터지기 전까지 손익을 파악하기가 어렵다. 이 때문에 2008년 세계 금융 위기의 주범으로 인식되기도 했다. 리먼 사태의 주범인 리먼 브러더스도 대표적인 그림자 금융 회사이다.

### 16 | 처분 효과 Disposition Effect

손실 회피 심리에 따라 사람들은 같은 크기의 손실을 이익보다 크게 느껴 손실을 최대한 피하려고 한다. 그리하여 투자자들이 본전 생각 때문에 손해를 본 주식을 팔지 못하고 이익이 조금이라도 나면 빨리 처분해 버리는 경우가 많은데 이를 '처분 효과'라고 한다. 행동 경제학에서는 처분 효과가 '평균으로의 회귀'에 대한 맹신과 관련이 있다고 본다. 오른 주식은 언젠가 떨어지고 떨어진 주식은 언젠가 오른다고 생각하는 것이다. 이런 현상은 투자 결정을 할 때 상황을 종합적으로 판단하지 못할 경우 쉽게 나타난다.

## 17 | 평균으로의 회귀 Regression Toward The Mean

19세기 영국에서 활동한 유전학자이자 우생학의 창시자인 프랜시스 골턴이 만든 이론으로, 어떤 행위를 반복했을 때 그 결과가 평균치에 가까워지는 현상을 뜻한다. 예를 들어 학생 50명의 평균 지능 지수가 100이 나왔다고 가정하자. 이때 상위 10퍼센트와 하위 10퍼센트의 학생만을 모아서 다시 지능 지수를 측정하면 두 집단의 지능 지수는 조금 더 평균값에 가까워진다. 상위 10퍼센트의 학생들은 지수가 떨어져서 100에 가까워지고 낮은 지수 집단은 지수가 상승해서 100에 가까워지는 것이다. 마찬가지로 동전을 10번 던졌을 때 앞면이 8번 뒷면이 2번 나올 수 있지만 동전을 수만 번 던졌을 때 동전의 앞면과 뒷면이 나올 확률은 50:50에 가깝다.

사람들은 무의식적으로 자신이 보유한 주식도 이 법칙의 영향을 받을 것이라고 생각한다. 그래서 갖고 있는 주식 가격이 갑자기 오르면 금세 팔아 버리고 가격이 떨어지면 언젠가는 다시 오를 거라고 기대하며 계속 가지고 있게 된다. 그렇지만 주식 가격에 평균이란 없다. 오른 주식도 계속 오를 수 있으며 떨어진 주식도 계속 떨어질 수 있다. 게다가 부도, 경제 위기, 자연재해 등으로 인해 주식 자체가 휴지 조각이 될 수도 있다. 따라서 주식에 투자할 때 평균으로의 회귀를 생각하면 위험하다.

## 18 | 최신 효과 Recency Effect

회사에서 업적 평가를 할 때 전체 기간의 실적을 평가하기보다는 최근의 실적이나 능력에 집중하여 평가하게 되는 경우가 많다. 따라서 사람들이 업적 평가 기간이 가까워질수록 열심히 일하는 모습을 흔히 볼 수 있다. 이처럼 어떤 인물이나 사건에 대해 판단할 때 가장 최근에 들은 정보에 좌우되는 경향을 '최신 효과Recency Effect'라고 한다.

증권 시장에서 사람들이 이익도 없고 오히려 손해인 원금 보장 상품에 투자하는 것도 최신 효과와 관련이 있다. 시장이 호황이더라도 주가 하락과 대공황을 예언하는 정보가 등장하면, 최신 효과로 인해 투자자들은 앞으로 닥칠 위험을 과대평가하게 마련이다. 그리고 원금 손실을 두려워한 나머지 원금 보장 상품에 투자하게 된다. 반대로 주가가 상승할 것이라는 정보를 접하게 되면 기회를 과대평가하고 위험을 과소평가한다.

## 19 | 베버-페히너의 법칙 Weber-Fechner's Law

방 안에 촛불이 5개가 켜져 있을 때 1개를 더 켜면 밝기의 차이를 느낄 수 있지만, 100개가 켜져 있을 때 1개를 더 켜면 차이를 느끼지 못한다. 이렇게 감각으로 구별할 수 있는 한계는 물리적 양 대신 비율 관계에 따라 결정된다. 19세기 독일의 학자 베버가 발견하고 페히너가 참고로 하여 가설을 제안해 '베버-페히너의 법칙'이라고 부른다. 실제로 물건을 살 때 10유로(1만 4600원)와 15유로(2만 2000원)의 차이는 크게 느껴지지만 120유로(17만 원)와 125유로(18만 2000원)의 차이는 별로 크게 느껴지지 않는다. 비싼 물건을 구매한 후 다른 물건을 살 때 가격에 대한 부담을 적게 느끼는 이유도 베버-페히너의 법칙과 관련이 있다.

## 20 | 파스칼의 내기 Pascal's Wager

블레즈 파스칼Blaise Pascal은 프랑스의 심리학자, 수학자, 과학자, 신학자, 발명가 및 작가이다. 주요 저서로는 《팡세》, 《시골친구에게 보내는 편지》 등이 있다. 파스칼은 주로 수학자로 알려져 있으나 실제로는 철학과 신학에 더 관심이 많았다.

파스칼은 신이 존재할 확률을 50퍼센트로 가정했다. 신이 존재한다는 데 베팅을 하고 신을 믿기로 결정했을 때, 정말 신이 있다면 그 대가로 영원한 삶과 구원을 얻는다. 설령 신이 존재하지 않더라도 치러야 할 대가는 신을 두려워하는 마음, 신앙생활에 들어간 약간의 비용과 시간이 전부다. 잃을 것은 별로 없지만, 얻을 수 있는 이익이 크니 신을 믿어야 한다는 내용이 '파스칼의 내기'이다.

파스칼의 내기는 사람들이 수학적으로나 통계학적으로 불확실한 가운데 어떤 가치와 이에 관련된 결정 문제들을 밝혀내어 합리적인 최적의 결정을 내린다는 현대 결정 이론의 성립에 큰 기여를 했다.

## 21 | 정박 효과 Anchoring Effect

어떤 상황이나 사물의 가치를 판단할 때 뇌는 비교할 수 있는 기준점을 찾는다. 이때 적당한 기준점이 없을 경우 주어진 정보 내에서 제멋대로 판단하게 된다. 사실 여부는 생각하지 않고 주어진 정보가 판단의 기준점인 닻$^{Anchor}$이 된다고 해서 '정박 효과'라는 이름이 붙었다.

10년 전 어떤 주식을 100유로(14만 4000원)에 샀는데, 이제 그 주식을 팔아야 하는 상황을 가정해 보자. 이때 사람들은 경제 상황은 전혀 고려하지 않고 마음속으로 희망 가격을 결정한다. 그리고 그 가격에 팔리지 않으면 원하는 가격에 도달할 때까지 갖고 있으면서 매매 타이밍을 놓치게 된다. 정박 효과는 보통 사람들이 자주 겪는 문제라고 생각하지만, 전문가들도 피해 가기 어려운 매우 강력한 효과이다.

## 22 | 프레이밍 효과 Framing Effect

사람들은 흔히 단어나 관점에 따라 사건을 보는 시각과 느낌을 다르게 받아들인다. 이처럼 정보를 제시하는 방법에 따라 받아들이는 의미가 달라지는 것을 '프레이밍 효과'라고 한다. 판매자들은 이를 전략적으로 이용한다. 가전제품 판매자인 A는 냉장고를 200만 원에 판매하고 추가로 배송료를 10만 원 받는다. B는 똑같은 냉장고를 210만 원에 판매하고 무료로 배송해 준다. 별다른 정보가 없으면 사람들은 B에게서 냉장고를 사게 된다.

이처럼 프레이밍 효과는 소비자가 이익을 얻는다고 착각하게 만들면서 판매자에게 유리한 판매 전략으로 사용된다. 펀드 회사와 자산 관리자들이 실적을 자랑할 때도 프레이밍 효과를 활용한다. 만약 어떤 사람이 10퍼센트의 수익을 올렸는데 평균보다 2퍼센트 낮은 수익률이라면, 그냥 10퍼센트 수익을 올렸다고 홍보한다. 반면 평균보다 실적이 좋다면 10퍼센트 수익을 자랑스럽게 홍보하면서 평균 이상임을 강조하는 방식이다.

## 23 | 심적 회계 Mental Accounting

기업들이 회계 장부를 작성하는 것처럼 사람들도 저마다 마음의 회계 장부를 작성해 돈을 인식하는데 이를 '심적 회계'라고 한다. 행동 경제학의 대부이자 《넛지》의 저자로 유명한 리처드 탈러가 만든 개념이다. 열심히 아르바이트를 해서 5만 원을 벌었을 경우, 왠지 그 돈은 함부로 쓰는 대신 아껴서 다른 곳에 써야 할 것 같다. 반면에 길에서 5만 원을 주운 경우 땡잡았다는 기분이 들어 평소에는 사지도 않을 물건에 돈을 쓰게 된다. 이처럼 사람들은 돈을 구분해서 생각하는 경향이 있다. 통계적으로 복권 당첨자의 3분의 1이 5년 내에 파산하는데, 그 이유는 복권 당첨금을 '공돈'으로 생각하여 무절제하게 쓰기 때문이다.

## 24 | 소유 효과 Endowment Effect

어떤 물건이든 자신이 갖게 되면 그 물건에 대한 가치를 높이 평가하는 현상을 말한다. 중고 물건을 거래할 때 파는 사람과 사는 사람의 갈등이 생기는 경우가 대표적인 예이다. 홈쇼핑에서 '100퍼센트 환불 보장'이라는 문구로 고객들을 끌어들이는 경우가 흔히 있다. 이는 특별한 경우가 아닌 이상 사람들이 일단 구매하면 소유 효과가 발생하면서 좀처럼 환불을 하지 않기 때문이다. 자신이 가진 부동산이나 주식의 가치를 과대평가해 절대 떨어지지 않을 것이라고 생각하다가 큰 손실을 보는 사람들이 생기는 이유도 소유 효과와 관련이 있다. 객관적으로 갖고 있는 물건은 시간이 지날수록 가치가 떨어진다. 주식이나 부동산도 애착과 상관없이 시장의 흐름에 따라 가격이 매겨진다. 따라서 대부분 소유 효과는 안좋은 결과를 가져온다.

## 25 | 현상 유지 편향 Status Quo Bias

사람들은 보통 특별한 이익이 생기지 않는 한 행동이나 생각을 잘 바꾸지 않는다. '현상 유지 편향'이란 쉽게 말해 '그냥 하던 대로 할래!'라는 태도이다. 카너먼과 넛시는 이와 관련한 수많은 실험을 실시했는데, 그 결과 현상 유지 편향은 소유 효과 및 손실 회피 심리와 관련이 있는 것으로 나타났다. 예를 들어 퇴직 연금에 가입한 미국의 직장인들은 매년 연금을 어디에 투자할지 선택하는데, 채권이나 부동산 같은 안정적인 투자를 선택할 수도 있고 주식처럼 조금은 모험적인 투자를 선택할 수도 있다. 투자 이론에 따르면 나이가 젊은 초기에는 공격적으로 주식에 투자하다 나이가 들면 안정적인 곳에 투자하는 것이 이상적이다. 그러나 실제로는 70퍼센트 이상의 직장인들이 투자 방식을 바꾸지 않았다. 처음에 선택한 투자 방식이 안정성 추구이든 모험성 추구이든 상관없이 기존의 투자 방식을 바꾸지 않는 것이다.

## 26 | 사후 가정 사고 Counterfactual Thinking

이미 일어난 사실에 대해 반대로 가정하는 것을 말한다. 즉 '……할 수도 있었는데'라고 생각하는 것을 말한다. '내가……하기만 했다면, 거의……할 뻔했는데'와 같은 표현이 이와 관련된 것이다. 과거를 후회해 보았자 소용없다고 말하지만, 최근 심리학 연구에서는 다른 결론을 내리고 있다. 오히려 사후 가정 사고를 통해 다른 가능성을 생각하게 되고 더 나은 해결 방안이 무엇인지 생각하게끔 해 준다는 것이다. 후회의 감정은 괴롭지만, 더 나은 삶을 위해서 후회를 이해하고 이용함으로써 더 나은 결과를 만들 수 있다는 것이다. 예를 들어 손해 보는 것이 두려워서 일반 예금에만 투자했다고 하자. 시간이 지난 후 '그때 조금이라도 주식에 투자했다면 돈을 많이 벌었을 텐데'라고 생각하는 것이다. 사후 가정 사고는 당장은 괴롭겠지만 미래에 더 나은 결정을 하는 데 도움이 된다.

## 27 | 자기 위주 편향 Self-Serving Bias

상황을 무조건 자기 자신에게 유리하게 평가하는 사고방식에 따름으로써 발생하는 오류를 '자기 위주 편향'이라고 한다. 쉽게 말해서 잘되면 내탓, 안 되면 조상 탓의 심리이다. 그러나 자기 위주 편향은 인간의 생존 본능과 관련이 있다. 내가 살기 위해서는 주변 상황을 나에게 유리하게 맞추고, 상대방에게는 불리할 것이라고 생각해 생명의 위험을 감소시키고자 하는 본능이다.

문제는 주식 시장에서 과도한 자기 위주 편향 때문에 많은 돈을 잃을 수도 있다는 것이다. 주식 투자에 참여하는 대부분의 사람들은 금융과 무관한 직업을 가졌고, 금융 상품 관련 교육도 받은 적이 없으며, 투자 회사에서 일하는 전문가들과 친분도 없는 경우가 많다. 그런데 하루 종일 주식 시장에만 몰두하는 전문가들보다 투자를 잘할 수 있다고 생각하는 경우가 많다. 이처럼 자기 위주 편향은 자신의 능력을 과도하게 낙관적으로 믿게 만든다.

### 28 | 사후 확신 편향 Hindsight Bias

어떤 일의 결과를 알고 나면, 그 일이 일어나리라는 것을 처음부터 알고 있었다고 믿는 심리를 가리킨다. '주가가 떨어질 때 주식을 샀고 현재 손실을 보고 있다고? 그럴 줄 알았어. 떨어지는 칼은 잡지 말라고 했잖아', '주가가 떨어질 때 주식을 샀고 현재 수익을 올리고 있다고? 그럴 줄 알았어. 포화가 울리면 주식을 사라고 했잖아' 등으로 생각하는 것이 대표적인 예이다. 이런 오류가 발생하는 원인은 해당 사건을 다시 기억하면서 사건과 관련 있어 보이는 부분은 중요하게 인식하고, 해당 결과와 관련이 없거나 미약한 부분은 축소해서 인식하기 때문이다. 뇌에서 과거의 상태에 머무르지 않고 사후에 확정된 결과라는 추가 정보를 바탕으로 기억을 재구축하기 때문에 이런 현상이 일어난다.

### 29 | 생존자 편향 Survivorship Bias

일상생활에서 성공을 실패보다 더 크게 인식함으로써 생기는 오류이다. 예를 들어 어떤 투자 회사가 5개의 펀드를 내세우며 실적을 자랑했다고 가정하자. 그런데 실은 20개의 펀드를 관리하다가 실패해서 15개를 접는 바람에 5개만 남은 상황이라면? 결과만 보면 실패가 많았다는 의미지만 사람들은 살아남은 펀드에 큰 의미를 두어 이 회사를 매력적인 회사로 판단하게 된다.

### 30 | 작은 수의 법칙 Law of Small Numbers

동전을 던졌을 때 그림이 있는 면과 숫자가 있는 면이 나올 확률은 각각 50퍼센트이다. 그러나 동전을 열 번 던졌을 때 그림이 있는 면과 숫자가 있는 면이 반드시 반반 나오지는 않는다. 그런데도 사람들은 그림과 숫자가 반반의 확률로 나오기를 기대한다. 이처럼 작은 사례를 가지고 전체에 적용하려는 태도를 '작은 수의 법칙'이라고 한다. 예를 들어 어떤 펀드의 3년 연속 수익률이 상위권이면 사람들은 이 펀드가 다음에도 좋은 수익률을 낼 것으로 굳게 믿는다. 관찰한 기간이 3년밖에 안돼 연속으로 우연히 높은 수익률을 달성할 수 없는데도 해당 기간만을 보고 좋은 펀드라고 믿는 것이다.

### 31 | 큰 수의 법칙 Law Of Great Numbers

일상에서 관찰되는 개개의 현상은 우연적인 요소가 많으며 몇 가지 관찰한 현상 사이에는 아무런 관계가 없는 것처럼 보인다. 그러나 횟수를 늘려서 여러 번 관찰하고 전체적인 경향을 보면 일정한 규칙성을 찾을 수 있다. 이를 '큰 수의 법칙'이라고 한다. 예를 들어 사람의 수명은 달라서 언제 사망할지 예측할 수 없으나 조사하면 대개 일정한 시기에 사망하는 것을 알 수 있다. 보험사들이 사람들의 장기간 행동 패턴이나 변화를 조사하고 이를 기초로 금액을 책정하는 데 사용한다.

### 32 | 기저 효과 Base Effect

어떤 펀드 매니저가 운이 좋아서 투자를 시작한 첫해에 대박을 터트렸다고 가정해 보자. 그 다음 두 해 동안 평균 수준의 성공을 거두었더라도 첫해의 성공 덕분에 3년 내내 펀드 매니저 순위에서 1위를 유지할 수도 있다. 이때 투자 회사는 'ABC 투자 회사의 ㅇㅇ 펀드 3년 연속 누적 수익률 1위!'라는 광고를 할 것이다. 그러면 사람들은 펀드 매니저가 첫 해에 운이 아주 좋았고 그 다음에는 그저 평균 수준이었음을 알지 못한 채 이 광고에 감탄하게 된다.

이처럼 무언가를 판단할 때 기준점과 비교 시점의 차이에 따라 실제 수치가 왜곡되는 현상을 '기저 효과'라고 한다. 이런 함정을 피하고 싶은 투자자는 누적 수익이 아니라 매년 수익을 살펴야 한다. 'ABC 투자 회사의 ㅇㅇ 펀드 3년 연속 누적 수익률 1위!' 라는 광고가 아니라 'ABC 투자 회사의 펀드는 매년 ㅇㅇ퍼센트의 수익률을 달성했다'를 참고해야 한다.

### 33 | 확증 편향 Confirmation Bias

자신의 생각에 맞는 정보는 받아들이고 그렇지 않은 정보는 무시하는 경향을 의미한다. 시장에 부정적인 뉴스가 보도돼도 주가가 떨어지지 않고, 별로 중요하지 않지만 긍정적인 뉴스 때문에 주가가 오르는 현상이 대표적인 예이다. 자신이 어떤 회사에 투자했는데 주가가 오를 경우, 앞으로도 계속 오를 것이라고 여기며 자신의 믿음을 별다른 근거 없이 강화시킨다. 확증 편향은 자신이 옳다는 확신을 쉽게 하게 만들고 자신과 다른 의견을 배척하거나 적대적으로 대하기 때문에 손실이 발생했을 경우 문제를 제대로 파악하지 못하게 만든다는 점에서 위험하다.

### 34 | 착각 상관 Illusory Correlation

실제로 두 사건 사이에 아무런 관련이 없는데도 관련이 있다고 여기는 것을 말한다. 예를 들어 '날씨가 좋으면 거래자의 기분이 좋기 때문에 주가가 오른다'라는 가설을 세웠을 경우 사람들은 이 가설을 확인시켜 주는 정보만을 찾는다. 그리고 맑은 날과 주가 사이의 잘못된 상관관계를 확고히 한다. 가설을 만들고 그에 맞는 정보만 찾음으로써 통계적으로 보면 존재하지 않지만 추측으로 존재하는 두 사건 사이의 관련성을 구성하게 된다.

### 35 | 허위 진단성 편향 Pseudo Diagnosticity Bias

날씨가 맑은 날 주식 거래가 증가한 경우를 몇 차례 관찰하면 사람들은 '날씨가 좋으면 기분이 좋아진 사람들이 주식을 더 많이 산다'와 같은 가설을 만든다. 그러고는 이 가설이 맞는지 확인하는 대신 가설에 맞는 상황을 찾아서 가설이 옳다고 결론을 내린다. 이처럼 어떤 현상이나 상관관계에 대한 다른 경우를 생각하지 않은 채 결론을 내리는 것을 '허위 진단성 편향'이라고 한다.

## 36 | 정량적 분석 Quantitative Analysis

퀀터테이티브 Quantitative는 '수량으로 잴 수 있는'이라는 뜻으로, '정량적 분석'은 통계적·수학적 지식과 컴퓨터를 이용하여 어떤 현상에 담긴 법칙을 찾는 일을 말한다. 이런 일을 하는 사람을 '정량적 분석가' 또는 영어 퀀터테이티브를 줄여서 퀀츠 애널리스트 Quant's Analyst라고 한다. 핵심은 무수히 많은 자료를 수집하고 그 자료를 컴퓨터를 이용해 설계한 프로그램에 넣은 다음에 프로그램을 실행해 그 결과를 가지고 투자 전망과 결정을 내리는 것이다. 주로 수학이나 통계 자료를 이용하기 때문에 사람들은 정량적 분석을 하는 이들을 숫자를 씹어 먹는 사람이라는 뜻의 '넘버 크런처 Number Cruncher'라고 부른다. 투자 은행들이 기존에는 인문학이나 사회 과학 전공자 등 다양한 경험자를 우대하여 주식과 채권 등을 운용했지만, 최근에는 파생 상품의 비중을 높이면서 수학과 통계에 능통한 퀀츠 애널리스트를 우대하고 있다.

## 37 | 시간적 비일관성 Time Inconsistency

사람들은 장기적으로 노후를 위해 저축을 해야 하는 것을 잘 알지만 그 시작을 나중으로 미루는 경향이 있다. 마치 금연이나 다이어트의 필요성을 느끼면서도 막상 시작하려고 하면 다음으로 미루는 것처럼 단기적인 의지박약이나 유혹에 굴복해 장기적인 행복(넉넉한 노후, 건강)을 희생하는 것이다. 현재 시점에서 결정한 미래의 선택이 미래가 현시점이 되었을 때 다른 선택으로 바뀌는 것을 경제학에서는 '시간적 비일관성 Time Inconsistency'이라고 한다. 이런 현상이 나타나는 이유는 시간을 상대적인 개념으로 생각하기 때문이다. 노후 대비를 당장 하지 않아도 되는 일로 생각하면 노후 대비를 위한 저축 결정을 쉽게 내린다. 그러나 당장 저축을 해야 한다면 장기적인 이익에 반하는 결정(저축을 미룬다)을 하는 것이다.

## 38 | 행동 장치 Commitment Device

《괴짜경제학》의 저자 스티븐 더브너 Stephen J. Dubner와 스티븐 레빗 Steven Levitt의 말에 따르면, 원하는 결과를 얻기 위해서 스스로 행동에 제약을 가하는 것을 말한다. 미래에 자신의 의지가 약해질 것을 알고 방법을 미리 마련하는 단순한 원리이지만 그 효과는 강력하다. 과거 미국에서 큰 인기를 끌었던 크리스마스 저축 클럽Christmas Savings Club이 좋은 예다. 운영 방식은 다음과 같다. 11월(추수 감사절 무렵)에 계좌를 개설하고 매주 일정 금액을 저축하겠다고 약속한다. 이때 입금한 돈은 1년 이내에 찾을 수 없으며 크리스마스 직전에 돌려받을 수 있다. 1년 후 회원들은 크리스마스 직전에 돈을 돌려받아 크리스마스 선물을 산다. 이 상품의 특이한 점은 이자를 한 푼도 주지 않는다는 것이다. 경제적 관점으로 보면 선물을 위한 돈을 은행에 넣어 두면 적어도 이자를 받을 수 있기 때문에 이 상품은 살아남을 수 없을 거라고 여겨졌다. 그러나 크리스마스 저축 클럽은 수년 동안 큰 인기를 끌었다. 이자를 주지 않는 대신 넣어 둔 돈을 인출해 다른 일에 써 버림으로써 크리스마스 선물을 못 사는 일은 막을 수 있었기 때문이다.

많은 국가가 노후 대책 정책에 행동 장치를 이용한다. '리스터 연금Riester Pension'을 예로 들 수 있다. 리스터 연금은 2001년 독일에서 도입한 제도이다. 정부가 가입자에게 정액의 보조금을 주거나 사후 정산식으로 소득 공제 혜택을 주는 등 연금 보험료의 일부를 지원하는 제도이다. 퇴직 후 연금 생활을 시작해야 비로소 돈을 받아서 쓸 수 있으며, 그 전에는 돈을 쓰지 못하게 되어 있는 것이 특징이다.

### 39 │ 마코위츠 이론 Markowitz Theory

현대 포트폴리오 이론의 아버지라고 불리는 해리 마코위츠Harry Markowitz가 만든 주식 투자, 포트폴리오 관리에 대한 이론이다. 마코위츠는 사람들이 단지 수익을 극대화하기 위해 한 곳에 투자하는 것이 아니라 여러 자산을 서로 적절히 섞어서 분산 투자한다는 사실을 증명했다. 단순히 분산 투자를 하는 것에 그치지 않고 어떻게 결합하는 것이 가장 효율적인가 하는 문제에 대해 답을 내리고 실질적으로 사용할 수 있는 방법을 제시하였다. 이를 위해 포트폴리오가 지닌 위험을 통계 수치로 제시하고 상관 계수가 낮은 자산을 서로 결합하여 투자하는 것, 즉 어떤 자산이 위험에 빠졌을 때 다른 자산의 손실이 적은 방향으로 포트폴리오를 구성하는 것이다. '계란을 같은 바구니에 담지 말라'는 오래된 투자 격언을 이론적으로 해명하였다.

마코위츠는 이 이론으로 투자 이론에서 수많은 연구가 활성화되는 계기를 마련했고, 그 공으로 노벨 경제학상을 수상했다. 그러나 정작 본인은 주식과 채권에 각각 50:50의 비율로 투자한다고 고백했다.

## 40 | 프랙털 이론 Fractal Theory

나무, 구름, 해안선과 같은 자연 현상에서 프랙털을 발견할 수 있다. 예를 들어 나뭇가지를 확대해서 보면 나무와 비슷한 모양처럼 생겼으며, 나뭇가지의 일부분을 확대해서 보면 나뭇가지와 비슷한 모양임을 관찰할 수 있다. 그리고 그 일부분을 다시 확대해서 보면 나뭇가지의 일부분과 같은 모양임을 확인할 수 있다. 이처럼 어떤 사물의 작은 부분이 전체와 비슷한 형태로 끝없이 되풀이되는 구조를 '프랙털'이라고 한다. 프랙털 이론은 단순한 구조가 끊임없이 반복되면서 복잡하고 묘한 전체 구조를 만든다고 주장하는 것이다. 이 이론은 IBM에서 일했던 프랑스 수학자 브누아 망델브로 Benoît Mandelbrot가 1975년 '쪼개다'라는 뜻의 그리스어 '프랙투스 Fractus'에서 따와 만들었다.

프랙털 이론이 나오기 전에는 금융 시장이 일정한 패턴에 따라 변화한다고 믿었다. 극단적인 시세 변동이 있긴 하지만 통계적 예외 사항에 가까우며, 위협적으로 보이지만 사실은 괴물 쇼에 불과하다고 여겼다. 동전 던지기에서 앞면과 뒷면이 50:50의 확률로 나올 것이라고 기대하는 것처럼 대부분의 시세 변동은 우리가 정상 범위라고 느끼는 영역에서 움직일 것이라고 생각했다.

그러나 단순한 구조가 끊임없이 반복되면서 복잡하고 묘한 전체 구조를 만든다고 주장하는 프랙털 이론에 따르면, 극단적인 시세 변동은 우리가 생각하는 것보다 훨씬 더 자주 나타난다. 실제로 1987년 뉴욕 주식 시장에서 하루 만에 주가가 22퍼센트 폭락한 일, 2008년 서브프라임 모기지론 사태, 유로존 재정 위기 등 전통 경제학으로는 발생 확률이 수천만 분의 1인 사건이 주기적으로 등장한다.

따라서 투자를 할 때는 이를 고려하여 어떤 사건이 발생해도 안전할 수 있도록 대책을 세워야 두어야 한다. 투자를 하려고 하는 보험사, 자산 관리 회사, 은행 등이 급작스러운 시세 변동에도 버틸 수 있는지 점검해야 한다. 그리고 현재 위험 관리가 대폭락이나 자연재해 같은 예상치 못한 사건에 견딜 수 있는지도 확인할 필요가 있다.

## 41 | 뉴로마케팅 Neuromarketing

뇌 속에서 정보를 전달하는 뉴런$^{Neuron}$ 과 마케팅을 결합한 용어로, 사람들의 무의식적인 반응, 심리, 두뇌 자극 활동을 분석하여 마케팅에 적용하는 방식이다. 대형 마트에서 제품을 진열할 때 자외선 차단제 옆에 마스크팩, 육류 전문점 옆에 쌈장, 운동기구 옆에 아웃도어 의류 등을 함께 진열하는 것이 대표적인 예이다.

금융계에서도 뉴로마케팅을 이용한다. 고객들의 관심사부터 시작하여 성격, 행동 방식 등을 파악하여 상품을 소개할 때 다른 전략을 구사한다. 예를 들어 독일의 최대 은행인 스파르카세의 함부르크 지점에서는 고객을 수호자, 기분파, 행동파, 모험가, 너그러운 사람, 성실한 사람, 쾌락주의자 등 일곱 가지 유형으로 분류한 뒤 유형에 따라 다르게 접근했다. 기분파 고객에게는 좋은 기분을 불러일으키는 부드러운 어휘를 사용하고, 반대로 수호자에게는 두려움을 일깨우는 말로, 행동파에게는 '최고의 고객' 같은 온갖 달콤한 말로 유혹하며 상품을 팔았다.

## 42 | 그레이 마켓 Gray Market

'합법적 시장$^{White\ Market}$'과 '암시장$^{Black\ Market}$'의 중간에 있는 시장을 일컫는데, 이 중간지대에서 움직이기 때문에 '그레이 마켓'이라고 부른다. 거래되는 상품은 상장 이전 주식, 다이아몬드, 폐쇄형 펀드, 채권 증서나 향익 주식(이익을 골고루 나누어 받는 주식), 사모 투자 펀드$^{PEF}$(소수의 투자자들로부터 자금을 모아 주식이나 채권 등에 투자하는 펀드), 은행 보증 등 아주 다양하다.

### Chapter 1

Argentesi, Elena; Lütkepohl, Helmut; Motta, Massimo <Acquisition of information and share prices: An empirical investigation of cognitive dissonance>, Economics Working Papers ECO2006/32, European University Institute.

Beck, Hanno: "Der Bulle tanzt blind auf den Klippen der Goldilock-Ökonomie", in: Frankfurt Allgemeine Zeitung vom 27. 05. 2001.

Beck, Hanno: "Den goldenen Zwanzigern folgten eine Börsenkrise und die Große Depression", in: Frankfurt Allgemeine Zeitung vom 29. 10. 2004.

Beck, Hanno: "Eine Straße gestrobener Hoffnungen", in: Frankfurt Allgemeine Zeitung vom 29. 10. 2004.

Beck, Hanno: "Dem Anleger in den Kopf geschaut", in: Frankfurt Allgemeine Zeitung vom 20. 11. 2008.

Cialdini, Tobert B. <Influence. The power of persuasion>, Quill, William Morrow, 1993.

Döhle, Patricia: "Das Orakel von Newport Beach", in: Manager Magazin, Nr.3, vom 19. 02. 2010, S. 114.

Galbraith, John Kenneth <Der große Crash 1929: Ursachen, Verlauf, Folgen>, Finanzbuch Verlag, 2005.

Husmann, Nele: "Erfolgreich jenseits der Wall Street", in: Welt am Sonntag, Nr.43, vom 24. 10. 2010, S. 45.

Iken, Katja: "Grauen im Garten Eden", Spiegel Online, http://einestages.spiegel.de/static/topicalbumbackground/3158/grauen_im_garten_eden.html.

Lüscher, Stefan: "Die unheimlichen Gewinne der Fonds-Magier", in: Bilanz. Das Schweizer Magazin für Politik und Wirtschaft, Heft 10/95.

Prast, H.M. <Herding and financial panics: a role for cognitive psychology?>, De Nederlandsche Bank, Econometric Research and special studies department, Research Memorandum No. 611, March 2000.

Rook, Laurens: "An Economics Psychological Approach to Herd Behavior", in: Journal of

Econoic Issues, Vol. XL, No. 1, March 2006, pp. 75-95.

Thomas, Philipp: "Selbst Gurus sind fehlbar", in: Versicherungswirtschaft, Nr. 7, vom 01. 04. 2009, S. 542.

## Chapter 2

Althof, Joachim: "Wir haben den Mut, unseren Stil durchzuhalten", in: Euro-Finanzen, Nr. 11, vom 01. 11. 2008, S. 92.

Andreassen, Paul B.: "Judgemental Extrapolation and Market Overreaction: On the Use and Disuse of News", in: Journal of Behavioral Decision Making, Vol. 3, 1990, pp. 153-174.

Beck, Hanno: "Bayern München schadet der Börse", in: Frankfurter Allgemeine Zeitung vom 03. 02. 2004.

Beck, Hanno: "'Hindenburg-Omen' verschreckt die Börsianer", in: Frankfurter Allgemeine Zeitung vom 22. 07. 2006.

Beck, Hanno: "Narrengold, der Scharfschütze und der Traum von der Zukunft", in: Frankfurter Allgemeine Zeitung vom 02. 02. 2010.

Boes, Florian: "Börsenpsychologie: Ruhe bewahren", in: Sparkasse, Nr. 8, August 2006, S. 36.

Ferken, Ralf: "Millers Mirakel", in: EURO, Nr. 10, vom 01. 10. 2009, S. 80-83.

Flierl, Ralf: "Das persönliche Horoskop ist maßgeblich", in: Smart Investor 2/2005, S. 20.

Kanter, Larry: "Warren Buffett", Salon.com, http://www.salon..com/people/bc/1999/08/31/buffett/.

Kaplan, Michael; Kaplan, Ellen <Chances are. Adventures in probability>, Penguin Books 2007.

O. V.: "'Hindenburg'-Unglück: Tödlicher Funke für tausend Theorien", Spiegel Online, http://www.spiegel.de/wissenschaft/mensch/0,1518,480858,00.html.

O. V.: "Der Dax wird langfristig unter 2000 Punkte fallen", in: Frankfurter Allgemeine Zeitung vom 14. 06. 2006, S. 22.

Szola, Karin: "Charttechnik", in: Euro am Sonntag, Nr. 36, vom 04. 09. 2010, S. 55.

## Chapter 3

Arkes, H. R.; Ayton, P.: "The sunk cost and Concorde effects: Are humans less rational than lower animals?", in: Psychological Bulletin, 125, pp. 591-600.

Arkes, H. R.; Blumer, C.: "The Psychology of Sunk Cost", in: Organizational Behavior and Human Decision Processes, 35, pp. 124-140.

Beck, Hanno: "Vom Depot auf die Couch", in: Frankfurter Allgemeine Zeitung vom 07. 01. 2003.

Clark, Matthew P. A.; Westerberg, Brian D.: "How random is the toss of a coin?", in: Journal of the Canadian medical Association Vol. 181(12), December 8, 2009, pp. E36-E38.

Fellner, Gerlinde; Sutter, Matthias: "Causes, consequences, and cures of myopic loss aversion – an experimental investigation", in: Economic Journal, 119(April), pp. 900-916.

Jungermann, Helmut: "Das Aktienprämien-Rätsel", in: Wisu – das Wirtschaftsstudium, Heft 5, 2007, S. 1.

Mackenzie, Deborah: "Euro coin accused of unfair flipping", New Scientist, http://www.newscientist.com/article/dn1748-euro-coin-accused-of-unfair-flipping.html.

Mehra, Rajnish; Prescott, Edward C. <The equity premium in retrospect>, NBER Working Paper No. 9525, February 2003.

Meuren, Daniel: "Elfmeterschießen schon in der Vorrunde", FAZ.net, http://www.faz.net/s/RubB7A8FA5FA12D4B20A3A3B3662F3A2127/Doc~EED6D6C662EC54E77BCCBE3E4FF2069E2~ATpl~Ecommon~Scontent.html.

Navarro, Anton D.; Fantino, Edmund: "The sunk cost effect in pigeons and humans", in: Journal Of The Experimental Analysis Of Behavior 2005, Vol. 83, No. 1, January, pp. 1-13.

O. V.: "behaving badly", Dresdner Kleinwort Wasserstein, February 2006.

O. V.: "Strukturierte Anlageprodukte: Garantiert undurchsichtig", in: Konsument, Nr. 02/10, vom 01.02.2010, S. 38.

Obertreis, Rolf: "Privatanleger sind gelassener als die Profis", Tagesspiegel, http://www.tagesspiegel.de/wirtschaft/finanzen/privatanleger-sind-gelassener-als-die-profis/1333016.html.

Odean, Terrance: „Are Investors Reluctant to Realize Their Losses?", in: Journal of Finance,1998, Vol. 53 (5), pp. 1775-1798.

Shefrin, Hersh; Statman, Meir: "The Disposition to Sell Winners Too Early and Ride Losers Too long: Theory and Evidence", Journal of Finance, Vol. 40 (3), July 1985, pp.777-790.

### Chapter 4

Christensen, Caryn: "The psychophysics of spending", in: Journal of Behavioral Decision Making, Vol. 2, 1989, pp. 69-80.

Hillenbrand, Thomas: "Zehn Jahre Barings-Kollaps. Wie ein Arbeiterjunge die Hausback der Queen ruinierte", Spiegel Online, http://www.spiegel.de/wirtschaft/0,1518,343182,00.html.

MacGowan, Gail: "James Lick, Miser and Philanthropist", San Francisco City Guide, http://www.sfcityguides.org/public_guidelines.html?article=240&submitted=TRUE&srch_

text=&submitted2=&topic=San%20Francisco%20Characters.

O. V.: "Geräteversicherungen: Entbehrliches Extra", in: Konsument, Nr. 12/09, vom 01.12.2009, S. 42.

O. V.: "IKEA billionaire a proud miser", in: Financial Express, http://www.financialexpress.com/old/latest_full_story.php?content_id=121382.

O. V.: "Lieber geizig", in: Cash vom 16. 11. 2004, S. 6.

O. V.: "Milliardär mit Vorliebe für Busse", Focus Online, http://www.focus.de/immobilien/wohnen/ikea/ikea-gruender-kamprad_aid_20711.html.

O. V.: "Nick 'The Greek' - The Greatest Gambler", PokerPlayerNewspapaer.com, http://www.pokerplayernewspapaer.com/node/5432.

O. V.: "TV-Reportage – Deutschland und seine Millionäre", Welt online, http://www.welt.de/fernsehen/article6490086/TV-Reportage-Deutschland-und-seine-Millionaere.html.

Pellinghausen, Walter: "Sparmeister", in: Bilanz, 12/2002, vom 01. 12. 2002, S. 216.

Schulz, Bettina: "Als handele man mit Seifenblasen", FAZ.net, http://www.faz.net/s/RubFDD3C7AC2DA84A62B07572E50A34044D/Doc~EA9273E02CF7E4FB49AF9A5FA3D58195C~ATpl~Ecommon~Sspezial.html.

Steiner, Rüdi: "Die Geiz-Tipps des Ikea-Milliardärs", Der Blick, http://www.blick.ch/news/wirtschaft/artikel32202.

Tversky, Amos; Kahneman, Daniel: "The Framing of Decisions and the Psychology of Choice", in: Science, New Series, Vol. 211, No. 4481, January 30, 1981, pp. 453-458.

## Chapter 5

Driesen, Oliver: "Tendenz: negativ", in: Wirtschaftsjournalist, Nr. 04/08, vom 01. 09. 2008, S. 24.

Joyce, Edward J.; Biddle, Gary C.: "Anchoring and adjustment in probabilistic inference in auditing", in: Journal of Accounting Research, Vol. 19 (1981), pp. 120-145.

Northcraft, G. B.; Neale, M. A.: "Experts, Amateurs, and Real Estate: An Anchoring-and-Adjustment Perspective on Property Pricing Decisions", in: Organizational Behavior and Human Decision Processes, Vol. 39, 1987, pp. 84-97.

O. V.: "'Smartsourcing' kostet weitere 3300 Stellen", Spiegel Online, http://www.spiegel.de/wirtschaft/0,1518,339918,00.html.

Orr, Dan; Guthrie, Chris <Anchoring, Information, Expertise, and Negotiation: New Insights from Meta-Analysis>, Vanderbilt University Law School Law and Economics, Working Paper Number 06-12.

Rath, Kai Peter; Reimer, Hauke: "Das war eine dumme Sache", in: Wirtschaftswoche, Nr. 48, vom 23. 11. 2000, S. 294.

Schwartz, Janet et al. <Boosting program take-up: An experiment with flexible spending accounts>, Paper presented at "Behavioral Decision Research in Management Conference", Santa Monica, June 15-17, 2006.

Winterbauer, Stefan: "Hansdampf in eigener Sache", in: Wirtschaftsjournalist, Nr. 05/06, vom 19. 10. 2006, S. 40.


## Chapter 6

http://www.youtube.com/watch?v=qNIroV6Pas4에 진 해크먼과 더스틴 호프먼의 유리병 일화가 소개되었으나 지금은 삭제되었다.

Beck, Hanno: "Teure Geschenke", in: Frankfurter Allgemeine Sonntagszeitung vom 23. 08. 2008, http://www.fazfinance.net/Aktuell/Wirtschaft-und-Konjunktur/Teure-Geschenke-verleiten-zum-Kaufrausch-Teure-Geschenke-3764.html.

Milkman, Katherine et al. <Mental accounting and small windfalls: Evidence from an online Grocer>, Harvard Business School Working Paper No. 08-024.

O. V.: "Internationale Überschuldung", in: Creditreform, Nr. 12, vom 01. 12. 2008, S. 51.

Schäfer, Tim: "Schimpfen, schreien, schießen", in: Euro am Sonntag, Nr. 25, vom 22. 06. 2008, S. 24-25.

Vedantam, Shankar: "Mental Accounting: Why It's Easy to Blow the Tax Refund and Hard to Catch a Cab in the Rain", The Washington Post Online, http://www.washingtonpost.com/wp-dyn/content/article/2007/05/19/AR2007051900316.html.


## Chapter 7

Gilovich, Thomas; Medvec, Victoria Husted: "The Experience of Regret: What, When, and Why", in: Psychological Review, Vol. 102, No. 2, 1995, pp. 379-359.

Kahneman, Daniel; Knetsch, Jack L.; Thaler, Richard: "Experimental tests of the endowment effect and the coase theorem", in: Journal of Political Economy, Vol. 98, 1990, pp. 1325-1348.

Knetsch, Jack L.: "The endowment effect and Evidence of nonreversible indifference curves", in: American Economic Review, Vol. 79, No. 5, 1989, pp. 1277-1284.

Ritov, I.; Baron, J.: "Reluctance to vaccinate: Omission bias and ambiguity", in: Journal of Behavioral Decision Making, Vol. 3, 1990, pp. 263-278.

Spranca, M.; Minsk, E.; Baron, J.: "Omission and commission in judgment and choice", in:

Journal of Experimental Social Psychology, Vol. 27, 1991, pp. 27, 76-105.

## Chapter 8

Barber, Brad M.; Odean, Terrance: "Boys Will be Boys: Gender, Overconfidence, and Common Stock Investment", in: The Quarterly Journal of Economics, 2001, pp. 261-292.

Barber, Brad M.; Odean, Terrance <Online investors: Do the slow die first?>, University of California Working Paper, Vol. 116 (1), 1999.

Barber, Brad M.; Odean, Terrance: "Trading Is Hazardous to Your Wealth: The Common Stock Investment Performance of Individual Investors", in: The Journal of Finance, Vol. LV, No. 2, April 2000, pp. 773-806.

Beck, Hanno: "Sind Frauen die besseren Anleger?", in: Cortal Consors Magazin, Juni 2010, S. 20-21.

Böhmer, Reinhold: "Tradingcenter: Wie ein Jäger auf der Lauer", in: Wirtschaftswoche, Nr. 33, vom 12. 08. 1999, S. 114.

Fischhoff, Baruch: "Hindsight≠foresight: The effect of outcome knowledge on judgment under uncertainty", in: Journal of Experimental Psychology , Vol. 1, 1975, pp. 288-299.

Heins, Cornelia: "Der Pleitegeier lässt täglich grüßen", in: Cash vom 08. 10. 1999, S. 16.

Holst, Elke; Wiemer, Anita: "Frauen in Spitzengremien großer Unternehmen weiterhin massiv unterrepräsentiert", in: Wochenbericht des DIW Berlin, Nr. 4/2010, S. 2-10.

Koch, Markus; Eusterbrock, Dirk <Backstage Wall Street>, Finanzbuch Verlag, 2008.

Langer, E.: "The illusion of control", in: Journal of Personality and Social Psychology, Vol. 32, 1975, pp. 311-328.

Langer, E.; Roth, J.: "Heads I Win, Tails It's Chance: The Illusion of Control as a Function of the Sequence of Outcomes in a Purely Chance Task", in: Journal of Personality and Social Psychology, Vol. 32, 1975, pp. 951-955.

Mark, M. M. et al.: "I Couldn't Have Seen It Coming: The Impact of Negative Self-Relevant Outcomes on retrospections About Foreseeability", in: Memory, Vol. 11, Issue 4 & 5, 2003, pp. 443-454.

Metcalfe, Janet: "Cognitive Optimism: Self-Deception or memory-based processing heuristics?", in: Personality and Social Psychology Review, Vol. 2, No. 2, 1998, pp. 100.

Meyers, David G. <Exploring Social Psychology>, McGraw-Hill, 1994.

Olsen, Robert A.; Cox, Constance M.: "The Influence of Gender on the Perception and Response to Investment Risk: The Case of Professional Investors", in: The Journal of Psychology and Financial Markets, Vol. 2, No. 1, 2001, pp. 29-36.

Russo, J. E.; Schoemaker, P. J. H.: "Managing Overconfidence", in: Sloan Management Review, Vol. 33, 1992, pp. 7-17.

Schubert, Christian: "Jérôme Kerviel: Sein Leben bleibt ein Ruinenfeld", FAZ.net, http://www.faz.net/artikel/C30770/jerome-kerviel-sein-leben-bleibt-ein-ruinenfeld-30311182.html.

Schulz, Bettina: "UBS-Skandal: Die Gefahren des 'Delta One'-Handels", FAZ.net, http://www.faz.net/artikel/C31501/ubs-skandal-die-gefahren-des-delta-one-handels-30687876.html.

Törngren, Gustaf; Montgomery, Henry: "Worse Than Chance? Performance and Confidence Among Professionals and Laypeople in the Stock Market", in: Journal of Behavioral Finance, Vol. 5, No. 3, 2004, pp. 148-153.

Weinstein, N.D.: "Unrealistic optimism about future life events", in: Journal of Personality and Social Psychology, Vol. 39, 1980, pp. 806-820.

## Chapter9

Benartzi, S.: "Excessive extrapolation and the allocation of 401(k) accounts to company stock", in: Journal of Finance, Vol. 56, 2007, pp. 1747-1764.

Beck, Hanno: "Höhere Risikoprämien", in: Frankfurter Allgemeine Zeitung vom 09. 05. 2003.

Beck, Hanno: "Schrotflinten und Meinungssitzfleisch", in: Frankfurter Allgemeine Zeitung vom 24. 06. 2006.

Beck, Hanno: "Auf der Suche nach dem grünen Bären", in: Frankfurter Allgemeine Zeitung vom 11. 01. 2010.

Carhart, M. M.: "On persistence in mutual fund performance", in: Journal of Finance, Vol. 52, 1997, pp. 57-82.

De Bondt, Werner; Thaler, Richard: "A mean reverting walk down Wall Street", in: Journal of Economic Perspectives, Vol. 3, No. 1, 1989, pp. 189-202.

Elton, Edwin J.; Gruber, Martin J.; Blake, Christopher R.: "Survivorship bias and mutual funds performance", in: The Review of Financial studies, Vol. 9, No. 4, 1996, pp. 1097-1120.

Europäisches Parlament: "Richtlinie 2004/39/EG des Europäischen Parlaments und des Rates vom 21. April 2004 über Märkte für Finanzinstrumente, zur Änderung der Richtlinien 85/611/EWG und 93/6/EWG des Rates und der Richtlinie 2000/12/EG des Europäischen Parlaments und des Rates und zur Aufhebung der Richtlinie 93/22/EWG des Rates", in: Amtsblatt der Europäischen Union vom 30. 04. 2004.

Gesellschaft zur wissenschaftlichen Untersuchung von Parawissenschaften e.V.: "Obama lebt und Nessi ließ sich nicht fangen", http://www.gwup.org/infos/nachrichten/943-obama-lebt-und-nessie-liess-sich-nicht-fangen.

Matthews, Robert: "Storks Deliver Babies (p=0.008)", in: Teaching Statistics, Vol. 22, Issue 2, June 2000, pp. 36-38.

O. V.: "Deutsche Post: Gottschalk in Gelb", Spiegel Online, http://www.spiegel.de/wirtschaft/0,1518,86171,00.html.

O. V.: "Die Prognosenauswertung der GWUP zum Jahr 2010", http://www.gwup.org/images/stories/pdf/themen/PrognosenFAQ2010.pdf.

O. V.: "Gold: Nagative Korrelation mit Euro-Dollar", FAZ.net, http://ww.faz.net/s/Rub58BA8E456DE64F1890E34F4803239F4D/Doc~E532308BAC87147D39EBADA6FD16258A6~ATpl~Ecommon~Scontent.html.

O. V.: "Von Riesenkaninchen und Transvestiten-Missen: Die grössten Flops der Hellseher", Tagesanzeiger, http://www.tagesanzeiger.ch/panorama/vermischtes/Von-Riesenkaninchen-und-TransvestitenMissen-Die-groessten-Flops-der-Hellseher/story/13605102.

## Chapter 10

Beck, Hanno: "Schwierig: Für das Alter richtig sparen", FAZ.net, http://www.faz.net/aktuell/finanzen/fonds-mehr/fondsmarkt-schwierig-fuer-das-alter-richtig-sparen-1157822.html.

Beck, Hanno: "Finanzmarkt-Risiken sind größer, als wir annehmen", Interview mit Benoit Mandelbrot, FAZ.net, http://www.faz.net/aktuell/finanzen/fonds-mehr/interview-finanzmarkt-risiken-sind-grösser-als-wir-annehmen-1234053.html.

Bellos, Alex: "Jorge Guinie. A Brazilian playboy of the 1940s and 50s, he died in penury", The Guardian, http://www.guardian.co.uk/news/2004/mar/11/guardianobituaries.brazil.

Bertrand, Marianne; Mullainathan, Sendhil; Shafir, Elgar: "A Behavioral-Economics View of Poverty", American Economic Association, Papers and Proceedings, Vol. 94, No. 2, 2004, pp. 419-423.

DeMiguel, Victor; Garlappi, Lorenzo; Uppal, Raman: 1/n. Paper presented T the EFA 2006 Zurich Meetings, 22. 06. 2006, mimeo.

Döring, Claus: "Die Versorgungslücke ist sicher", in: Rendite vom 03. 09. 2009, S. 50.

Frederick, Shane; Loewenstein, George; O'Donoghue, Ted: "Time Discounting and time preference: a critical review", in: Journal of Economic Literature, XL, 2002, pp. 351-401.

Jahn, Thomas: "Der Schaumschläger", Capital, http://www.capital.de/finanzen/geldanlage/100005178.html.

Laibson, David: "Golden Eggs and Hyperbolic Discounting", in: The Quarterly Journal of Economics, Vol. 112 (2), 1997, pp. 443-477.

Loewenstein, George; Thaler, Richard: "Anomalies: Intertemporal choice", in: Journal of

Economic Perspectives, Vol. 3(4), 1989, pp. 181-193.

Maier, Martin; Kremer, Reinhard: "Das sagten die Gurus", in: Gewinn, Nr. 11, vom 01. 11. 2004.

Mandelbrot, Benoît; Hudson, Richard L. <The (mis)behavior of markets. A fractal view of risk, ruin and reward>, Basic Books, 2004.

McDonald, Ian: "American Heritage Fund's Trading Practices Might Attract Regulator Scrutiny", The Street.com, http://www.thestreet.com/funds/funds/868423.html.

O. V.: "Heiko Thieme: Einer der größten Geldvernichter der Fondsindustrie", Manager Magazin, http://www.manager-magazin.de/finanzen/rente/0,2828,190337,00.html.

O. V.: "Portfoliooptimierung: Naivität schlägt Optimierung?", Institutional Money.com, http://www.institutional-money.com/cms/magazin/uebersicht/artikel/portfoliooptimierung-naivitaet-schlaegt-optimierung/?tx_ttnews%5BbackPid%5D=15&cHash=819029cdcc.

O. V.: "Was hat Market-Timing mit ihrer Renditeerwartung zu tun?", Fidelity, http://www.fidelity.de/anleger/maerkte/maerkte-strategien/default.page?smid=g5gf7h4j

Rother, Larry: "Jorge Guinle, 88, a Playboy Who Outlived His Millions, Dies", The New York Times Online, http://www.nytimes.com/2004/03/06/international/americas/96GUIN.html.

Ryser, Hansjörg: "Überflieger im Jammertal", in: Bilanz, Nr. 17, vom 10. 10. 2007, S. 126.

Zydra, Markus: "Vorsorgeatlas: Wo die armen Rentner leben", Süddeutsche Zeitung Online, http://www.sueddeutsche.de/wirtschaft/vorsorgeatlas-wo-die-armen-rentner-leben-1.157658.

## Chapter 11

Driesch, Franz von den: "Grauer Kapitalmarkt: Weniger ist mehr", VDI Nachrichten, Nr. 29, vom 17. 07. 2009, S. 10.

Hornung, Peter; Webermann, Jürgen: "Die Psycho-Sparkasse", ND Online, http://www.ndr.de/regional/hamburg/kontodaten107.html.

Reißman, Ole: "Psycho-Profile alarmieren Verbraucherschützer", Spiegel Online, http://www.spiegel.de/wirtschaft/unternehmen/0,1518,727293,00.html.

Schüller, Thorsten: "Sie müssen ein Schwein sein", in: Euro am Sonntag, Nr. 1, vom 06. 01. 2008, S. 66-67.

옮긴이 **배명자**

서강대학교 영문학과를 졸업하고, 출판사에서 8년간 편집자로 근무하였다. 그러던 중 대안교육에 관심을 가지게 되어 독일로 유학을 갔다. 그곳에서 뉘른베르크 발도르프 사범 학교를 졸업하였다. 현재 가족과 함께 독일에 거주하며 2008년부터 바른번역에서 전문 번역가로 활동 중이다. 번역한 책으로는 《위키리크스》, 《나는 가끔 속물일 때가 있다》, 《슈퍼차일드》, 《독일인의 사랑》, 《구원확률 높이기 프로젝트》 등 다수가 있다.

## 부자들의 생각법

초판 1쇄 발행 2013년 10월 31일
초판 32쇄 발행 2024년 3월 24일

지은이 하노 벡  옮긴이 배명자

발행인 이봉주  단행본사업본부장 신동해
편집장 김경림  교정교열 신윤덕  디자인 이석운 최윤선
마케팅 최혜진 이인국  홍보 반여진 허지호 정지연 송임선
국제업무 김은정 김지민  제작 정석훈

브랜드 갤리온
주소 경기도 파주시 회동길 20
문의전화 031-956-7350(편집) 031-956-7089(마케팅)
홈페이지 www.wjbooks.co.kr
인스타그램 www.instagram.com/woongjin_readers
페이스북 https://www.facebook.com/woongjinreaders
블로그 blog.naver.com/wj_booking

발행처 ㈜웅진씽크빅
출판신고 1980년 3월 29일 제406-2007-000046호

한국어판 출판권 ⓒ 웅진씽크빅 2013
ISBN 978-89-01-15849-5 03320

갤리온은 ㈜웅진씽크빅 단행본사업본부의 브랜드입니다.
이 책의 한국어판 저작권은 BC 에이전시를 통해 Carl Hanser Verlag, Munich/FRG사와의 독점 계약으로 '웅진씽크빅'에 있습니다. 저작권법에 의해 보호를 받는 저작물이므로 무단 전재와 무단 복제를 금합니다.

· 책값은 뒤표지에 있습니다.
· 잘못된 책은 구입하신 곳에서 바꾸어 드립니다.